BLACKOUT

블랙아웃

블랙아웃: 나는 왜 민주당을 탈출했나

초판 1쇄 발행 2022년 3월 15일
2쇄 발행 2022년 4월 1일
3쇄 발행 2022년 5월 16일
4쇄 발행 2024년 7월 30일

지은이 캔디스 오웬스
옮긴이 반지현
발행인 반지현
펴낸곳 반지나무
디자인 문희수
주소 서울시 서초구 사임당로 1길 25-1 301호 (06649)
이메일 banjinamu@gmail.com, bangehyun@gmail.com

이 책은 저작권법에 따라 보호를 받는 저작물이므로 무단전재와 복제를 금하며, 이 책 내용의 전부 또는 일부를 사용하려면 반드시 저작권자와 반지나무의 서면 동의를 받아야 합니다.

ISBN 979-11-977698-0-1 (03300)

BLACKOUT

블랙아웃

캔디스 오웬스 지음 ― 반지현 옮김

나는왜
민주당을
탈출했나

반지나무

이 책에 대한 찬사

저는 기쁘고 설레는 마음으로 캔디스 오웬스의 첫 저서 '블랙아웃'을 앉은 자리에서 책의 처음부터 끝까지 단숨에 읽어 내려갔습니다. 이 책은 흑인 여성, 그리고 미국에 대한 이야기가 담긴 책이지만, 비슷한 사회적, 문화적 영향을 받고 있는 우리나라의 수많은 젊은이들에게 꼭 필요한 책이라는 생각이 듭니다. 특히 미국의 진보 정당이라 불리는 민주당의 실체가 우리가 뉴스를 통해 접하는 모습과 어떻게 다른지 알고 싶은 분들께 이 책을 추천드립니다.

전 세계의 정보 체계를 장악한 이들에 의해 일방적으로 치우쳐진 언론 지형 속에서, 알게 모르게 점점 우매화 되어가는 대중들에게, 캔디스 오웬스의 《블랙아웃》한글 번역본은 진실에 대한 우리의 갈급함을 채워줄 사막의 오아시스와도 같은 책이 될 것입니다.

— 김민아 ('엠킴TV 34%' 대표)

1965년 이후 선출직 흑인 공무원의 수는 1,500명에서 1만명 이상으로 늘었고, 2008년과 2012년에는 흑인 대통령을, 2020년에는 흑인 여성 부통령을 배출하기도 했으며, 이외에도 경찰서장, 교육감 등의 요직에 많은 흑인들이 자리잡게 되었습니다. 반면, 볼티모어, 클리블랜드, 디트로이트, 필라델피아, 애틀랜타, 뉴올리언즈 등 민주당이 득세하는 흑인 밀집 지역들의 생활은 전혀 나아지지 않았습니다. 민주당 정치인들이 인종 간 갭을 메꾸어 주겠노라며 펼친 여러 복지 수급, 주택 정책, 의무 할당 고용제도, 소수자 우대 정책에도 불구하고요. 실제로는 그런 퍼주기식의 정부 정책들이 근로 윤리를 약화시키고 오히려 빈곤만이 대물림되도록 도운 셈입니다.

지난 5년 동안 대한민국 정부에게 느낀 배신감이 있으시다면 남의 이야기처럼 들리지 않으시리라 생각합니다. 이 책을 읽으면서 우리나라의 상황과 하나씩 비교해 보신다면 많은 것을 얻으시리라 확신해 모자란 글로 추천의 글을 남깁니다.

— 배정현 (번역가·유튜버)

각 사람이 하나님의 형상을 따라 만들어진 소중한 존재라는 것을 기억할수록 피해 의식에 사로잡혀 나 자신, 혹은 누군가를 증오하거나 원망할 일이 줄어들 것입니다.

캔디스와 같은 사람들이 우리 주변에 종종 있으나 전체 국민들을 깨우지 못하는 이유는 희생자 프레임이 너무나 강력하기 때문입니다. 더군다나 한(恨)의 민족이라는 별명을 가진 우리나라의 현실은 그것으로부터의 탈출을 더욱 어렵게 만들기도 합니다.

대한민국 또한 연약한 약점을 이용하여 자기들만의 목적을 이루려는 거대한 시도가 늘 있었습니다. 이에 맞서 싸우는 용기 있는 동료들에게 이 책은 좋은 위로와 격려가 될 것이며 아직 피해 의식의 굴레속에서 벗어나지 못한 분들에게는 탈출의 디딤돌이 될 것입니다.

— 이제신 (도서출판 개혁《예수는 사회주의자였을까》발행인, 사랑가득교회 담임목사)

이 책은 상식 밖의 강요된 감수성과 책임 회피성 자기위로가 만연한 현 시대에 해독제와 같은 책이다. 흑인들의 피해 의식을 증폭시켜 정부 복지에 대한 의존도를 극대화하고 가난의 굴레에서 벗어나지 못하도록 조장하는 민주당의 모습은, 남북전쟁 이전 민주당 남부가 흑인 노예들을 자신들의 농장에 가두고 부려 먹었던 과거를 연상시킨다. 원작의 부제가 "흑인들은 어떻게 민주당의 농장에서 '또 다시' 탈출할 수 있을까"인 이유다.

주류언론의 내러티브로 세상을 바라보는 대부분의 사람들은 여전히 미국 공화당과 보수를 백인 우월주의자들 혹은 기득권의 수호자들 정도로만 인식한다. 그러나 그들은 링컨의 공화당이 애초에 흑인 노예 해방을 위해 창당된 정당이었다는 사실은 망각한다. 남북전쟁 이후에도 흑인들에게 동등한 시민의 권리를 안겨준 수정헌법 제13, 14, 15조는 모두 민주당의 전면 반대 속에서 공화당에 의해 제정된 법들이다.

한국 민주당과 좌익의 위선도 크게 다르지 않다. 피해 의식 증폭으로 지역감정과 계층, 세대, 남녀 간 갈등을 조장하며 듣기에만 좋은 선심성 구호로 표밭 농장을 관리할 뿐 아니라, 문제를 개선하기는커녕 문제의 골을 더욱 깊게 해 자신들의 배만 채우는 운동권 정치인들의 모습은 어디에나 똑같다. 미국의 BLM 운동을 응원한답시고 국회 본청에서 무릎 꿇는 퍼포먼스를 펼친 한국의 '보수' 정치인들도 크게 나을 것은 없다.

집단 정체성과 의식에 기대어 호소하는 것은 언제나 개인의 양심과 자기 주권을 말살시킨다. 한국인의 독립 정신이 이 책을 통해 조금 더 회복하길 바란다.

- 조평세 (트루스포럼 연구위원, 《월드뷰》 편집위원)

한국에 살고 있는 황인종인 당신이 이 책을 펼친 이유는 대략 두 가지가 아닐까 한다. 하나는 유튜브를 통해 이미 캔디스 오웬스의 진가를 알고 있는 2030 보수주의자이거나. 다른 하나는 '핑크색 재킷을 입은 흑인 여자'가 민주당을 탈출했다는 충격적인 책 표지 디자인에 본능적으로 끌렸거나. 어느 쪽이든 괜찮다. 그 무엇이 됐건 이 책은 당신이 가늠했던 그 이상의 인사이트를 선사할 것이기 때문이다. 이 책 자체가 하나의 상징이다. 이 책을 읽는 당신의 안목 자체가 하나의 상징이다.

캔디스 오웬스는 "미국을 구한다는 것은 곧 이 국가를 떠받치고 있는 유대-기독교 원칙을 구한다는 것을 의미한다"라고 했다. 이승만 건국 대통령을 통해 미국의 자유를 이식받은 대한민국 역시 마찬가지다. 우리가 몰랐을 뿐, 미국과 대한민국은 바로 이 동일한 유대-기독교 프로세스를 채택한 '사랑의 나라'였던 것이다.

우리가 싸울 상대는 우리 가족, 친구, 이웃이 아니다. 심지어 나와 의견이 다른 '저사람들'도 아니다. 이 자유 대한민국을 떠받들고 있는 유대-기독교 원칙을 '틀렸다' 말하는 정신 그 자체다. 그녀가 종의 멍에를 멘 자신의 친구들을 정죄하는 것이 아닌, 끝까지 올바른 가치를 설명하고 설득하고 있는 이유다. 그녀는 결코 쉽지 않은 길을 택했다. 그러나 우리는 이내 목도하게 될 것이다. 그녀의 희생으로 많은 사람들이 종의 멍에를 벗고 진정 자유인이 되어 미국이 다시 위대해지는 바로 그 광경을 말이다.

이 글을 읽는 당신 역시 마찬가지다. 지금 이 시대에 이 책을 읽는다는 것 자체가 어떤 의미에서 숭고한 희생을 각오한 자기부인이라 할 수 있다. 진실을 마주한 자는 외롭고 괴로워도 외칠 수밖에 없는 지난한 길을 걷게 되기 때문이다. 그러나 알면서도 당당히 이 책을 펼친 당신의 그 용기와 희생이 자유 대한민국을 더욱 빛나게 할 것이다.

이 책 내용뿐이 아닌 이 책 그 자체를 읽으라. 그게 이 책의 진정한 묘미다.

- 책읽는사자 ('책읽는사자 채널'·'사자그라운드' 대표, 《책읽는사자의 신앙의 참견》 저자)

지상에 천국을 만들겠다는 허무한 목표 아래 출범했던 공산주의 정치 체제가 무너진 지도 30년이 넘었다. 중국은 소련이 망한 후에도 30년을 더 지탱하고 있었지만 결국 중국식 사회주의라는 가짜 자유주의 체제로는 더 이상 버틸 수 없는 위기에 봉착하고 있다.

사회주의, 공산주의 체제가 현실 세계에서 성공할 수 없다는 사실이 확인되었음에도 불구하고 2000년대 이후 온 세상이 또 다시 이념 갈등의 몸살을 앓기 시작하였다. 물론 자유주의 시장 경제에 반대하는 사람들은 자신들의 이데올로기를 공산주의 혹은 사회주의라고 밝히지는 않는다. 대신 그들은 개혁, 진보, 사회 발전, 평등이라는 가식적 용어를 사용하며 사회를 혼란하게 만들고 있다. 세계적 차원에서 공산주의가 붕괴하던 무렵, 놀랍게도 한국에서는 주체사상이라는 괴이한 공산주의가 판을 치기 시작했고, 작금 권력의 중심부에도 주사파들이 들어가 있는 형국이다. 밥을 굶고 있는 사회의 정치사상을 추종하고 이를 구현하겠다고 팔을 걷어 부치고 나서는 심각한 모순은 미국에서도 나타나고 있다.

최근 미국 사회에는 사회주의적 이념이 광범하게 확산되어 있는 상태다. 물론 그들은 자신들을 절대로 공산주의 혹은 사회주의자라고 말하지 않는다. 대신, 그들은 자신들을 리버럴Liberal이라 말하며 진짜 자유주의 시장 경제를 옹호하는 사람들을 보수 혹은 극우라 부르며 부정적 이미지를 씌우고 있다.

사회주의자들은 항상 자신들이 마음이 따뜻한 사람들인 것처럼 말하기 때문에 깊이 생각하지 않는 다수의 사람들은 쉽게 홀림을 당한다. 가난한 사람들에게 돈을 나누어 주겠다는 말, 가난한 청년들에게 수당을 주겠다는 말은 참으로 인정있는 사람의 말처럼 들린다. 자기 개인 주머니를 털어서 나누어 주겠다는 사람이라면 그 사람은 인정있는 사람일 수도 있다. 그러나 남의 돈, 즉 그들이 적개심을 가지고 악독한 자본가라며 손가락질하는 사람들의 돈을 빼앗아서 나누어 주겠다고 한다면 그 사람은 폭력 혁명가이던지 기껏해야 위선자일 뿐이다. 국가나 사회로부터 용돈을 받는 사람들은 궁극적으로 국가나 사회의 노예가 되고 만다. 공산주의 국가는 국민에게 식량까지도 배급을 하니 공산주의 치하에 사는 사람들은 궁극적으로 먹는 일에서조차 정권의 눈치를 볼 수밖에 없게 된다. 용돈을 받는 것보다는 일자리를 달라고 하는 것이 진정 자존심 있는 인간이 요구해야 할 도리다.

미국 정치에 대해 관심이 있는 사람들은 익히 알고 있는 일이지만 최근 미국 사회에서 전개되는 폭력적·무정부적 사회 운동 중의 하나로 BLM **Black Lives Matter** 즉 '흑인의 생명도 소중하다' 라는 운동이 있다. 백인 경찰한테 총 맞아 죽은 흑인이 나올 때마다 미국 주요 도시들에서 흑인 폭동이 일어나곤 하는데 여기서 총 맞아 죽은 흑인이 전과범이었으며 마약에 취해 있었다는 사실은 고려의 대상조차 되지 않는다. 또한 백인 경찰에 의해 흑인이 사망하는 경우가 통계학적으로 본다면 전혀 흑인 차별적 행동이라고 해석될 수 없다는 사실도 원천적으로 무시된다.

자유로웠던 미국 사회가 공개적으로 말하면 안되는 것들이 너무나 많아진 사회가 되었다. 소위 '정치적 올바름 Political Correctness'이라는 기준에 거슬리는 어떠한 말도 하면 안된다. 바이든은 2020년, 민주당 후보가 된 후 부통령은 백인이 아니고 남자가 아닌 사람 중에서 찾겠다는 기준을 세웠다. 대통령 유고시 능히 대통령의 직위를 물려받아 미국을 문제없이 이끌어갈 능력 있는 사람을 부통령으로 선발하겠다고 말하지 않았다. 이런 말에 이의를 제기할 수 없을 정도로 미국은 정치적 올바름이 지배하는 사회가 되고 말았다. 대학교 등록금을 무료로 해주겠다는 구호, 학자금을 대출 받은 사람들에게 빚을 탕감해 주겠다는 공약 등이 난무하고 있다. 등록금을 갚지 않아도 된다는 공약을 만든 정치가들에게 한마디 물어보자. 대학을 가지 않고 곧바로 직업전선에 뛰어든 사람들에게는 무엇을 해 줄건가?

독자께서 지금 읽고 있는 책은 바로 이 같은 황당한 고정관념을 여지없이 무너뜨리고 있는 책이다. 이 책의 저자는 미국 사회에서 당연히 최악의 인권 유린을 당하고 있으리라 여겨지는 모든 조건을 갖춘 사람이다. 남성 우위 사회의 여성이며 백인 우월 사회의 흑인이다. 가난 때문에 대학도 중퇴한 사람이다. 물론 그도 한동안 당연직 민주당 지지자였다. 트럼프를 비하하고 공화당을 싫어하고 백인과 부자들을 미워했다. 그런 흑인 여성이 어느 날 각성했다. 이후 그녀는 흑인들을 정치적으로 악용하면서 흑인들을 가난의 질곡에서 벗어나지 못하게 하고, 말만 그럴싸하게 하면서 오히려 진정 인종차별주의적인 민주당에서 뛰쳐나왔다. 캔디스 오웬스는 흑인으로 태어난 사람이면 당

연히 가지게 되는 '흑인이라는 카드'를 당당히 던져 버리겠다고 선언
했다. 흑인이라는 이유로 미국 사회로부터 받게 되는, 그러나 사실은
흑인을 오히려 파탄시키는, 이 말도 되지 않는 특권 카드를 버리겠다
는 것이다.

미국에는 흑인 특권이라는 것이 존재한다. 필자가 미국 대학원에
서 공부할 때 동기였던 흑인 학생이 "나는 전과목 A를 맞았는데 그것
은 백인 교수들이 흑인인 내게 B를 줄 수 없기 때문이며 그래서 나는
대학원에서 한없는 인종차별을 느끼고 있다"라고 말하는 것을 들은
적이 있다. 용돈을 주는 정치가를 좋은 정치가라고 믿는 사람들은 바
로 자신에게 A를 주는 선생님을 무조건 좋아하는 흑인 학생과 같다.

관심있는 분들은 이미 캔디스 오웬스가 똑부러지는 언변과 논설로
상대방을 사정없이 격파해 버리는 동영상을 본 적이 있을 것이다. 이
책은 이념논쟁에서 소위 보수적, 우파적 견해를 가진 사람들에게 논
쟁에 승리할 수 있는 막강한 실판을 제공해 준다.

이념논쟁의 시대에 보수적 내지는 우파적 견해를 가진 사람들이
승리하기 위해서는 좌파적 견해를 가진 사람들보다 훨씬 더 많은 공
부를 해야 한다. 왜냐하면 좌파적 견해들은 감성적인 것들이기 때
문에 감정(Heart)에 호소할 수 있지만 우파적 견해는 냉철한 머리
(Brain)에 호소해야 하기 때문이다. 용돈을 많이 주는 정부가 왜 나쁘
냐고 묻는 어르신들에게 그 용돈이 실제로는 당신 자녀 분들의 주머
니에서 나가는 돈이라고 설명하기는 어렵다. 더 많은 수의 흑인들을
하버드 대학에 할당 입학시키는게 뭐가 나쁘냐고 말하는 이들에게
그 할당 제도로 인해 천재 동양인 학생들이 하버드에 입학하지 못했

으며, 다수의 흑인 학생들이 학업을 중도 포기했다고 설명하는 것은 어려운 일이다.

캔디스 오웬스라는 장래가 촉망되는 미국의 젊은 보수주의자는 앞으로 미국을 더욱 강하게 만드는데 크게 기여 할 미국의 보배가 될 것이다. 세계에서 가장 막강한 미국을 건설케 한 기초 이념이 기독교 보수주의였음을 부인할 수 없다. 미국을 성공한 나라로 만든 보수주의적 이념과 사상에 충실한 젊은 흑인 여성 캔디스 오웬스의 명석한 주장이 한국어로 번역되게 되어 기쁘다. 이 책은 흑인이면 당연히 민주당에 투표해야 한다는 공식을 논리적으로 격파한 책이다. 우리나라에도 자신의 사회경제적 지위, 학벌, 고향 등 전통 사회적 기준에 따라 지지 정당을 자동적으로 결정하는 사람들이 많다.

미국의 한 좌파 젊은이가 보수주의자로 변신한 후 철 지난 이념에 절어 있는 위선자들을 통쾌하게 격파하는 논리를 배워보자. 이 책을 읽기 쉬운 우리말로 번역해 준 반지현 님의 노고에도 감사드리며 감성에 젖은 좌파 이론들을 깨기 어렵다고 생각하는 분들은 물론, 잘못된 이념의 늪에 빠져 허우적거리는 모든 이들에게 일독을 권하고 싶다.

2022년 2월

이춘근

국제정치학 박사, 국제정치아카데미 대표

옮긴이 서문

'언어가 사고를 지배한다.'

전체주의 세계에 대한 예언적 디스토피아 소설 《1984》에서 당(국가)은 새말(신어, newspeak)이라는 언어를 만들어 사람들의 사상을 통제한다. 이와 똑같은 방식으로 수많은 사람들을 통제하고 학살한 사람이 소설 밖에도 있었다.

바로 레닌^{Lenin}이다. 러시아 공산 혁명 지도자 레닌은 "혁명의 성공적 수행을 위해서는 용어를 혼란시켜야 한다"라고 했다. 이 용어 혼란 전술을 통해 현대 자유 진영에서 "공산주의의 반대말은 민주주의"라는 왜곡된 사고가 형성되었다. 그러나 공산주의의 반대말은 민주*주의가 아니다. 실제로 레닌은 "민주주의가 망할 때까지 민주주의를 외쳐라"라고 했으며, 그의 사상적 스승인 카를 마르크스는 "민주주의는 공산주의로 향하는 길"이라고 했다. 현존하는 사회주의 독재 국가들 중 민주주의를 긍정하지 않는 국가는 없다. 민주주의가 나쁜 개념이라는 것이 아니다. 다만, 공산·사회주의자들에게 민주주의란 어디

---

* Democracy를 민주주의로 번역하는 것 역시 오역이다. Democracy는 이념(-ism)이 아니라 정치 체제이기 때문이다. 이 단어는 본래 구한말부터 '민주 정체', '민주정'으로 제대로 번역되었으나 일제 식민지를 거쳐 민주주의로 오역되었고 그대로 굳어 오늘날에 이르렀다. 당시 일본의 지식인들이 아시아에는 존재하지 않았던 개념들을 먼저 번역하는 과정에서 오역한 것이 그대로 한국어에 도입된 것으로 추측된다.

까지나 공산주의 유토피아라는 종착지를 향한 여러 정류장 중 하나에 불과하다는 것이다.

우리가 지지하는 민주주의는 반드시 '자유' 민주주의여야 한다. 그러나 대한민국에서 민주주의는 곧 다수의 민심으로 해석되며, 국민정서는 법치 위에서 오남용 되고 있다. 이것이 바로 마르크스와 레닌이 이야기한 '공산 유토피아를 향한 민주주의'의 맥락에서 해석되는 민주주의라는 점에서 섬뜩한 기분이 든다.

'자본주의Capitalism'라는 단어 역시 마찬가지다. 이 단어에 경멸을 담아 세상에 널리 알린 것은 카를 마르크스를 비롯한 19세기 사회주의자들이었다. 인류사의 오랜 발전을 거쳐 자연스럽게 진화되어온 자유 시장 경제 시스템을 공산주의와 대립되는 일종의 개념 혹은 사상-ism의 프레임에 가두기 위해 시도한 이 전략은 아주 기가 막힌 전략이었다. 이로 인해 자본주의는 인권이나 인간성, 정신적인 가치 등을 모두 물질과 돈으로 환원하는 비인간적이고 냉혹한 사회 권력 시스템, 사람보다 돈이 먼저인 '물질 만능주의'라는 단어와 동의어가 되어 수많은 사람들의 사고를 지배하고 있다.

독자분들은 이 책을 본격적으로 읽기 전에 미국과 대한민국에서 사용되는 정치 용어들에 대해 먼저 파악할 필요가 있을 것 같다. 이미 우리가 쓰는 한국의 정치 용어와 미국의 정치 용어는 현재 두 나라의 정치판 만큼이나 혼탁한 상태이기 때문이다. 이 책에는 '리버럴Liberals'이라는 단어가 끊임없이 등장한다. 저자는 이 책 전체를 통틀어 미국의 '리버럴'에 대한 가차 없는 비판을 쉬지 않고 쏟아 내는데, 옮긴이가 이 단어를 왜 '자유주의자'나 '진보주의자'로 번역하지 않았는지 이해해 주시길 바라는 마음에서 이 서문을 쓰니 참고를 부탁드린다.

고전적 자유주의 Classical Liberalism

'리버럴리즘Liberalism'은 한국어로 '자유주의'로 번역된다. 자유주의 란, 개인의 자유를 최상의 가치로 삼는 이념이다. 다만 여기서 말하는 자유는 타인에게 절대 피해를 끼치지 않는 선까지의 자유를 말한다. '자유주의자'로 번역되는 리버럴Liberals들에게 있어 국가란 어디까지나 개인의 자유를 보호하기 위해 존재한다.

인권의 중심에 소유권이 있다는 개념을 설파한 존 로크, 처음부터 의도된 것도 아니고 제3자의 중재가 있었던 것도 아닌데 개인의 이기 심이 모여 사회 구성원들의 공익으로 작용하는 '보이지 않는 손'의 애 덤 스미스, 그 외 에드먼드 버크, 토머스 페인, 제임스 메디슨 등의 계 보를 따라 세계사의 굵직한 혁명의 줄기가 이어졌고 그에 따라 자유 주의의 기반이 더욱 단단하게 정립된다.

영국의 명예 혁명, 미국의 독립 혁명 등이 바로 이 리버럴리즘을 근간에 둔 시민 혁명이라 할 수 있다. 이 혁명들이 말하는 자유주의는 민권 보호, 소유의 자유와 종교에 대한 존중, 공화주의 정신, 자연법 에 의거한 법치주의 등으로 대변된다. 이들은 훗날 등장하게 될 다른 의미의 리버럴리즘과 구분되기 위해 '고전적 자유주의Classical Liberalism' 라는 이름으로 21세기 이후 미국 사회에서 불리게 된다.

현대 리버럴리즘 Modern Liberalism

그렇다면 이 책에서 캔디스 오웬스가 비판하는 '리버럴'들은 누구인가? 그녀가 말하는 리버럴은 현대 리버럴, 현재 미국 사회 내 좌익 성향의 사람들, 사회주의와 민주당 어젠다에 기반한 여러 사회적 가치* 등을 지지하는 사람들이다. 따라서 이들을 정확히 부르자면 좌익-리버럴Left-Liberal, 혹은 사회민주주의자들Social Democrats이라고 부르는 것이 옳다. 종종 급진주의자들Radicals이라고도 불린다.

이들은 개인의 자유를 주장하는 동시에, 결과의 평등을 보장하는 사회주의적인 경제 정책을 지지한다는 점에서 모순적이다. 캔디스가 1장에서 더 자세히 설명하듯, 이는 사실상 함께 할 수 없는 이념, 끊임없이 대립하는 이념이 혼재된 상태다. 경제적 자유와 평등은 서로 충돌하기 때문에 어디까지나 서로 보완하고 조율하는 반비례적인 개념이지, 동반 성장 할 수 없는 개념이기 때문이다. "나는 정부가 나랏돈으로 나를 먹여 살려 주기를 원하지만, 내 자유도 보장해 주기를 원한다"리는 주장은 앞뒤가 맞지 않는 주장이나. 성부의 세늠으로 모든 사람들이 최저 생활 수준을 유지할 수 있게 하려면 어쩔 수 없이 정부의 통제는 강화되고 개인의 자유는 침해될 수 밖에 없다. 자유와 평등 중 평등을 내세우면 자유와 평등 중 그 어느 것도 얻지 못한다.

따라서 미국의 현대 리버럴 진영은 자기 모순적인 혼탁한 상태의

---

* 정치적 올바름(Political Correctness), 다원주의, 낙태, 성적 자기 결정권, 불법 이민 지지, 동물권 보호, 기후 변화, 비거니즘(Veganism), 래디컬 페미니즘, BLM 지지, 이슬람 지지, 참여 민주주의 및 북유럽식 사회주의 찬성, 반자본주의, 반대기업, 반 트럼프, 반공화당 등 어디까지나 개인별 차이가 있겠으나, 민주당 어젠다에 가까운 사회적 가치들의 목록을 열거하자면 대략 이렇다.

'좌익', 정확하게는 '좌익-리버럴' 이라고 명명하는 것이 옳다. 무엇보다도 이들이 말하는 자유는 본래 앞서 말했던 고전적 자유주의자들이 말하는 자유, 즉 타인에게 피해를 주지 않는 선에서의 자유와도 충돌한다. 예를 들어, "모두에게는 젠더를 선택할 수 있는 자유가 있다"라는 리버럴들의 주장에서 시작한 여러 정책들 중 생물학적으로는 남성이지만 스스로 여성임을 선택한 남성이 여성 스포츠에 출전하는 것을 법적으로 허용하는 정책을 보자. 스포츠의 생태계는 교란되고, 생물학적 여성 스포츠인의 자유는 필연적으로 억압될 수 밖에 없는 모순이 발생할 것이다.

고전적 자유주의와 현대 리버럴리즘의 차이

바로 여기서 고전적 자유주의와 현대 리버럴리즘의 차이가 발생한다. 보통 미국에서는 현대 리버럴을 오웬스가 말하듯 '리버럴'이라고 부르며, 한국어로 자유주의로 번역되는 사상은 고전적 자유주의로 구분한다. 따라서 대한민국 언론이나 학계에서 미국의 현대 리버럴들을 진보주의자 혹은 자유주의자라고 번역하는 것은 단어의 뜻을 정반대로 번역하는 심각한 오역이다.

리버테리어니즘 Libertarianism

그렇다면 리버테리어니즘이란 무엇인가? 이것은 고전적 자유주의에서 한 단계 더 확장된 자유 지상주의, 정부는 최소화되고 개인의 자유는 타인에게 해가 되지 않는 선에서 최대한 보장되어야 한다고 보는 사상이다.

고전적 자유주의자들 Classical Liberal이 정부의 존재와 최소한의 사회 안전망 등을 인정하는 한편, 리버테리언들은 국가의 강제력을 그 자체로 부도덕하다고 보기 때문에 정부 자체를 인정하지 않는 무정부주의에 가깝다. 고전적 자유주의가 왕권에 대한 반발이라면, 리버테리어니즘은 일체의 모든 권위에 대한 거부이기 때문이다. 이들은 자유 시장 경제 시스템을 옹호한다는 측면에서 우파 경제사관과 여러 면에서 일치한다. 한가지 아이러니한 점은, 원래 리버테리어니즘이라는 용어 자체가 사회주의 무정부주의자Socialist Anarchist들이 처음 사용한 단어라는 점이다.*

참고로, Freedom과 Liberty는 둘 다 한국에서 '자유'라고 번역되지만 의미상의 차이가 존재한다. Freedom은 자연적인 상태의 자유를 의미하고 Liberty는 본래 속박되어 있던 상태로부터의 자유를 의미한다. 즉 Liberty는 과거 어느 시점에서 속박당했다는 암시가 전제로 깔려 있으며 공동체 내에서의 자유를 말할 때 더 많이 사용된다. 이런 측면에서 리버테리언들의 자유는 Freedom에 더 가깝고, 고전적 자유주의자들이 말하는 자유는 Liberty에 가깝다.

보수주의자들의 자유

바로 이 지점에서 보수주의자들이 말하는 자유와 현대 리버럴들이나 리버테리언들이 말하는 자유가 조금 달라진다. 보수주의자들이

---

* 그러나 좌익적 자유 지상주의는 미국에서 거의 사라졌고, 현재는 리버테리언, 자유 지상주의자라고 하면 대부분 우익적 자유 지상주의를 뜻하는 말로 정착되었다.

말하는 자유는 미국 건국의 아버지들이 독립 선언서에서 이야기한 신앙의 자유, 표현의 자유, 선택의 자유를 말하며 어디까지나 한계가 있는 자유, 유대-기독교 전통에서 비롯된 '하나님 안에서의 자유'를 최우선의 가치로 둔다. 개인의 자유를 존중하나, 그것이 곧 모든 마약의 합법화나 모든 종류의 결혼 제도(가령 근친 결혼, 동물과 사람 간 결혼 등)등을 '자유'라는 이름으로 보장해야 하느냐에 대한 지점에서는 의견을 달리한다.

보수주의자들은 무제한적인 자유란 결국 사회를 혼란으로 이끌며 개인의 내면을 황폐화한다고 생각하기 때문에 어느 정도의 선에서 법치 및 정부의 조율이 필요하다고 생각한다. 다시 말해서 보수주의는 통치 자체를 거부하는 게 아니라, 개인의 자유를 강조하면서도 가능한 영속적이고 보편적인 통치를 구현하는 데 관심을 가진다. 이에 대해 영국의 대표적 보수주의 사상가, 로저 스크루턴은 "법이란 '조용한 불침번' 역할을 하는 것이다"라는 말을 남겼다.

유럽 × 한국의 리버럴리즘과 미국의 리버럴리즘

유럽이나 한국에서 말하는 리버럴리즘은, 자유주의, 보수주의, 우익 혹은 굳이 미국으로 따지자면 공화당 계열의 정치 스펙트럼에 속하지만, 미국에서 말하는 리버럴리즘은 유럽이나 한국에서는 좌익주의, 미국 민주당 계열에 속하기 때문에 리버럴을 자유주의로 번역하

---

* 1944년생의 영국의 대표적인 정치 철학자로 에드먼드 버크 이후 가장 뛰어난 보수주의자로 평가받는다. 68혁명의 마르크스주의와 포스트모더니즘에 맞서 사회 활동가로 활동하기도 했으며 전 세계 유수 대학교에서 강의를 하며 40여 권의 책을 저술했다.

면 정반대로 번역하는 것이나 다름없는 치명적인 오역이 된다. 따라서 미국 리버럴은 현재 미국이라는 국가, 사회, 시대성의 맥락 안에서 통용되고 있다는 특수성이 있어 '자유주의자'로 번역이 불가능하다고 판단, 발음 그대로 '리버럴'이라고 번역했음을 밝힌다.

차례

일러두기

1. 인명과 지명 표기는 기본적으로 외래어 표기법을 따랐으나, 상당히 고착되어 굳어진 단어의 경우 예외 규정으로 인정했다.
2. 역자가 추가한 괄호 안의 설명은 원문과 구분하기 위해 '-옮긴이'로 표기하였다.
3. 이 글의 모든 각주는 옮긴이의 것이다.

추천사

　　최근 '백인 민족주의의 부활'에 대한 의회 청문회에서 캔디스 오웬스는 다음과 같이 말했다.

　　"미국이 진짜로 직면하고 있는 문제와 위협에 대한 청문회가 열리는 날이 하루 빨리 왔으면 좋겠습니다. 불법 이민 문제같이 흑인들에게 실제적인 위협이 되는 문제나, 사회주의 같이 미국민 전체에게 위협이 되는 문제에 대한 청문회 말입니다. 그 날이 오늘은 아닌 것으로 보입니다. 하지만 공화당원들은 그 날이 올 때까지 전력으로 투쟁할 것입니다.

　　'백인 민족주의의 부활'이라는 이 말도 안되는 주제의 청문회가 당신들의 입맛에 맞게 계속 진행되길 원하는 민주당원 분들, 그리고 우리가 민주당에 사로 잡혀 몰표를 던지는 흑인들로 영원히 남아 있길 바라는 모든 민주당원 분들께 드리고 싶은 말씀이 있습니다. 제가 염려하고 있는 흑인 사회 문제들에 당신들이 기웃대는 순간 이 문제들은 더욱 골치 아파집니다. 국민들은 이제 당신들의 그 공허한 미사여구에 질렸습니다. 우리는 지금껏 당신들로부터 우리와 다른 피부색을 가진 사람들을 증오하거나 두려워 해야 한다는 말을 들어왔습니다. 그러나 이제 우리는 실질적인 결과를 보고 싶습니다. 제대로 된 정책이 실현되는 것을 보고 싶습니다. 우리는 당신들의 그 번지르르한 말장난들에 지쳤습니다. 백인 우월주의나 백인 민족주의가 흑인들을 더 이상 해치고 있지 않다는 것은 통계가 이미 보여주고 있습니다. 그런 주제들은 이제 그만하면 됐습니다. 이제부턴 흑인 아버지들을 다시 가정으로 돌려보내는 것에 대해 논의해야 합니다.

하나님과 종교 그리고 보다 작은 정부에 대해 논의해야 할 때입니다. 흑인 가정들을 파괴해 온 것이 다름 아닌 정부이기 때문입니다. 당신들도 그 사실을 다 알고 있을 겁니다. 많은 사람들은 지금까지 의회가 해온 일들에 대해, 의회가 어떻게 변질 되었는지에 대해 부끄러워해야 한다고 생각하고 있습니다. 이 청문회는 일일 연속극에서나 볼만한 수준입니다. 정말 창피할 지경이에요."

마이크 드롭.*

강렬하다. 눈부시다. 무엇보다도 담대하다. 이 젊고 카리스마 넘치는 여성을 묘사할 수 있는 여러 형용사 중 일부에 불과한 단어들이다. 그녀는 놀랍게도, '흑인들은 민주당에 맹목적인 지지를 고수해야 한다'는 관습적인 사고방식에 정면으로 도전하고 있는 보기 드문 흑인 여성이다.

2008년, 처음으로 흑인 투표율이 백인 투표율을 넘어섰다. 이것만 보더라도, 잊을만 하면 리버럴들이 가져오는 인종차별이라는 프레임에도 불구하고 흑인들의 투표권이 억압되고 있지 않다는 것을 알 수 있다. 실제로 2004년, 백인들은 오바마에게 더 많은 표를 던졌다. 그의 경쟁 후보이자 백인인 존 캐리에게 보다도 더. 어디 그 뿐인가, 백인 우월주의자들의 투표를 독려하기 위해 도널드 트럼프가 도그 휘

---

* 마이크 드롭(Mic Drop)은 공연이나 발언이 끝난 후 의도적으로 마이크를 떨어트려 승리했음을 비유적으로 표현하는 제스처이다.

슬$^{Dog whistle *}$ 을 사용하고 있다고 주장한 언론들의 기우에도 불구하고, 트럼프는 4년 전 공화당 대선 후보였던 밋 롬니보다도 적은 백인 득표율을 기록했다. 2016년 대선에서 도널드 트럼프가 얻은 흑인 지지율은 겨우 7%에 불과했다.

흑인들이 민주당에 보내는 이 맹목적인 지지는 프랭클린 델러노 루스벨트 대통령과 그의 뉴딜 정책을 기점으로 지금까지 이어져왔다. 이에 대해 캔디스 오웬스는 당돌한 질문을 던진다. "흑인들이 민주당에 충성을 바쳐서 결국 얻은 것이 과연 무엇인가?"라고. 민주당은 흑인들에게 제도적, 구조적, 조직적 인종차별에서 영원히 벗어나지 못할 운명을 타고난 피해자처럼 생각하고 행동하라고 가르친다. 그런데 이 나라가 어떤 나라인가. 2008년에 대통령으로 흑인을 선출한 나라이며, 지속되는 경기 침체에도 불구, 2012년에 그를 무려 재선출 하기까지 한 나라가 아니었는가.

CNN의 분석가, 반 존스는 2016년 트럼프의 대선 승리를 '백인들의 반격^{Whitelash}'으로 명명했다. 존스는 대선개표가 끝난 당일 밤, "트럼프의 승리는 진보하고 있던 국가에 대한 백인들의 반격이자 흑인 대통령이 꼴 보기 싫었던 백인들의 역습이었다. 이것이 바로 트럼프의 승리가 고통스럽게 느껴지는 이유다."라고 말했다. 하지만, 이에 대한 증거가 어디에 있는가? 2008년과 2012년, 오바마를 뽑았던 700개 카운티 중 200개 카운티가 2016년에는 트럼프를 뽑았다. 그 카운티에

---

* 특정 집단을 대상으로 그들만 알아 들을 수 있게끔 메시지를 전달하는 정치전략 방법이다. 주류 언론들은 트럼프가 가난한 백인 극우 집단의 사람들만이 알아 들을 수 있는 언어로 그들의 지지를 얻어냈다고 주장했다.

거주하는 백인 유권자들이 그 사이에 인종차별 방사능 독거미에게 물리기라도 한 걸까? 트럼프에게 가장 많은 표를 던진 곳은 텍사스주의 애빌린이라는 도시였다. 그러나 1881년 세워진 백인 인구가 다수인 이 도시는 최근 첫 흑인 시장에 압도적인 표를 던지기도 했다.

흑인 사회가 현재 직면한 가장 큰 문제는 인종차별, 불평등, 의료 서비스, 기후 변화, 총기 규제 혹은 흑인들로부터 얻는 90%의 지지율을 지탱하기 위해 마구잡이로 던져 대는 민주당 측의 통계 자료 따위가 아니다. 오웬스가 의회에서 밝힌 것처럼, 흑인 사회가 직면한 가장 큰 문제는 바로 가정 내 아버지의 부재이다.

1940년, 경제학자 월터 윌리엄스는 혼외로 태어난 흑인의 비율이 약 12%라는 점을 지적했다. 그러나 이후 1965년, 대니얼 패트릭 모이니핸이 〈니그로 가정: 국가적 행동이 필요한 사례The Negro Family: A Case For National Action〉라는 보고서를 발표할 당시 아버지가 없는 흑인 자녀 비율은 25%로 늘어났다.

모이니핸은 이 보고서를 통해 아버지가 가정에 없을 때 발생하는 문제들, 예를 들어 아이들이 학교를 중퇴할 확률, 가난에 빠질 확률, 범죄를 저지르고 투옥될 가능성이 더 높은 것과 같은 문제들에 대해서 경고했다. 2008년 아버지의 날 연설에서 당시 상원 의원이었던 버락 오바마는 다음과 같이 말했다.

"흑인 아이들의 절반 이상이 한부모 가정에서 자라고 있습니다. 그 숫자는 우리가 어렸을 때에 비해 무려 2배나 증가했습니다. 아버지 없이 자란 아이들은 생계형 범죄를 저지를 확률이 5배, 학교를 중퇴할 확률이 9배, 감옥에 갈 확률이 20배나 더 높습니다. 이들은 행동 장애를 앓게 되거나, 가출 청소년이 되거나, 10대 부모가 될 가능성이 더 높습니다. 흑인들의 사회가 위태로운 이유는 바로 아버지의 부재 때문입니다."

질병 통제 예방 센터에 따르면, 오늘날 흑인 아동들의 무려 70%가 아버지 없이 세상에 태어난다고 한다. 오웬스는 백인 민족주의에 대한 의회 청문회에서, "이 청문회는 백인 우월주의로 인한 가장 큰 피해자는 소수 인종 집단이라는 것을 전제하고 있다. 이 청문회는 백인 우월주의를 사회에서 뿌리 뽑고, 소수 인종인 미국인들의 삶을 더 낫게 해 주고자 하는 목적으로 열렸다. 그러나 흑인들에게 해를 가하고 있는 100가지를 순위별로 나열한다면, 백인 민족주의는 그 목록에 포함조차 되지 못할 것이다."라고 말했다.

버락 오바마 대통령의 첫 법무부 장관을 지냈던 에릭 홀더는 흑인들의 대학교로 유서가 깊은 어느 대학교의 졸업식 연설에서 '눈에 띄지 않는 인종차별의 악랄함'에 대해 다음과 같이 말했다.

"평등한 기회에 대한 가장 큰 위협은 더 이상 60년 전의 '분리하되 평등한' 법 (인종 분리법을 말한다-옮긴이)과 같이 공공연한 차별적 법령의 모습을 하고 있지 않습니다. 〈브라운 대 토피카 교육 위원회 재판〉* 사건 이후 인종을 분리하는 법안들은 엄격한 법적 기준을 적용 받기 시작하면서 그 효력을 잃어갔기 때문이죠. 거의 예외 없이 이 법안들은 헌

---

* 브라운 대 토피카 교육 위원회 재판(Brown v. Board of Education, 1954)은 미국 연방 대법원의 획기적 판례 중 하나로, 당시 남쪽 17개 주에서 백인과 유색인종이 같은 공립학교에 다닐 수 없게 하는 주법을 불법이라고 판정한 사건이다. 브라운 사건이라고도 불리는 이 판례는 '분리하되 평등'이라는 인종차별 정책을 58년 만에 뒤집히게 만든 것으로 유명하다.

법 제정 통과에 실패했습니다. 그러나 인종 중립적인 것처럼 보이기 때문에 그러한 조사를 너무 쉽게 피해가는 정책들이 있습니다. 다시 말하자면, 평등한 것 같아 보이는 정책들이 더 위험하다는 겁니다. 이것이 오늘날 우리가 해결해야 할 문제입니다. 인종을 차별하기 위해 대놓고 공식 제정되어 있지는 않더라도 실제로는 동등한 기회를 저해하는 정책들 말입니다."

그러나 흑인에 대한 인종차별 현상에 대해 훗날 홀더의 상사가 될 당시 상원 의원이었던 오바마는 다른 말을 했다. 역시 흑인 대학교로 유명한 어떤 대학교 연설에서 그는 마틴 루터 킹의 세대를 '모세 세대'라고 부르며 경의를 표했다. 오바마는 "모세 세대는 우리로 하여금 약속의 땅으로 갈 수 있도록 90%의 일들을 해냈다"며, "남은 10%의 사명은 바로 '여호수아 세대' 즉, 우리 세대에 달려있다"라고 말했다. 다시 한 번 말하지만 이 연설은 오바마가 미국 최초의 흑인 대통령으로 선출되고 이후 재선 되기도 전에 했던 연설이다. 우리는 오바마의 대통령 당선이, 그가 말한 남은 10%의 사명을 채웠다는 걸 알 수 있다.

《더 타임스》와 CNN이 1997년 실시한 합동 여론 조사 결과를 들여다 보자. "인종차별이 미국 사회가 해결해야 할 문제인가"라는 질문을 두고 흑인 청소년들과 백인 청소년들에게 각각 의견을 물었을 때, 인종차별이 사회 문제 중 하나라는 점에서는 그들 중 대다수가 수긍을 했다. 그러나 좀 더 구체적으로 들어가서, 인종차별이 '큰 문제'인지 '작은 문제'인지 아니면 '일상생활에서 거의 문제가 되지 않는지'를 물었을 때 89%는 인종차별이 작은 문제거나 일상생활에서는 거의 문제가 되지 않는다고 답했다. 사실, '기회를 활용하지 못하는 것'이 인종차별보다 더 큰 문제라고 답한 흑인 청소년들이 백인 청소년들보다 더 많았다.

오늘날 흑인들의 삶이 아무리 팍팍하다 해도 우리가 겪고 있는 것은 우리 두 세대 위의 흑인들이 겪었던 것과는 전혀 결이 다르다. 그들의 투쟁과 현 세대의 투쟁을 동일 선상에 두고 비교한다는 것은 그 세대의 고난에 침을 뱉는 것과 다르지 않다.

노예 배상금 정책은 흑인 유권자들을 꾀기 위해 최근에 생겨난 유혹적인 미끼다. 2020년 민주당 대선 후보들 중 일부는 이 정책을 연구하기 위한 위원회 설립까지 공약으로 내걸었다. 노예 배상금 문제는 사실 단순하게 해석할 수 있다. 노예 배상금은 노예를 소유한 적도 없는 사람들에게서 강제로 돈을 빼앗는 것이다. 아무 관계도 없는 사람들의 희생을 이용한, 우리 조상들에게 행해졌던 일들에 대한 뒤늦은 한풀이나 다름없다.

우리의 할머니, 할아버지 세대는 분명 많은 고난을 겪었다. 그들은 힘들었던 기억을 가질 만한 충분한 자격이 있으며, 그 고난에 대한 존중을 받을 자격이 있다. 나만 해도 짐 크로 시대에 대한 생생한 기억이 남아 있다. 내가 태어났을 때만 해도 몇몇 주에서 타 인종 간 결혼이 여전히 불법이었고, 재키 로빈슨이 현대 야구의 인종 장벽을 깬* 최초의 흑인 야구 선수가 된 것은 내가 태어나기 불과 몇 년 전에 있었던 일이다.

---

* 메이저 리그 베이스볼에서 활동했던 최초의 미국 흑인 야구선수

하지만 민권법이 통과된 이후 지금, CNN과 MSNBC에서 볼 수 있는 잘 차려 입은 교수 타입의 흑인들이 겪었던 투쟁은 과연 무엇이었는가? 미세 공격Microaggresion*? 백화점에서 미행당했다고? 누가 그들을 점원으로 착각했다고? 세상에!

젊은 백인 남성의 예방 가능한 사망 원인 1위는 교통사고 같은 불의의 사고다. 반면, 젊은 흑인 남성들에게 있어 예방 가능한 사망 원인 1위와, 예방 불가능한 사망 원인 1위 둘 다 살인이다. 그것도 심지어 같은 흑인 남성에 의한 살인이다. 최근 몇 년 간의 통계를 보면, 매년 살인을 제외한 약 50만 건의 인종 간 강력 범죄가 발생하고 있다. FBI에 따르면, 이 강력 범죄의 거의 90%가 흑인이 가해자이고 백인이 피해자이며, 겨우 10%만이 반대로 백인이 가해자이고 흑인이 피해자라고 한다. 이 문제에 대한 의회 청문회는 도대체 어디에서 열리고 있는가?

《뉴욕 타임스》편집국장인 딘 바케이는, "좌익들에게는 중요한 원칙이 있다. 그것이 옳든 그르든 반대의 목소리라면 일단 귀를 막고 보는 것이다."라고 시인한 바 있다. 흑인이면서 좌익인 사람들은 더 최악이다. 그들은 애초에 자신들과 다른 생각을 하는 사람들이 옳을 수도 있다는 생각조차 하지 못한다. 예를 들어 오웬스는, 믿기 힘들겠지만 '백인 우월주의자'라고 불리기까지 했다!

---

* 미세 공격은 '아주 작은(micro)' '공격(aggression)'의 합성어로 의도적이든 의도적이지 않든 부정적 편견을 가지고 어떤 집단을 폄하하는 사소하고 간단하며 평범한 일상 언어적, 행동적 모욕을 말한다. 의도적으로 한 말이나 행동이 아니라도 당사자가 모욕감이나 적대감을 느낀다면 미세 공격에 포함된다. 예를 들어 여성 사장에게 "사장님과 얘기할 수 있을까요?", 남자 간호사에게 "남자 간호사는 보기 드문데." 등이 있다.

낙태의 3분의 1이 흑인 여성들에 의해 행해지고, 불법 이민은 흑인 저숙련 노동자들에게 불공정한 해를 끼치며, 복지 국가가 여성에게 정부와의 결혼을 중매하고, 남성에겐 가정에 대한 경제적·도덕적 책임을 포기하도록 장려하고 있는 이 사회 문제들에 대한 청문회는 어디에서 이루어지고 있는가? 경찰을 악마화 하는 사회 분위기로 인해 경찰들로 하여금 진짜 범죄로 희생되는 사람들을 돕길 주저하게 만드는 상황, 이로 인해 증가하는 범죄 숫자, 그리고 이 범죄에 의한 대부분의 희생자는 흑인이라는 점에 대해 논의하는 청문회는 어디에서 이루어지고 있는가? 도시 외곽에 거주하는 흑인들이 교육의 선택권 부족으로 인해 받는 피해와, 피부색에 기초한 대학 입학 제도 그리고* 지역 사회 재투자법같은 정책들이** 도움은 커녕 오히려 흑인 사회를 상처 입히고 있다는 것에 대한 논의는 어디에서 이루어지고 있는가?

최근 여론 조사에 따르면, 오웬스와 같은 사람들 덕분에 민주당에 대한 헌신을 재고하는 흑인들이 늘어나고 있다고 한다. 2019년 말 일부 여론 조사에서 트럼프 대통령에 대한 흑인들의 지지율은 30%를

---

*   소수 집단 우대 정책(Affirmative Action)을 말한다. 미국의 대학교들은 12~15% 수준의 흑인 비율을 유지시키며 사실상의 쿼터제를 시행하고 있는데, 이 제도로 흑인과 히스패닉들은 소수 인종 및 민족이라는 이유로 대학 입학 과정 등에서 아시아계 미국인보다 성적이 낮아도 추가 점수를 얻고 대학에 들어가는 게 가능하다. 반면 아시아계들은 숫자가 그들보다 더 적은 소수집단임에도 추가 점수는 커녕 감점을 받아야 한다.

**   지역 사회 재투자법(Community Reinvestment Act; CRA)은 특정 지역에서 예금을 수취하는 금융 기관에 대해 지역 저소득층, 소수 민족, 소기업 등의 대출 수요에 적극 대응하도록 의무화한 법이다. 연준, FDR 등 감독 기관들은 CRA이행 실적을 평가하여 국내 지점 설치나 합병 등의 인·허가 시 중요한 고려 요소로 활용한다.

넘었다. NAACP의 여론 조사에서도 트럼프에 대한 흑인 지지율은 21%로, 2016년 트럼프가 받은 흑인 지지율의 3배에 육박한다.

30년도 전에 흑인이자 민주당원이었던 하버드 대학교의 사회학자 올랜도 패터슨은 다음과 같이 말했다.

"미국이 인종 문제에 대해서 여전히 어느 정도의 결함이 있는 나라임은 사실이다. 그러나 전 세계에서 백인이 주류인 나라 중 현재 가장 인종차별이 적은 나라가 바로 미국이며, 백인이든 흑인이든 그 어느 사회보다도 소수자에 대한 법적 보호가 잘 이루어지고 있는 나라가 미국이다. 이것이 사회학적 팩트다. 무엇보다도 미국은, 흑인 인구가 주류인 아프리카의 모든 나라들을 포함하여 그 어떤 나라보다도 많은 수의 흑인들에게 기회가 주어지는 나라다."

계속 전진하세요, 오웬스 양.

2020년 1월,
래리 엘더

---

* 전미 유색인 지위 향상 협회 (National Association for the Advancement of Colored People; NAACP)는 인종 차별을 금지하고 유색 인종의 사회적 지위를 향상시키기 위해 1909년 설립된 미국의 인권 단체다.

** 공화당 소속의 흑인 변호사로, 전 LA시사 토크쇼 진행자이자 작가다. 2021년, 캘리포니아 주지사 후보로 출마 하였으나 낙마했다.

들어가며

우리에겐 더 이상 잃을 것도 없다

미국의 흑인으로 산다는 것은 무엇을 의미할까?

검은 피부색? 대서양과 태평양을 가로지르는 미국이라는 땅에서 태어났다는 것?* 아니, 우리의 존재는 그 이상을 의미한다. 미국 흑인들은 캐나다, 러시아, 남아프리카의 흑인들과 똑같은 무게를 가지지 않는다. 이유는 무엇일까? 왜 '미국 흑인으로서의 정체성'이 다른 나라의 흑인들보다 더 중요한 의미를 가지고 논쟁거리가 되어온 것일까?

만약 당신이 현재 미국의 흑인이라면, 당신의 정체성은 오로지 피

---

* 대서양 노예무역은 인류 역사상 가장 큰 노예 무역으로, 16세기 중반에 포르투갈이 서아프리카 해안에 진출하여 그 지역 원주민들을 노예로 끌고 오면서 본격화 되었다. 4세기에 걸쳐 대서양 노예무역선에 강제로 태워진 1200만명 중 150만명이 항해 도중 숨졌다. 1050만명의 생존노예들은 브라질(400만명)을 비롯한 중남미와 서인도 제도, 미국(50만명)으로 유입됐다.

부색에 의해 결정될 뿐만 아니라 한 명의 인격체가 아닌, 하나의 집단으로 취급된다. 이런 우리의 상황은 100년 전이나 지금이나 똑같고, 그 원인 또한 달라지지 않았다.

미국의 흑인으로 태어난다는 것은 그 인생이 시작하기도 전에 결정된다는 것을 의미한다. 실패로 얼룩진 미래가 펼쳐지며 그 실패한 삶은 무력감과 함께 무너진다. 그럼에도 아무도 감히 우리를 비난하지 못하는 사회적 분위기에 우리는 휩쓸린다. 인생에 대한 기대치가 애초에 낮은 상태에서 인생을 시작하는 문화, 우리의 잘못된 문화를 이런저런 핑계거리를 통해 덮어 버리는 문화에 우리는 끊임없이 종속된다.

무엇보다도 오늘날 미국의 흑인으로 산다는 것은 우리 국가의 영혼을 위한 투쟁, 바로 그 중심에 존재한다는 것을 의미한다. 이 투쟁은 비단 흑인 공동체만을 위한 투쟁이 아니다. 미국이라는 나라 전체의 미래를 결정지을 만큼 중대한 국가적 투쟁이다. 패배의식을 가지고 하는 투쟁과 승리의식을 가지고 하는 투쟁. 어느 쪽이 우리에게 번영을 가져다줄까? 우리는 피해의식에 기반하여 결정을 내리면서 살거나, 개인의 책임을 회피하는 삶을 선택하면서 국가가 제공해주는 복지나 무상 혜택 속에서 적당히 만족하며 살 수 있다. 아니면 거기서 한 발 더 나아가 우리의 책임을 인정하는 것을 시작으로 우리 안에 내재된 잠재성을 일깨울 수도 있다.

민주당이 흑인 사회 내에서 우위를 점하고 있는 것은 익히 알려진 사실이다. 그들은 우리의 감정을 능숙하게 조종하며 아무 의심도 받지 않고 우리의 지지를 얻어낸다. 우리 조상들이 그들에게 육체적으로 속박된 노예였다면, 오늘날 우리는 그들에게 정신적으로 속박된 노예다. 민주당에게 보내는 우리의 이 강박적인 지지가 오직 민주당만을 이롭게 해주는 권력을 선사해주는 동안 우리는 그저 복지, 경제적 평등, 사회주의가 어떻게든 우리를 더 자유롭게 해줄 것이라는 그들의 밑 빠진 독이나 다름없는 공약들에 여전히 투자하고 있다.

그러나 역사적으로 항상 이랬던 것은 아니다. 흑인들은 항상 일반적으로 한 정당에 투표해왔으나 그 정당이 원래부터 민주당이었던 것은 아니다. 원래 흑인들은 공화당을 지지했었다.

1870년대 흑인 남성들에게 처음 투표권이 주어졌을 당시 그들은 위대한 해방자, 에이브러햄 링컨의 정당인 공화당을 지지했다. 남북전쟁 이후 국가 재건이 시작되면서 흑인들은 북군의 도움으로 일할 토지와 연방의 보호를 받았으며 사업에 뛰어들거나 공직에 선출되기도 했다. 그러나 남북전쟁에서 패배한 뒤 이를 갈고 있던 남부의 민주당원들은 얼마전까지만 해도 노예에 불과했던 흑인들의 사회적 지위가 상승하는 것을 보며 분노했고, 그들의 원한을 갚게 될 날만을 손꼽아 기다렸다.

1865년 링컨 암살 사건 이후, 당시 부통령이자 민주당이었던 앤드류 존슨이 대통령이 되자 이에 힘입은 남부 민주당은 모든 재건주의자들의 노력을 뒤집기 위해 총력을 기했다. 백인 자경단원들은 물리적인 힘까지 동원하여 흑인들이 투표장에 가지 못하도록 막았을 뿐

---

* 링컨 대통령은 분열된 국가를 통합하겠다는 의지에서 민주당 소속이었던 존슨과 제휴하였다. 이로 인해 공화당인 링컨이 대통령이면서 민주당인 존슨이 부통령이 된 것인데, 이는 대통령과 부통령의 정당이 다른 유일한 사례다.

만 아니라 인종 분리주의자들이 의회에 진출할 수 있도록 갖은 노력을 다했다. 그들의 정치적 권력이 확장되면서 훗날 〈짐 크로 법^{Jim Crow} laws〉[*]으로 알려지게 될 새로운 규제가 시행되었다.

이 법은 흑인들이 새로 얻은 참정권을 빼앗았을 뿐 아니라 그들을 2등 시민으로 주저 앉혔다. 그러다가 1876년의 부패한 대통령 선거^{**} 이후, 민주당은 남부에서 북군을 철수하기로 한 1877년 타협안을 조건으로 공화당 후보, 러더퍼드 헤이스에게 대통령직을 양보하는데 동의했다. 남북전쟁 이후 당시 북군은 흑인들이 새로 얻게 된 권리를 보호하기 위해 남부 주 전역에 주둔하고 있었기 때문이다. 이 타협안으로 인해 흑인들은, 남북전쟁 이전 백인 위주의 사회로 돌아가겠노라 결심한 백인 우월주의자들의 자비에 다시 한번 온전히 의탁해야 하는 처지에 놓이게 된다. 물론 민주당의 그 가증스러운 전략에도 불구하고 흑인들은 공화당에 대한 충성심을 유지했다. 그런데, 이것이 언제부터 바뀌게 된 것일까?

타협안이 체결되고 50년 후 미국이 대공황에 휩싸였을 때, 가난 속에서 어떻게든 먹고 살기 위해 발버둥질하던 흑인들의 관심을 끌었던 것은 다름아닌 모든 미국인을 구제한답시고 민주당이 들고 나온

---

* '짐 크로법'(Jim Crow laws)으로도 불리는 흑백 인종 분리법으로 1876년에서 1965년까지 시행됐던 미국의 주법이다. "분리되어 있지만 평등하다"는 슬로건 아래에 남부 연맹에 있는 식당, 학교, 화장실, 심지어 버스를 포함한 모든 공공시설이 백인용과 흑인용으로 분리되었다. 심지어 이 법에는 흑인들이 투표하지 못하도록 헌법이나 라틴어 시험을 보게 하거나 비누의 거품이 몇 개인지를 물어보거나 당시 적지 않은 금액인 2달러의 인두세를 내게 하는 법도 포함되어 있었다. 결국 남부의 흑인 투표율은 점점 감소하여 미시시피주의 경우 1900년에 0%까지 감소하기도 했다.

** 1876년 미국 대통령 선거는 민주당 새뮤얼 J. 틸던 후보가 더 많이 득표하였으나 간접선거제의 선거인단 투표로 공화당 러더포드 B. 헤이스 후보가 당선된 선거다.

정책, 이름하여 그 유명한 '뉴딜 정책New Deal'이었다. 프랭클린 델러노 루스벨트 대통령이 공화당 후보였던 앨프 랜던을 상대 했던 1936년 3월 대선을 8개월 남기고, 당시 미국에서 흑인들에게 가장 널리 읽히던 신문사 중 하나인《피츠버그 쿠리어》의 사설 위원 켈리 밀러는 '왜 흑인들이 루스벨트에게 투표해야 하는지'에 대해 다음과 같이 기고했다.

> 나는 루스벨트의 재선을 지지한다. 왜냐하면 그의 행정부는 모든 어려운 여건 속에서도 우리가 기대했던 만큼 흑인들의 이익을 위해 많은 일을 했기 때문이다. 흑인들에게 적대적이고 비우호적인 인종 관련 정책을 만들려고 한 적도 없었다. 우리가 민주당과 공화당, 양당의 통치 하에서 한 세대를 거치는 동안 익숙하게 들어야 했던 흑인종에 대한 모욕적인 말도 듣기 힘들었다. 루스벨트는 지금까지 다른 그 어떤 행정부, 그 어떤 민주당원이나 공화당원보다 더 많은 흑인들을 공직에 임명하면서 흑인들의 지위를 인정해 주었다. 취업과 가난 구호를 위한 막대한 지출 예산의 집행에서 흑인들은 필요한 만큼의 지원을 받을 수 있었다.…(중략)

뉴딜 정책은 전혀 완벽하지 않았을 뿐더러 루스벨트는 흑인들의 권리를 적극적으로 옹호한 사람도 아니었다. 그럼에도 그의 정책들은 공화당의 정책들보다 더욱 현실적인 것으로 여겨졌다. 흑인들은 이 사설을 읽고 루스벨트에게 투표하는 것이 그들에게 더 나은 기회를 줄 것이라 굳게 믿게 되었고, 실제로 흑인들의 무려 71%가 루스벨트에게 투표했다. 인간 이하의 사회적 대우와 경제적 절박함으로 인해 그들은 더 이상 잃을 것이 없다고 느꼈기 때문이다.

그리고 30년 뒤 민주당 소속 대통령 린든 B. 존슨은 1964년 미국 연방 민권법 및 1965년 선거권법 법안 모두에 서명했고, 그 이후 수십 년 동안 이어지게 될 흑인 투표권에 대한 민주당의 독점은 이때 거의 굳어지다시피 했다. 이 법안들의 통과는 미국 역사의 분수령이 된 순간이었다. 흑인 공동체를 위한 약속이 성취된 순간이자 억압의 시대에 작별을 고하고 아메리칸 드림 속으로 온전히 발을 들여놓게 된 순간이었다.

물론 그런 일은 일어나지 않았다. 만약 그랬다면 나는 이 책을 쓸 필요도 없었을 것이다. 흑인과 민주당의 성대한 결혼식에도 불구하고 실제 현실 세계에서 흑인과 백인 간의 격차는 좁혀지지 않았다. 약 50년의 간격을 두고 실시된 경제 정책 연구원Economic Policy Institute의 2018년 연구결과를 통해 존슨의 시대를 살았던 흑인들과 현재 흑인들의 상황을 비교하여 우리들의 삶이 얼마나 나아졌는지 알아보자.

1. 오늘날 아프리카계 미국인들의 교육 접근성은 1968년에 비해 훨씬 높아졌지만 전반적인 교육 성취도는 여전히 백인들에 비해 뒤처져 있다.

2. 흑인은 백인보다 가난할 확률이 2.5배 높다. 또한 백인 가구 재산 중앙값은 흑인 가구 재산 중앙값보다 10배 가까이 더 높다.

3. 주택 소유, 실업, 감옥 수감 등과 관련하여 흑인들의 상황은 백인들에 비해 개선되지 못했고 오히려 더욱 악화되었다.

4. 2017년, 흑인 실업률은 7.5%로 1968년(6.7%)보다 증가했으며, 여전히 백인 실업률의 약 2배에 이른다.

5. 2015년, 흑인들의 주택 보유율은 약 40%로, 1968년 이후 사실상 변동이 없으며, 같은 기간 동안 완만하게 상승한 백인들의 주택 보유율과 비교했을 때 30%나 낮은 수치다.

6. 감옥에 수감된 아프리카계 미국인의 비율은 1968년에서 2016년까지 거의 3배 증가했으며, 백인 수감율의 6배 이상이다.

간단히 말하자면, 민주당에 대한 흑인 사회의 압도적인 지지에도 불구하고 백인 사회와의 불균형은 여전히 존재하고 있을 뿐 아니라 어떤 면에서는 더욱 악화되었다는 것이다.

제정신이 아니고서야 현재 미국 사회가 1960년대보다 훨씬 더 인종차별적인 사회가 되었다고 말할 수는 없을 것이다. 즉, 이 연구 결과는 흑인과 백인 간의 불균형이 제도적인 억압과 거의 관련이 없다는 명백한 진실을 우리에게 시사한다. 그러나 민주당에게 명백한 진실이란, 어떻게든 감춰야만 하는 성가신 골칫거리에 지나지 않는다.

오늘날 민주당 지도자들은 그들의 선배들인 루스벨트나 존슨의 선례를 본받아, 소수 인종의 사람들이 겪고 있는 어려움들을 이용한 기만을 통해 자신들만의 기반을 확립한다. 그들은 심심할 때마다 우리가 처한 상황이 얼마나 부당한지 한탄하면서 자신들에게 투표하는 것만이 상황을 확실히 바꿀 수 있을 것이라는, 너무나 찬란하고도 귀에 박히도록 들어온 희망찬 약속을 반복 재생한다. 물론 이 되풀이되는 기만 전략이 성공할 수 밖에 없었던 이유는 그들이 주입하는 피해자 서사에 우리가 동의하면서 힘을 입게 된데 있다. 그러나 피해자이면서 동시에 승리자가 되는 이야기는 없다. 때문에 이 이야기의 결말은 '역설적인 악몽'이 된다. 이 끝없는 악순환의 반복, 더 나은 변화를 위해 투표한다고 하면서 정작 지지하는 정당을 바꾸는 것은 거부하는 역설이 이어진다.

"여러분에겐 더 이상 잃을 것도 없지 않습니까?"

도널드 트럼프의 말은 직설적이고 정확했다. 2016년 8월 19일 미시간주 디몬데일에서 선거 유세를 하던 그를 TV화면으로 보는 동안 나는 동의하며 고개를 끄덕이지 않을 수 없었다. 그는 이번 대선에서 자신에게 투표할 것을 흑인들에게 호소하는 동시에 단호하게 말했다.

"여러분은 가난하게 살고 있으며 여러분의 학교는 형편없습니다." 그가 말했다. "여러분에겐 직업도 없습니다. 젊은이의 58%가 실업자입니다."

트럼프는 팩트에 기반한 직설적 화법으로 너무나 오랫동안 아무도 감히 말하려 하지 않았던 현실을 그대로 드러내 보이면서 이목을 집중시켰다. 민주당은 자유를 향한 우리의 투쟁사와, 국가가 우리에게 가한 범죄사에 대해서는 주구장창 떠들어대면서도 구체적인 치유책을 제공해준 적도 없었고, 더 나은 미래를 위한 조치를 취한 적도 없었다. 트럼프의 연설은 진정한 변화를 위해 현상 유지를 포기할 각오가 되어 있는 사람들에게 큰 울림을 주었다. 트럼프의 이 간단한 질문이 나를 영원히 바꾸어 놓은 것이다. 나는 그의 질문에 대한 답을 이미 마음 깊은 곳에서 알고 있었기 때문에 묘한 위기감을 느꼈다. 우리 모두가 그의 질문에 대한 답을 이미 알고 있다.

우리는 이제 트럼프가 실제로 미국의 45대 대통령으로 선출되었다는 것을 알고 있다. 흑인 인구의 대다수가 민주당 대선 후보였던 힐러리 클린턴을 지지했다는 것도 알고 있다. 그 이후로 이 나라는 전례 없는 분열을 목격했다. 좌우를 나누는 선이 땅 위에 그려졌고, 예상대로 흑인들은 왼쪽에 섰다. 하지만 2020년 대선을 앞두고, 나는 흑인 공동체와 독자들에게 요청한다. 우리의 현재 경제 상태, 학교와 지역 사회의 상태, 감옥에 갇힌 흑인 청년들의 숫자를 고려해 보기 바란다.

민주당은 더 많은 규제, 더 큰 정부, 더 거대한 국가가 답이라고 가르치지만, 그들은 틀렸다. 우리가 하기 싫은 일을 대신 해준다는 이유 하나 때문에 절망적일 만큼 비효율적이고 부담스러운 정부라는 단체에 의존해서는 안된다.

모든 미국인들에게 내가 던지는 도전은 간단하다. 좌익세력에서 퍼트리는 피해자 내러티브를 거부하고 스스로 일어나는 것이다. 정부가 우리를 구원해줄 수 있으리라는 거대한 신화에 계속 얽매여 있다면, 우리는 이 놀라운 나라, 자유민들의 땅이자 용감한 개척자들의 고향인 이 나라가 마땅히 우리에게 제공해 줄 수 있는 잠재력을 결코 깨닫지 못할 것이다.

이 책을 통해 나는 어떻게 민주당의 정책들이 우리에게 지속적으로 피해의식을 주입하면서 흑인 사회를 썩어가게 만들었는지 설명할 것이다. 그리고 급진적 페미니즘의 팽창이 어떻게 단단한 가정을 이끄는 데 필요한 남성들을 잠재적 범죄자로 몰아가며 고통을 안겨주고 있는지, 또한 애초에 흑인들의 발목을 잡고 끌어내린 당사자인 바로 그 정부와 사회주의의 내재적 오류를 드러낼 것이다. 마지막으로,

좌편향된 공교육 시스템의 비효율성을 폭로하고 젊은이들을 세뇌시키고 있는 언론의 역할에 대해 따질 것이다.

마지막으로 다시 한번 더 묻고자 한다. 우리가 잃을게 무엇인가?

우리가 잃게 될 것은 '전부'다. 만약 우리가 단순 무력감 이상으로 해로운 급진주의적 리버럴 어젠다로부터 '블랙 아웃Black Out'하지 못한다면 말이다.

1

보수주의에 대하여
ON CONSERVATISM

BLACKOUT

보수주의에 대하여

　내가 어떤 과정을 거쳐 보수주의자가 되었는지에 대해 궁금해하는 사람들이 많다. 내가 보수주의의 가치를 받아들이게 된 이유와 나를 진리에 깊이 맡기는 그 힘의 원천은 바로 나의 '조부모님'이며, 앞으로도 영원히 그럴 것이다.

　친할아버지가 우리 집에 방문하면서 내 삶을 뒤바꿔주셨을 때 나는 아홉 살이었다. 그 때까지 우리 오누이들은 주말마다 그분들의 집을 방문하곤 했다. 할머니, 할아버지는 코네티컷주 스탬퍼드 중산층 동네의 잘 관리되고 좋은 집에 살고 계셨다. 우리는 그 집을 방문하는 주말만을 손꼽아 기다렸는데, 그 곳엔 우리가 뛰놀 수 있을 만큼 커다란 마당이 있었고, 입구까지 이어지는 긴 진입로에서 할아버지가 자전거 타는 법을 가르쳐 주시곤 했기 때문이다. 그 집은 우리 네 남매가 살던 집과는 차원이 달랐다. 그때까지 우리 여섯 식구는 바퀴벌레가 득실거리는 방 세 개짜리의 좁아터지고 낡은 아파트에서 살고 있었다.

가난한 동네에서 살다보면 주먹다툼이나 경찰의 방문 같은 상황을 일상처럼 목격할 수 있다. 조부모님은 우리의 주거 환경을 보시고는 같이 살자고 제안하셨다. 그분들은 손주들이 주변 환경의 아이들처럼 자라게 될까 봐 두려우셨던 것이다. 순식간에 우리는 그곳에서 벗어나 더 풍요로운 미래를 기대할 수 있는 환경으로 옮겨졌다. 지금 돌이켜 보면, 이 사건은 내 인생에서 일어난 일들 중 가장 큰 축복 중 하나였다. 다른 것을 선택할 수 있는 기회가 주어진 첫 번째 순간이었기 때문이다. 당시에는 몰랐지만 이 사건이 바로 내가 보수주의적 가치에 첫 발을 내딛은 순간이었다.

보수주의의 씨앗을 뿌리다

내 할아버지는 1941년, 노스캐롤라이나주 페이엣빌의 한 소작 농장에서 태어나셨다. 짐 크로 인종 분리법이 팽배해있던 남부에서 태어난 그의 어린 시절은 노동이 곧 삶이었다. 그는 다섯 살 때부터 일을 하셨는데, 농장에서 수확한 담배를 다락방에 말리기 위해 내놓는 것이 그의 임무였다. 그는 새벽 동틀 무렵부터 악명 높은 캐롤라이나의 태양이 작열할 때까지 이 일을 했다. 그는 무려 열두 남매 중 하나였고 모두가 노동에 참여해야 했다.

할아버지의 아버지인 나의 증조할아버지는 악명 높은 바람둥이였다. 그는 아내와 자식들을 버려두고 바람난 정부들의 집에 살림을 차리곤 했다. 가장의 무책임은 가계에 큰 부담을 주었고 그의 아들들이 대신 그 책임을 떠안아야 했다. 할아버지 역시 어린 나이에 어른의 역할을 감당해야 했다. 할아버지는 십대였을 때 애인의 집에서 지내고 있던 증조 할아버지를 찾아가 당장 집으로 돌아와서 가장의 책임을 다하라고 맞서기도 했다고 한다.

무책임한 아버지 때문에 어머니와 형제들이 고통받는 것을 지켜보며, 할아버지는 나중에 어른이 되면 아버지 같은 사람이 절대 되지 않겠노라고 굳게 마음먹었다. 그는 가족을 다른 어떤 것보다 우선시 하리라 결심했고 정말 그의 결심대로 살았다.

내가 어떤 사람인지 알고 싶다면 내 할아버지를 보면 된다. 나는 할아버지의 영혼을 많이 닮았다. 성품, 직업 윤리 심지어 고집 센 성격까지 그를 쏙 빼닮았다.

할아버지의 유년 시절 미국은 인종차별이 매우 심한 사회였다. 1940년대 인종 분리 정책이 존재하던 남부에서 '민주당의 KKK'가 저질렀던 테러는 흑인들에겐 일상이나 다름없었다. 여기서 내가 KKK를 왜 '민주당의 KKK'라고 불렀는지 잠시 설명해야 할 것 같다. 왜냐하면 민주당이 미국 역사를 교묘하게 가위질하는 과정에서 KKK를 자신들의 역사에서 싹둑 잘라냈기 때문이다.

남북전쟁이 있은 지 불과 1년이 지난 1866년 봄, 6명의 남부군 참전 용사들이 토머스 존스 판사의 사무실에 모여 시작한 것이 곧 Ku Klax Klan이다. 이들은 남북전쟁 이후 남부에 떠돌아다니던 '잃어버린 대의' 즉, 남부 연합군의 목적이 영웅적이고 정의로웠다는 믿음에 헌신하는 사람들이었다. KKK는 백인 우월주의를 유지하기 위해 미국의 흑인들과 흑인들의 우방인 공화당을 지역 단위로 위협하기 시작했다. 같은 해 말, 그들은 자그마한 지역 사교 클럽에 불과했던 KKK를, 전국적으로 유명하고 영향력 있는 조직으로 끌어올리기 위해 그들의 친구이자 민주당 전국 대표였던 네이선 베드퍼드 포러스트를 KKK의 대마법사*Grand Wizard 지위에 앉혔다. 작가 잭 허스트는 이 포러스트라는 사람에 대해 이렇게 말했다.

> KKK의 첫번째 전국 지도자로서 그는 '잃어버린 대의'를 위한 복수의 천사가 되었고, 소년들의 비밀 사교 클럽 수준에 머물렀을 모임을 지금까지도 두려움의 상징으로 남아있는 테러 집단으로 만들었다.

포러스트의 지도 아래 야간 가두 행진, 채찍과 살인으로 구성된 공포 정치가 시작되었다. 이후 2년도 채 되지 않은 1868년까지 KKK는 민주당 대통령 재선 운동에까지 침투했다. 그 해 봄부터 포러스트는 조지아주 애틀랜타 전역에 걸쳐 KKK 회원을 모집하기 위해 백인 우월주의자들과 회의를 가졌다. 회의 직후 그들은 백인이자 공화당원인 조지 애슈번을** 전략적 이유로 살해하였으며, 민주당 대통령 후보

---

* KKK의 대표직 이름. 그들은 신비주의적 비밀결사를 표방했으며 전사한 남부연합군 병사들의 혼령임을 자처, 흰옷을 입는 등 기이한 차림새로 기괴한 퍼포먼스를 치루는 등 공포적인 분위기를 조성했다.

** 흑인 친화적 행보로 인해 1868년, KKK에 의해 살해 당한 급진 공화당원.

로 뉴욕주 주지사 출신 허레이쇼 시모어를, 부통령 후보에는 포러스트의 친구 프랭크 블레어 주니어를 내세웠다. 선거 캠페인 슬로건은 "우리의 특권, 우리의 모토, 여기는 백인의 나라. 백인들이 다스리리라."였다. 그러나 그들의 각고의 노력에도 불구하고 공화당 대선 후보 율리시스 S. 그랜트가 세이무어를 누르고 전국적인 승리를 거두었다. 그렇다고 KKK의 노력이 모두 수포로 돌아간 것은 아니었다. 사실 그들이 가장 많은 흑인들을 살해한 곳인 조지아주와 루이지애나주에서 그랜트는 패배했기 때문이다. 다가오는 2020년 대선에서 승리하고야 말겠다는 분명한 목적을 가진 민주당은 KKK가 자신들이 설립한 단체가 아니라고 주장하고 있다. 그러나 이것은 새빨간 거짓말이다. KKK는 엄연히 민주당의 명령을 수행하기 위해 만들어진 집단이며, 실제로 민주당 지도부의 지령을 받았던 단체다.

다행히 그랜트 대통령의 엄격한 정책과 개혁을 통해 KKK는 역사 속에서 잠깐 사라지나, 끈질기게도 이들은 40년 뒤 또다시 부활하게 된다.

1915년, 무성 영화 〈국가의 탄생Birth of a Nation〉의 개봉을 기념하여, 흰 천을 몸에 두른 백인 남성들이 허공에 대고 총을 발사하며 애틀랜타주 피치트리 거리를 행진했다. 이 장편 영화는 남부 지역을 수호하는 KKK의 용감한 희생을 그려낸 영화로, KKK 시대를 낭만적으로 미화한 《더 클랜스맨The Clansman》이라는 원작 소설을 각색한 영화다. 이 책은 당시 민주당 대통령이었던 우드로 윌슨의 절친한 동창인 토마스 딕슨 주니어라는 사람이 쓴 책이다. 우드로 윌슨은 대통령으로 재직하던 중 연방 청사에 근무하던 사람들을 인종에 따라 분리하는 법을 시행했던 인종차별주의자로, 이 영화를 백악관에서 특별 상영하게 했는데, 덕분에 이 영화는 우드로 윌슨의 이와 같은 지원을 등에 업고 엄청난 상업적 성공을 거두었다. 이 영화에서 흑인들은 강간범이나 악당으로, 백인들은 억압받는 피해자로 등장한다. 어떤 사람들은 영화의 유행을 타고 KKK 모자와 복장을 판매하기도 했다. KKK는 이렇게 다시 부활했으며 그 이후로도 수십 년간 그 권력을 신나게 누렸다.

내 할아버지가 젊었을 때 싸워야 했던 것은 바로 이 신생 KKK였다. 그러나 여기서 우리가 주목해야 할 점은 할아버지가 그들에 대해 언급하는 방식이다. KKK 갱들은 증조할아버지를 싫어했다고 한다. 그들은 밤마다 차를 타고 지나가면서 할아버지의 집 창문에 총을 쏴댔고 그때마다 할아버지를 비롯한 아이들은 뒷문으로 도망가서 침대 밑에 숨고는 했다고 한다. "내 아버지는 그 애송이 녀석들에게 엽총으로 반격하셨지." 할아버지는 이렇게 회상하신다. 이 순간에 대한 회상이 애틋한 감정에서 우러나온 것이라고 말하기는 어렵지만, 그의 어조에는 자랑스러움 같은 것이 묻어 있었다. 비통함이나 분노가 아닌 자부심 말이다. 나는 할아버지가 갱단을 '애송이'로 칭하신 것이 무의식적으로 흘러나온 그의 본심이었다고 확신한다. 그리고 이것이야말로 그들이 만들고자 했던 세상에 저항할 수 있는 가장 강력한 방법이라고 생각한다. 그들이 야기하고자 했던 공포에 당당히 맞섰던 증조할아버지의 담대함은 할아버지의 기억 속에서 KKK를 그저 애송이들로 만들었고, 그렇게 KKK는 할아버지의 기억 속에서 무력한 존재가 됐다. 악의 시대를 거쳐온 사람들이 그 시대를 말할 때 강인한 입장을 취한다는 것은 전혀 이상한 일이 아니다. 오히려 그 시대를 살아 본 적도 없는 사람들이 비겁한 의도를 가지고 그 시대에 대해 비탄에 빠지는 척하는 것이 더 기괴해 보인다.

나는 '리버럴리즘'이라는 것을 특권층이 앓고 있는 병의 신기한 증상이라고 본다. 정말 불의가 판치던 시대에는 그 누구도 성별을 구분하는 인칭 대명사나 미세 공격에 대해 논쟁하지 않았다. 실제 물리적 충돌이 발생하던 시절에는 아무도 정부에게 총기 소유권을 넘겨주자고 주장하지도 않았다. 총기 소유권은 특히 인종차별이 심한 남부의 흑인들에게 있어서는 더더욱 중요한 문제였다. 해가 진 어둑한 거리에서 시간을 보내거나 공공장소에서 술에 취해 있거나 피부색에 맞지 않는 시설을 이용하는 등의 부적절한 행동을 하는 경우, 흑인들은 심각한 공격을 받거나 최악의 경우엔 죽을 수도 있었다. 당시 보수주의 가치가 상징하는 것은 생존에 관한 것이었다. 지금의 좌익주의적 가치가 상징하는 것은 여가 시간이 너무 많아진 사회의 구성원들이 갖고 노는 심심풀이 장난감에 불과하다.

코네티컷 북부로 떠나셨을 때 할아버지는 열여섯 살이었다. 그는 그 곳에서 할머니를 만났고 증조할아버지에게 전화를 걸어 이곳에 정착할 것이라고 말했다. 그들은 열일곱 살에 결혼한 후 세 명의 자녀를 낳았다. 그리고 40년 후, 나와 내 형제자매들을 데려오셨다.

그분들과 사는 것은 문화적 충격이었다. 할아버지, 할머니의 집에는 매주 성경 공부, 매 식전 기도 그리고 필요하다고 생각했던 것보다 더 많은 규칙들이 존재했다. 모든 것이 존중이라는 가치를 중심으로 돌아가고 있었으며 아주 사소한 행동조차도 인성의 거울로 여겨졌다. 할아버지는 매일 아침 4시에 일어나서 우리를 위해 푸짐한 남부식 아침 식사를 차려 주시곤 했다. 우리는 그릿*, 계란, 베이컨, 비스킷 요리를 먹었고, 특별한 날에는 팬케이크도 먹었다. 이른 아침 안개가 흩어지기도 전 새벽에, 때때로 우리 오누이들 중 한 명이 아무 말없이 식탁에 앉으면 일어나는 해프닝이 있었다. 할아버지는 말없이 식탁에 앉은 사람만 빼고 접시에 음식을 담아 주셨고, 우리가 무언가 말을 걸거나 질문을 하면 그는 일부러 듣지 못한 척하셨다. 할아버지께 "안녕히 주무셨어요"라고 아침 인사를 드리지 않았다는 실수를 깨닫고 바로 인사를 드리면 할아버지는 그때서야 우리가 막 부엌에 들어오기라도 한 듯 따뜻하게 바라보시며, "잘 잤니, 아가?"하고 답하셨다. 그의 가르침은 분명했다. '인사를 하지 않는 것은 예의범절에 어긋나는 것이다.' 그것은 할아버지의 많은 규칙들 중 하나였다.

할아버지는 아버지와 오빠가 마당 일을 돕기를 기대했다. 그러나 나와 자매들은 바깥에서 일을 하지 않았다. 마당에서 힘쓰는 일은 남자의 일이었다. 그의 원칙은 간단했다. 대신 나와 위 아래로 각각 한 살 터울인 우리 세 자매들은 존경받을 만한 젊은 숙녀처럼 행동하기 위해 노력해야 했다. 할아버지는 우리를 위해 문이나 의자를 잡아 주셨고, 일요일 예배에 가기 전 외투를 입혀 주셨다. 어릴 때는 조부모님의 사랑을 깨닫지 못하지만 나이가 들어서는 그리워지기 마련이다. 다시 이 시절로 돌아가서 할머니, 할아버지께서 제공해 주셨던 그 호강을 다시 한번 더 누릴 수만 있으면 얼마나 좋을까.

---

* 옥수수를 굵게 빻아 오트밀처럼 끓여 만든 미국 남부 전통 음식

그렇다고 해서 우리가 그저 오냐오냐 자란 것만은 아니다. 그분들의 훈계는 조금 다른 형태를 띠고 있었다. 내 어린 마음에 그것은 상상할 수 있는 최악의 형태의 훈계였다. 할아버지가 나를 울게 만든 유일한 사건이기 때문에 아직까지 뚜렷하게 기억나는 사건이 하나 있다. 어느 날 밤, 너무 추워서 잠에서 깬 나는 잠결에 온도 조절기로 가서 온도를 최대한 높이 올렸는데, 우리가 깨어났을 무렵 온 집안은 열기로 펄펄 끓고 있었다. 그날 아침, 할아버지는 여느 때처럼 아침 식사 전 기도를 올리셨고, 평소와는 달리 조금 다른 문장으로 기도를 시작하셨다. "하늘에 계신 아버지, 우리에게 일용할 양식을 주셔서 감사합니다." 그리고 그는 놀랍게도 이렇게 기도를 이어가셨다. "우리 캔디스가 한밤중에 마음대로 온도 조절기를 만져서는 안 된다는 사실을 깨닫도록 도와주세요." 내 할아버지가 전능하신 하나님과 직접 대화를 나누고 계신다고 생각했었던 열 살의 나는 할아버지의 기도가 끝나기도 전에 자리에서 일어나 침실로 달려가서 울음을 터뜨렸다. 할아버지가 나의 잘못을 알아채셨다는 사실이 당황스럽기도 했고, 그가 그것을 하나님에게 보고하기 위해 아주 극단적인 방법을 택하신 것에 화가 나기도 했다. 가정 법원에서 간단히 해결될 수 있었을 일을 대법원에 항소하신 것이 분했던 것이다. 나중에 할아버지는 나를 당황케 한 것에 대해 사과하셨지만 그럼에도 그의 가르침만은 분명했다. 가정에는 계급에 따른 권위가 있다. "어둠 속에서 행한 일은 빛에 의해 드러나게 되리라"는 창세기의 성경 구절은 그 어느 때보다 선명하게 울렸다.

고등학교에 입학할 무렵, 나는 부모님을 따라 다른 동네로 이사하게 되었다. 조부모님이 내 앞에 놓아주셨던 그 길을 그 이후에도 계속 걸었다면 더할 나위 없이 좋았겠지만, 다른 많은 어린 미국인들과 마찬가지로 나는 보다 더 '리버럴'한 삶에 매료됐다. 나는 쿨하고 인기 많으면서도 동시에 지나치게 눈에 띄지 않고 또래 집단에 적당히 스며들기를 원했던 까닭에 점점 속물적인 아이로 변해갔다. 그렇게 나의 가치는 점점 부식되어 갔다. 조부모님의 양육으로부터 자유로워진 나는 이제 원하는 대로 살 수 있었다. 기도도, 성경 구절 암송도 더 이상 할 필요가 없었다. 그리고 얼마 지나지 않아, 그분들의 가르침을 한때 내 삶을 속박했던, 오래된 삽화 속의 한 장면쯤으로 여기게 되었다.

가뭄의 시기

내 이름이 사람들에게 알려진 이후, 내가 고등학교 때 겪었던 증오범죄가 수많은 사람들의 입방아에 오르내린 적이 있다. 좌익진영에서는 "이거다!" 싶었는지 곧바로 이 사건을 자신들의 입맛에 맞게 조리하기 시작했다. 덕분에 이 사건은 뒤늦게 갑자기 유명해졌다. 그들은 내가 과거에 '인종차별을 이유로 학교를 고소 했었다'라는 사실을 두고, 이것은 인종차별이라는 것이 실재한다는 것을 증명함과 동시에, 그 실재함을 내가 나의 이득을 위해 감추고 있다는 논리로 확장하여 나를 공격했다. 이것이 바로 그들의 특별할 것도 없는 주장의 결론이다. 가장 재밌는 부분은 마치 내가 애써 숨겨왔던 과거를 폭로라도 하듯이 호들갑을 부리며 신나게 떠들어대는 모습이다. "여러분, 우리는 캔디스가 숨겨 온 비밀을 발견했습니다!"

이들의 이런 뜨거운 반응이 우스울 수밖에 없는 이유는, 인터넷에 간단히 검색만 해봐도 내가 정치에 입문하기도 훨씬 전에 "당신의 행동주의에 대한 진실"이라는 제목으로 TEDx에서 고등학생 때 경험한 증오 범죄에 대해 일찌감치 밝혔다는 것을 아주 손쉽게 확인할 수 있기 때문이다. 퍽이나 애써 숨겨온 비밀 아닌가! 아이러니하게도, 바로 어린 시절 겪었던 그 증오 범죄의 경험이 나로 하여금 인종과 정치 그리고 이 둘을 교묘히 이용하여 이득을 취하려는 자들의 민낯을 대면하게 만들었다는 사실이다.

이야기는 2007년 어느 날 밤, 내가 남자 친구 집 소파에 웅크리고 앉아 영화를 보고 있는 장면에서 시작된다. 영화를 보는 내내 휴대폰이 울렸지만 서비스 신호가 불안정했기 때문에 나는 전화를 무시하기로 했고, 무음으로 설정을 변경했다. 그때 내린 단 한 번의 무심한 결정이 한 사람의 인생을 어떻게 바꿀 수 있었는지 지금 돌이켜 보면 참 신기할 따름이다.

이후에 집에 돌아와 신호가 복구되었을 때는 부재중 전화 4통과 음성 메시지 4개가 도착해 있었다. 나는 전화가 연달아 걸려 왔고, 익명의 발신자가 그때마다 매번 음성 메시지를 남긴 것이 이상하다는 생각이 들었고, 급한 상황이 발생했을지도 모른다는 걱정이 들어 다급하게 음성 메시지를 듣기 시작했다.

"더러운 검둥이년아, 우리는 네 가족의 몸에 타르를 붓고 깃털을 꽂을 거야. 널 죽일 거라고. 그건 네가 더럽게 가난하기 때문이고 너가 흑인이기 때문이야. 그러니 네 주제를 알고 까불지 않는 게 좋아. 네 대가리에 총알이 박힐지도 모르니까, 이 빌어먹을 걸레야. 마틴 루터 킹에게는 꿈이 있었지. 그런데 그 새끼를 봐. 그 새끼는 뒈졌어. 해리엇 터브먼,[**] 그 검둥이 년도 뒈졌어. 로자 파크스,[***] 그 빌어먹을 검둥이 년도 뒈졌어."

이런 식의 악담은 계속해서 이어졌다. 메시지를 다 듣고 난 후 내가 느꼈던 것을 정확하게 전달할 만한 표현이나 단어를 찾기는 어려울 것이다. 내 반응은 물리적인 것에 가까웠다. 마치 어떤 바람 같은 것이 가슴에서 툭 튀어나오는 것과 같은, 예기치 않은 힘이 내 몸에서 순식간에 숨을 빼앗아 가는 것 같았다. 머리부터 발끝까지 순식간에 짓눌리는 기분이 들었고 숨이 탁 막혔다. 아직도 그 때 당시의 감정이 아주 생생하게 기억난다. 그 다음날 아침 이후 무슨 일이 닥칠지도 모른 채 홀로 울고 있었던 나를 생각하면 마음이 아프다. 고등학생 캔디스는 당시에는 아마 몰랐겠지만, 앞으로 겪어야 할 온갖 추악함과 상처들이 나를 기다리고 있었고, 동시에 깨달음으로 향하는 험난한 여정이 내 앞에 펼쳐지고 있었다.

그러나 과거로 시간을 돌릴 수 있는 방법은 없으며, 조심스러운 회고만이 있을 뿐이다. 그날 밤을 떠올릴 때마다 지금까지도 이해가 안

---

[*] 노예 제도가 있던 당시 고문 방법 중 하나. 몸에 뜨거운 타르를 붓고 그 위에 깃털을 꽂았다.

[**] 흑인 노예 폐지론자이자 남북전쟁에서 공화당 편에서 활약했던 스파이.

[***] 인종 분리 정책이 있던 시대에 '몽고메리 버스 보이콧 운동'을 시작한 흑인 인권 운동가.

되는 부분은 메시지를 받은 직후 내가 아무 행동도 취하지 않았으며 그 누구에게도 이 일에 대해 말하지 않았다는 사실이다. 나는 반격할 생각을 전혀 하지 못했다. 그저 두려웠고 충격을 받았으며 놀랍도록 외로웠다.

나는 고등학교 시절만큼 사람들의 삶에 가장 큰 트라우마를 남기는 시기도 없다고 생각한다. 인생을 결정짓는 위협적인 타임라인 안에 십 대들만이 가지는 불안한 감정과 미래의 불확실성이 복합적으로 섞여 있는 시기가 바로 고등학교 시기다. 대부분의 학생들은 자신들이 사회적으로 어느 곳에 어울릴지 끊임없이 고민한다. 그 고민들은 오늘 어떤 옷을 입을지, 누구와 점심을 먹을지, 그 친구 아무개가 날 좋아해 줄 지와 같은 것들이다. 만약 내가 고등학교 시절로 돌아갈 수만 있다면 이 고민들에 망설임 없이 불을 질렀을 것이다. 그 세월을 이겨 내게 해준 유일한 것은 에고ego, 그것 하나뿐이었다. 나는 매일 그 자존심을 갑옷처럼 입고 내 연약함을 가리려고 기를 썼다. 그 음성 메시지를 받은 다음 날 아침, 내면에서는 죽어 가는 느낌이 들었지만, 여느 십 대들이 그렇듯 철없는 허영심 앞에서 내면의 고통 따윈 전혀 중요한 것이 아니었다. 나는 평소와 같이 가짜 자신감으로 무장한 채로 등교했다. 밤새 울었지만 전혀 티를 내지 않았다. 1교시 수업은 고급 세미나 시간이었다. 이 수업은 철학 과목의 하나로 정치, 시사, 그와 관련된 여러 오류 등에 대해 의견을 나누는 공개 토론 스타일의 수업이었다. 나는 이런 방식의 수업이야말로 우리 중 많은 사람들에게 필요한 치료의 한 형태이자, 우리 모두를 불살라 버릴 만큼 위협적이고 점점 거대해져가는 통제의 손아귀로부터 우리를 구할 수 있는 방법이라고 생각한다. 나는 그날 수업의 주제가 무엇이었는지, 내가 왜 손을 들고 발표했는지도 기억이 나지 않는다. 그 순간 학생들로 가득 찬 그 교실에서 내가 어떤 반응을 기대했었는지도 정확히 설명하기 어렵지만, 나는 전날 밤 있었던 모든 일들을 털어놓았다. 내가 그렇게 행동했던 이유는 아마 내 자신이 안쓰러웠기 때문일 수도 있다. 아니면 세상이 돌이킬 수 없을 정도로 망가졌다는 데 대한 공감, 어떤 일반적인 합의점을 찾고 싶었던 것인지도 모르겠다. 그저 모든 것을 털어놓았다. 그리고 그 결정으로 인해 이후 벌어진 일련의 사건들은 당시 나로서는 결코 예측할 수 없었던 것들이었다. 인종차별에 대한 흑인들의 경험담이 나오는 순간이면 으레 그렇듯 교실 전체가 경악에 빠진 순간, 선생님은 당장 함께 교장실에 가자고 했다. 교장 선생님은 문제의 음성 메시지를 듣자마자 그 즉시 경찰에 신고했고, 그렇게 내 인생이 완전히 바뀌게 되었다.

사건의 가해자는 한때 내 친구이기도 했던 잭이라고 하는 남자아이와 그가 이끄는 남학생 무리였음이 밝혀졌다. 잭은 내게 남자 친구가 생기게 되면서 자신과 함께 보내는 시간이 줄어들었다는 것에 기분이 상해 있는 상태였다. 어느 날 밤, 그를 비롯해 내가 한 번도 만나본 적 없는 그의 세 명의 친구들은 술에 취한 데다가 마침 심심하던 차에 나에게 장난 전화를 거는 것이 시간을 때우는 아주 완벽한 방법일 것이라 생각했던 모양이다. 그런데 하필 그때 함께 있었던 잭의 친구들 중 한 명이 내가 살던 지역의 당시 시장이자 훗날 코네티컷주 민주당 주지사가 되는 대널 멀로이의 열네살 난 아들이었다.

언론 입장에서 이 사건은 정치적으로 결부시킬 수 있는, 거부할 수 없을 만큼 매력적인 사건이었다. 며칠 만에 나의 얼굴은 미국 전역 모든 신문사 첫 페이지에 흩뿌려졌으며, 나는 저녁 뉴스에 출연하여 내게 일어난 사건에 대해 반복적으로 설명해야 했다. 그리고 그들은 지겹도록 문제의 음성 메시지를 틀어 댔다. 그 소년들 중 누구도 자신들의 범죄 사실을 공식적으로 인정하지 않은 데다가 무려 정치인의 아들이 연루된 사건이었기 때문에 경찰은 음성 메시지 분석을 위해 FBI까지 개입시켰다.

마을은 흥분의 도가니에 휩싸여 분열되기 시작했다. 모든 사람들, 선생님, 학생과 학부모들이 사회적 배심원이 된 것 같았다. 내가 거짓말을 하고 있다고 확신하는 사람들도 있었다. 잭이 뻔뻔할 정도로 단호하게 자신은 그런 일에 참여하지 않았다고 선언했기 때문에, 내가 내 핸드폰에 직접 전화를 걸어 혼자 대사기극을 벌이고 있다고 믿는 사람들도 생겨났다. 내가 단순히 엉뚱한 아이들을 범인으로 지목한 게 아닐까 하는 의견은 그나마 순진한 축에 들었다.

진보주의 및 시민권의 선도적인 보루로서 활동하는 NAACP는 내가 겪었던 이야기에 자신들을 집어넣게 된 것을 기뻐했다. 그들은 이 사건이 얼마나 부당하게 수사되고 있는지 취재하려고 안달난 기자들 앞에서 스스로 나의 대변인 역할을 담당했다. 정치적인 문제가 개입되어 있기 때문에 이례적일 만큼 재판이 연기되고 있다는 사실을 그들이 지적해 주었다는 점만큼은 칭찬할 만하다. 학교의 행정처는 가

---

* 전미 유색인 지위 향상 협회 (National Association for the Advancement of Colored People; NAACP)

해자 중 한 명이 시장의 아들이라는 사실 때문이었는지 가해 학생들을 보호해 주고 있었는데, NAACP는 바로 이 부분에 대해 목소리를 높여 준 것이다. 그러나 NAACP가 하지 않았던 딱 한 가지가 있다. 그것은 바로 사건의 중심이자 당사자였던 나에게는 정작 아무 질문도 하지 않았다는 것이다. 나는 소위 내 편이라고 자신들을 내세우는 사람들, 그리고 인종차별에 대해 그토록 열의를 갖고 떠들어 댔던 사람들 중 그 누구와도 진지한 대화나 만남을 가져 보지 못했다. 그들은 정작 이 모든 사건의 중심에 있던 내게는 아무 관심이 없었던 것이다.

FBI 수사가 종결되기까지 6주가 걸렸다. 기사 작성이 중단되고, 신문 편집자에게 보내는 사람들의 의견서가 신문에 첨부되는 것이 중단되고, 사건의 공모자 혐의로 내 이름이 공식적으로 삭제되기까지 6주가 걸린 것이다. 결과적으로 그 사건이 나의 자작극이라는 혐의는 사실이 아닌 것으로 밝혀졌다. 그 후 가해 학생들은 체포되고 기소되었다. 나에게는 공식적으로 '피해자'라는 꼬리표가 붙었다. 그리고 모든 사람들이 순식간에 사라졌다. 물론 나는 그 자리에 그대로 남겨졌다. 나는 애초에 원한 적도 없었던, 갑작스레 불어 닥친 불명예와 논란이 선사한 감정의 롤러코스터를 그대로 떠안게 되었고, 결국 완전히 버림받게 되었다.

만일 이 이야기가 익숙하게 들린다면, 그것은 아마도 이러한 이야깃거리가 우리 주류 언론들의 주요 어젠다가 되었기 때문일 것이다. 교내 총기 난사 사건이 벌어질 때마다 생존자들은 충격에 빠진 감정을 채 추스르기도 전에 총기 규제 운동가들에 의해 이용된다. 어떤 흑인 남성이 경찰관에 의해 살해되는 사건이 발생하면, 백인 경찰이 단순한 재미를 위해 흑인을 살해했다는 식의 이야기로 발전시키기 위해 그 흑인 남성의 죽음은 가차 없이 이용된다.

누군가의 진정한 고통과 비극은 정치적 어젠다를 위한 언론의 가십거리로 전락한다. 그리고 더 자극적인 이슈가 나올 때까지 언론은 사람들의 감정을 고조시키고 사람들의 걱정에 거품을 끼얹는다. 이미 여러 번 반복된 모양새다.

이 사건은 내 인생 초기에 세상을 보는 시각을 망가뜨렸다. 나는 세상의 모든 비극이 나에게만 일어나고 있다고 믿기 시작했고, 어린 시절 겪었던 불행한 사건으로 인해 필연적으로 실패할 수밖에 없는 운명을 타고난, 셰익스피어의 비극에 등장하는 주인공 쯤으로 스스로를 여기게 되었다. 그리고 곧이어 아주 자연스럽게 개인적인 책임이라고 하는 것에서 벗어나는 길을 걷게 되었다. 술을 마시고, 파티에 가고, 싸움을 일으켰다. 내가 가는 곳마다 혼란을 일으켰던 건 혼란이 '자유'라는 이름의 거짓 가면을 쓰고 내 삶에 나타났기 때문이다. 나는 원칙으로부터 자유로워졌고 규율과 책임으로부터 자유로워졌다. 내 인생이 이미 결정되었다는 감정으로부터 벗어나기 위해 통제력을 시험해 보고자 거식증에 걸렸다. 그렇게 4년을 살았다. 내가 나의 몸을 컨트롤할 수 있다고 믿을수록 몸은 가벼워졌고, 몸이 가벼워질수록 정신도 가벼워졌다. 과거의 무게로부터 해방되는 느낌이었다.

그러나 시간이 흐를수록 자유가 또 다른 속박처럼 느껴지기 시작했다. 규칙 없는 삶이 더 자유로울 것이라 믿었는데 실제로는 그것이 나를 더욱 구속하고 있었다. 몸이 심하게 말라가고 있었다. 나를 잃고 있었다.

이것이 바로 좌익주의Leftism가 내게 나타난 방식이었다.

보수주의의 씨앗을 수확하다

성경 잠언에 이런 말씀이 있다. "아이를 그가 마땅히 가야 할 길로 훈육하라. 그리하면 그가 늙어도 그 길을 떠나지 아니하리라." (잠언 22:6)

2013년 초, 할머니가 아프시다는 전화를 받았다. 이 무렵 내 조부모님은 노스캐롤라이나주의 페이엣빌로 돌아오셨다. 은퇴 후 그들은 할아버지가 잘 아는 바로 그 땅을 매입하여 그 위에 집을 지으셨다. 그 땅은 바로 그가 어린 시절을 보냈던 소작 농장이 있던 자리였다.

병원에서는 주말이 되면 할머니가 퇴원하게 될 것이라고 했다. 그래도 나는 짐을 싸서 뉴욕에서 출발하여 페이엣빌로 향했다. 심각한 상황은 아니라고 해도 우리를 위해 희생의 삶을 살아온 분을 찾아뵙는게 도리였으니, 나 뿐만 아니라 사촌들, 형제자매 그리고 숙모들 등 일가 친척 가족 모두가 비행기를 타고 할머니를 뵈러 모였다. 의사는 그녀가 이틀 후에 퇴원 할 것이라고 장담했다. 그러나 예측과 달리 할머니는 2주 후에 돌아가셨다. 나는 그게 할머니와 보내는 마지막 시간이라는 것도 모르고, 할머니께 뉴욕에서 얻은 멋진 새 직장에 대해 자랑하는 것에 대부분의 시간을 보냈다. 지금 생각해보면, 할머니는 의사들이 무언가를 놓쳐서 잘못 진단했으며 다시 집으로 돌아가지 못할 것을 이미 알고 계셨다는 생각이 든다. 할머니가 우리 각자에게 말을 건네셨던 방법이 전에 없던 방식이었기 때문이다.

할머니가 내게 관심을 보이시자 나는 그동안 연습해 왔던 자신감을 표출했다. 최근에 구입한 명품가방을 보여드리고 새로운 직장에 대해 이야기하면서 당신의 손녀딸이 이렇게 성공가도를 달리고 있다는 것을 자랑스러워하실 거라 내심 기대했다. 그러나 그것은 착각이었다.

할머니는 늘 그랬듯이 본질을 꿰뚫어 보셨다. "캔디스," 그녀가 입을 열어 말씀하셨다. "네가 뉴욕에서 어떻게 살아갈지 걱정이 되는구나. 너 자신을 잃어가고 있는 것 같아." 나는 할머니께 괜한 걱정하지 마시라 대답했다. 할머니가 48시간 후에 퇴원할 것이라 굳게 믿었던 나는 할머니께 작별 인사를 하며 며칠 후에 전화드리겠다고 말했다. 그것이 할머니와 나눈 마지막 대화였다. 할머니는 열흘 뒤에 돌아가셨고 우리 가족은 큰 슬픔과 충격에 빠졌다.

나는 비탄과 죄책감에 잠겼다. 비탄은 생경했지만 죄책감은 이미 경험한 적이 있어 익숙했다. 고등학교 때 그 사건 이후 줄곧 어떤 조용한 목소리가 내 곁에 머물고 있었기 때문이다. 그리고 그 목소리를 나는 여러 번 반복해서 마음속에서 홀로 죽여 왔었다. 그 목소리는 다정하고 부드러웠지만 어떤 면에선 가차 없었다. 그 목소리가 던지는 질문은 항상 동일했다.

'이제 그만 어린 시절이 남긴 피해 의식에서 벗어날 준비가 되었니? 진정으로 자유로운 삶을 살 준비가 됐어?'

그리고 나는 순식간에 다른 사람이 되었다. 조부모님이 나를 키우셨던 방식으로 인생을 살 준비가 된 것이다. 나는 할머니의 마지막 말씀을 되뇌었다. '할머니가 옳았어. 나는 나 자신을 잃어 가고 있었어.' 그때까지 견지해 온 세계관이 내게 일말의 도움이 되고 있지 않았다는 사실을 깨달았다. 관점을 바꾸어야 했다. 그렇게 나는 스스로에게 간단한 질문들을 던지기 시작했다.

'세상이 흘러가는 대로 이리저리 휩쓸리며 인생을 살 것인가? 아니면 내가 그 세상의 흐름에 변화를 일으킬 것인가?'

감당하기 어려운 질문이었다. 사실, 이 세상은 내게 빚진 것이 아무것도 없었다. 설령 꼭 내 잘못이라고 할 수 없는 상황이라 해도, 내가 아무것도 하지 않으면 종국에는 그것이 내 문제가 될 것이 분명했다. 나는 내 인생에 대해 감사하는 마음을 갖는 것을 시작으로 조부모님이 나에게 바친 희생에 대해 더 깊이 생각하게 되었다.

할아버지가 담배를 말리며 소작 농장에서 자라는 동안, 할머니는 버진아일랜드에 살고 계셨다. 가족조차도 불구의 몸으로 태어난 할머니를 원하지 않았다고 한다. 그녀는 겨우 열 살의 나이에 골반 교정 수술을 받은 후 1년 동안 입원 생활을 해야 했다. 나는 할머니께서 절뚝거리지 않고 걸으시는 것을 단 한 번도 본 적이 없다. 그녀는 끊임없는 육체적 고통과 싸우며 살아야 했다. 하지만 나는 단 한 번도 할머니나 할아버지께서 불평하는 것을 본 적 없다. 그들은 어린 시절에도, 어른이 된 후에도 불평을 하지 않으셨고, 그것은 그들 자신의 문제 뿐만 아니라 세상의 문제와 싸워야 했을 때도 마찬가지였다. 그런데 정작 나란 사람은 완벽한 피해 의식과 자기 연민에 사로잡혀서 삶이 불공평하다며 불평만 했던 것이다. 나 자신이 한심하게 느껴졌다.

이젠 때가 되었음을 알았다. 진정으로 깊은 만족을 느끼게 해주었던 가치와 원칙들로 돌아가야 하는 순간이 온 것이다.

첫 번째 원칙은 피해자 내러티브에서 벗어나는 것이었다. 할아버지가 KKK 갱들을 한낱 철없는 '애송이'로 격하시켰던 것처럼 나 또한 내 이야기를 다른 방식으로 바라 볼 수 있었다.

나는 고등학생 때 겪었던 증오 범죄에 정신적으로 저항하기 시작했다. 나는 피해자와 악당 사이에 명확한 선을 그은 후 더 이상 추가적인 분석의 여지를 조금도 남겨두지 않는, 일종의 집착에 가까운 요즘 사회 현상을 흥미롭게 느낀다. 아마 디즈니 영화들에 책임을 물어야 할지도 모르겠다. 우리 모두는 디즈니 영화를 통해 모든 이야기에는 주인공과 악당이 존재해야 한다고 어릴 때부터 세뇌당하기 때문이다. 주인공은 승리하고 악당은 패배하면서 영화는 끝나 버린다. 영화 밖에서 일어나는 현실 세계에서는 절대적인 선과 악을 구분 짓고 판단하는 책임을 바로 언론이 맡고 있다. 그들에게 선과 악의 이분법은 수지가 맞는 장사다. 선정성과 과장은 잘 팔리기 때문이다. 물론, 현실 세상은 우리가 믿고 싶은 것보다 훨씬 더 복잡하다. 만약 미디어가 '인종차별주의자인 가해자 백인 소년'과 '그에게 괴롭힘당한 피해자 흑인 소녀' 그 이상의 이야기를 파헤칠 용기가 있었다면 그들은 아마 훨씬 더 인간적인 이야기를 접했을 지도 모를 일이다.

앞서 언급했듯이, 미디어에서 증오 범죄의 주도자로 지목된 잭은 나의 친구였다. 그 사실만 보더라도, 그의 행동이 깊이 뿌리박힌 인종차별적인 관점에서 비롯된 것이 아니었다는 단서가 될 수 있었을 것이다. 아주 얕은 분석만으로도 이정도의 결론을 도출하기는 어렵지 않다. 음성 메시지 사건이 일어나기 전 잭과 나는 고등학교 시절의 대부분의 시간을 함께 보냈다. 패스트푸드를 먹고 꿈에 대해 이야기하고 불안과 걱정을 서로에게 털어놓는 것과 같은 것들을 우린 함께 했다. 그런데 갑자기 내게 남자 친구가 생겼고 그 모든 것들이 끝나 버렸다. 나는 사랑에 빠진 전형적인 십 대 소녀가 되어버렸고 친구들과 어울리는 것을 그만두었다. 매순간이 오로지 새로 생긴 남자 친구에 대한 것이 되어 버렸다.

만약 이 모든 것이 유치한 이야기로 들린다면, 우리 모두 각자 어린 시절 이 정도의 부끄러운 실수 하나 쯤은 있기 때문일 것이다. 돌이킬 수 없는 그 사건들을 초래한 것은 고등학생들의 전형적이고 철없는 치기에 불과한 것이었다. 잭은 속마음을 털어놓을 만큼 믿었던 친구를 잃은 후 상처 입었을 것이다. 술김에 그 상처는 분노로 바뀌고 이내 유치하고 어리석은 충동에 그는 아마 이런 생각을 했을 것이다. '내가 캔디스에게 상처받았던 것처럼 캔디스를 상처 입히려면 무슨 말을 해야 할까?' 아마 그는 내게 상처 주기 위해 그가 상상할 수 있는 가장 증오로 가득한 말들을 생각하다가 인종차별적인 언어들을 떠올렸을 것이다. 이런 관점으로 이 사건을 분석했다면, 이 사건이 너무 '인간적인' 이야기로 들리기 때문에 아마 사람들은 열광하지 않았을 것이다. 이러한 관점은 미디어 괴물media beast들에게 먹이를 주지도 않는다. 악당을 식별해 내고 그 악당을 사회적으로 캔슬cancel하고자 하는, 결코 채워지지 않을 우리의 갈증을 충분히 해소시켜 주지도 않는다. 타인의 추악함을 정형화된 싸구려 방식으로 정죄하기 위해 안간힘을 쓰는 우리의 이 모습들을 보고 있노라면, 나만큼은 선한 사람이라고 스스로를 안심시키기 위해 스스로를 기만하는 것은 아닌가 하는 생각이 든다.

'저 나쁜 놈들이 한 짓거리를 봐. 난 절대 저렇게 행동하지 않아. 그 렇기 때문에 나는 선한 사람이야.'

그날 밤 있었던 사건에 대한 언론의 얄팍한 분석이 다섯 명의 삶을 파괴했다는 것이 바로 이 이야기의 결론이다. 네 명의 소년들은 본격 적으로 인생을 시작하기도 전에 공개적으로 인종차별주의자로 낙인 찍혔고, 나에게는 피해자라는 꼬리표가 붙었다.

그날 밤 잭이 한 행동이 잘못되었으며 그에 대해 책임져야 한다는 것에는 의심의 여지가 없다. 그러나 나는 보수주의의 원칙으로 돌아 가서 그의 잘못된 행동이나 내가 당한 언어 폭력에서 한 발자국 더 나 아갈 수 있는 방법은 없었을까 고민했다. 내가 그 사건으로 인해 더 성숙해질 수 있지 않았을까? 잭은? 우리가 그렇게 되어서는 안 된다 주장하는 그들은 대체 누구인가?

보수주의의 뿌리로 돌아오다

피해자를 미화하는 것은 대부분 좌익에 의해 추진된다. 이 책에서 '좌익Leftists'과 '리버럴Liberals'을 언급할 때 먼저 정확히 그 두 가지가 무 엇을 의미하는지 그리고 왜 내가 이 두 단어를 문맥상 돌아가며 사용 하는지 정리할 필요가 있는 것 같다.

리버럴리즘Liberalism은 법 앞에서의 자유와 평등에 기초한 정치 철학 으로 정의된다. 그것은 또한 법을 따르는 사람들을 보호하기 위한 원 칙 및 개인의 자유가 더 많이 보장된 사회에 대한 충성이다. 진정한 리버럴리즘은 생명권, 투표권, 표현의 자유 등의 원칙들을 추구한다. (우리의 조상들이 '생명권', 자유, 행복 추구권에 대해 말했을 때 그것은 말 그대로 '생명'에 대한 권리를 추구하는 것을 의미했다.) 미국의 흑인들을 대표하여 나는 이 나라가 리버럴에 의해서가 아닌, 보수주의자들에 의해 이끌어져 왔다는 주장을 이 책을 통해 펼 것이다.

좌익주의는 더 높은 도덕적 선에 대한 요구를 충족시키기 위해 개인의 자유를 침해하려는 정치철학으로 정의될 수 있다. 좌익들은 원칙이 아니라, 달성해야 할 어떤 더 거대한 도덕성에 관심을 갖는다. 이들의 관점이 문제가 되는 이유는 그들이 도덕적으로 선하다고 하는 그 기준이 주관적이라는 것에 있다. 얼마 전까지만 해도 백인 우월주의를 옹호하는 것이 더 높은 도덕적 선으로 여겨졌고 그 과정에서 좌익세력들은 흑인들의 권리를 침해했다. 오늘날 더 높은 도덕적 선으로 간주되는 것은 경제적 평등이다. 우리는 좌익들이 경제적 평등을 위해 얼마나 많은 자유를 속박하고 있는지 이 책을 통해 차차 알아가게 될 것이다.

그렇다면 우리는 왜 서구 사회 전반에 걸친 보수주의의 부활을 목격하고 있는가? 스스로를 '리버럴'이라고 지칭하는 좌익들 때문에, 스스로를 중도로 여기고 싶어 하는 사람들은 정치의 성스러운 중립 지대가 좌익에 의해 장악되고 있음을 깨닫고 있다. 좌익들은 특정 유형의 평등을 주장함으로써 리버럴리즘이라는 미명하에 활동한다. 그러나 경제적 평등이란, 개인의 자유를 침해해야만 달성 가능하다. 여기서 우리는 두 진영 사이의 미묘한 차이를 구분할 줄 알아야 한다. 리버럴과 좌익 모두 '평등'이라는 개념 아래 동맹을 맺고 있지만, 그들은 그들의 목표가 사실 서로 과격하게 대립하고 있음을 인지하지 못하고 있다. 본질적인 관점으로 볼 때, 좌익주의보다 더 '리버럴'하지 못한 것도 없다. 비록 많은 리버럴들이 이 불가능한 동맹에 눈을 떴지만, 여전히 많은 사람들은 이 명확한 사실에 대해 깨닫지 못하고 있는 상황이다.

리버럴과 좌익 사이의 불운한 결합의 잔재가 남아 있는 이유는 흑인들이 영원한 피해자로 남은 것에 대해 좌익적으로 해결하고자 하는 정치 집단인 민주당 때문이다. 민주당의 정책은 피해자 대 압제자라는 끊임없는 물줄기 위에 구축되며, 그들에게 흑인이란 자신들의 정책이 실현되도록 돕는 장기말에 불과하다.

좌익들이 지나치게 단순화시킨 버전의 미국 역사에서 흑인이란, 죽을 때까지 민주당에만 투표해야 구원 받을 수 있는 영원한 하층 계급이다. 민주당은 거의 모든 현상과 사물에서 내재된 인종차별과 투쟁을 발견하고 있으며, 그로 인해 지금까지 달성된 거의 모든 인종 간 평등이라는 열매들을 파괴하고 있다.

슬픈 사실은, 그들이 추진하는 거의 모든 정책들이 항상 흑인들에게 해를 끼친다는 사실이다. 진보적인 정책이랍시고 추진되는 모든 정책들은 왜인지 흑인들에게 항상 퇴보적인 결과를 초래해왔다.

만약 흑인들이 민주당의 제안을 간단히 거절한다면 어떤 일이 벌어질까? 만약 우리가 공식적으로 피해자 내러티브를 거부함으로써 좌익 정책의 느리게 퍼지는 독을 거부한다면 어떻게 될까? 좌익들이 인종차별에 대해 호들갑을 떨 때 흑인들이 모두 힘을 합쳐 "이제 그만하면 됐다"고 엄포를 놓는다면 어떻게 될까? 그렇게 해서 우리가 영원한 피해자라는 그들의 주장을, 이젠 속셈이 훤히 보이는 정서적 기만 전략에 불과한 것으로 취급해버리면 어떻게 될까? 우리 모두 힘을 합쳐서 보수주의의 뿌리로 돌아갈 수 있을까?

2

가정에 대하여
ON FAMILY

BLACKOUT

가정에 대하여

　지난 몇 년 동안 서구사회에서 보수주의의 예기치 못한 확산이 일어났다. 영국의 유럽 연합 탈퇴, 브렉시트Brexit에 대한 영국인들의 투표결과는, 브렉시트에 반대하는 전 세계 모든 주류 전문가 및 여론 조사 기관들에 큰 충격을 안겨 주었다. 이는 영국의 주권이 브뤼셀의* 관료들에게 빼앗긴 후, 영국인들의 인내심에 한계가 다다랐음을 보여준 사건이었다. 경제적 멸망으로 이어질 수 있다는 영국 안팎의 여러 경고에도 불구하고 영국은 유럽연합을 떠나기로 결정했다.

---

*　벨기에의 수도. 유럽 연합(EU) 본부가 위치해 사실상 유럽연합의 수도이다.

유사한 사건이 대서양 반대편에서 일어났다. 언론에 의해 한껏 미화된 워싱턴의 인사이더 엘리트, 힐러리 클린턴이 트럼프에 패배당하면서 전 세계에 충격파를 일으킨 것이다. 실제로 일어날 수 있는 일이 아니라 '일어나야만 하는 일'을 보도하는데 익숙해진 주류 미디어에게 이러한 두 차례의 정치적인 지진은 단 한 가지, '광범위하게 퍼진 불복종'을 의미했다. 유권자들은 바로 이 주류 미디어에 불복종한 것이다. 자신들의 권위가 땅에 떨어졌음을 도저히 인정할 수 없었던 좌익 언론들은 자신들의 권위에 의문을 제기하는 대신, 사람들이 인터넷에 의해 극우화되어 가고 있다고 주장하는 기사를 쓰기 시작했다.[*] 물론 이 주장은 독립적인 목소리들에 영향력을 내어주고 있는 언론인들의 불안감에서 비롯된, 비웃음당해도 싼 주장이다.

그리고 그들은 정말 웃음거리가 되어 버렸다.

미국에서 가장 큰 좌익 뉴스 방송사인 CNN은 하루 평균 706,000명의 시청자를 확보하고 있다. 이 숫자는 주요 정보 매체가 TV였던 시절에나 의미가 있는 숫자다. 그러나 기술의 변화는 환경의 변화를 일으켰고, 요즘 TV는 한물간 지 오래된 수단이다. 오늘날 전 세계 사람들은 대부분 온라인을 통해 정보를 습득한다. 비록 좌익들이 TV 시장을 장악하고 있다고 해도 인터넷에서 승리를 거두고 있는 것은 보수들인 것이다.

---

*　작가는 여기서 '급진화(radicalization)'라는 단어를 사용했으나, 자신들의 내러티브에 동조하지 않는 사람들은 무조건 '극우'라고 몰아세우며 프레임을 씌우는 좌익진영 및 주류 미디어에 대한 조소가 담긴 단어로 사용되었으므로 '급진화'보다는 '극우화'로 표현하는 것이 더 알맞을 것으로 판단되어 '극우화'로 번역함.

예를 들어, 내가 올리는 단 한 개의 트위터 게시물만 따져 봐도 내 생각은 순식간에 평균 250만 명에게 전달된다. 이것은 내가 트위터 게시물 한 개만으로도 CNN의 모든 시청률을 압도할 수 있다는 것을 의미한다. 이 정도의 영향력 이상을 가진 사람이 나 말고도 셀 수 없이 더 많다는 사실은 굳이 강조할 필요가 없을 것이다.

자신들의 의견이 주류 미디어에서 묵살되고 있다는 사실을 깨달은 보수주의자들은 소셜미디어 시대의 미개척 지역을 개척하기 시작했고, 이는 큰 성공을 거두었다. 자신들이 쌓아 온 견고한 질서에 대한 실존적 위협이 나타나고 있는 현재 상황을 목격한 좌익세력들은 소셜 미디어 회사들에게 보수적 성향을 지닌 사용자들의 계정을 정지시키거나 제한하도록 압박을 가하기 시작했다. 이것이 바로 《뉴욕 타임스》가 2018년 여론조사 기사에서 '지하디스트*와 우익 극단주의자들은 놀랍도록 유사한 소셜미디어 전략을 사용한다'는 기괴한 주장을 펴낸 이유다. 같은 해 12월, 《데일리 비스트》는 〈어쩌다 유튜브는 우파에게 극우화 기구를 구축해 주었나〉라는 제목의 기사를 실었으며, 이와 비슷한 논조의 수천 개의 기사가 작성되었다. 인터넷이 갑자기 문제라는 것이다. 물론 실제로 일어나고 있는 일은 좌익 성향의 다수 언론인들이 (실제로 민주당 성향의 기자 4명당 공화당 성향 기자 1명 꼴) 이제는 정보를 공개하는 데 있어 우익 진영과 경쟁하게 되었다는 사실이다. 독립적인 목소리들이 높아짐에 따라, 자신들의 내러티브가 도전받게 될 것이라는 사실에 주류 언론들이 전혀 대비하지

---

* 이슬람 극단주의에 기초한 무장 투쟁을 수행하는 무슬림

않았다는 사실이 만천하에 드러난 것이다.

놀랍지도 않지만, 미국인들이 도널드 트럼프를 대통령으로 만들기 전까지 '인터넷에서 일어나는 극우화 현상'에 대한 열띤 주장 같은 것은 애초에 존재한 적도 없었다. 주류 언론들이 쉬지 않고 그를 소수 인종을 차별하고, 여성을 혐오하는 괴물로 만드는데 모든 시간을 할애했음에도 불구하고 미국 국민들은 그들을 비웃듯이 트럼프를 국가의 지도자로 뽑은 것이다. 사람들이 자신들의 권력에 복종하지 않은 것을 두고 '인터넷에 퍼진 광범위한 불복종'에 화살을 돌린 것은 어떤 면에선 정확한 분석이었다. 우리가 그들에게 복종하지 않은 이유는 우리에게 독자적으로 결정할 수 있는 능력이 있기 때문이었다. 모든 언론들이 선거에서 트럼프를 불리하게 만들기 위해 '인종차별'이라는 터무니없는 프레임을 창조해 내는 것을 지켜보면서 말이다.

나 역시 이 시기 인터넷의 '극우화' 된 사람들 중 한 명이었는데, 언론이 얼마나 사실을 왜곡하며 우리를 기만하는지 인터넷을 통해 깨닫게 되었다. 인종 갈등에 대한 언론의 주장이 의심스럽다는 직감 정도만을 가진 채로, 나는 트럼프 대통령의 집권이 백인 우월주의자들의 봉기를 부추길 것이라는 주류 언론의 다양한 의견들을 인터넷을 통해 조사하기 시작했다.

나의 '극우화' 과정

보수주의적 관점에 대해 막 호기심이 생기던 무렵, 예전에 내가

'엉클 톰Uncle Tom*' 혹은 '인종의 배신자'라고 부르며 경멸했던 사람들인 '흑인 보수주의자'라는 단어를 유튜브에서 검색하기 시작했다. 내가 조사를 시작한 당시에는 '경찰의 잔혹성'이라는 주제가 주류 언론에서 한참 이슈였다. 나는 거기에서부터 시작하기로 결정했다.

그러다가 흑인이며 라디오 쇼 진행자, 작가, 전직 변호사, 그리고 스스로를 리버테리언Libertarian**으로 분류하며 좌익의 위선을 폭로하는 데 수십년을 바친 래리 엘더의 영상을 발견했다. 그는 《인종이 무슨 상관인데?What's Race Got to Do With it?》와 같은 책들을 통해 미국의 흑인들을 무력화시키는 문제들에 대해 전문가적인 분석을 해온 사람이다.

내가 발견한 이 영상은 요즘 들어 뒤늦게 인터넷에서 화제 되고 있는 영상으로, 이 영상은 〈루빈 리포트 쇼The Rubin Report〉의 진행자이자 리버럴이며 지금은 내 소중한 친구가 된 데이브 루빈과,*** 그의 쇼에 출연한 래리 엘더와의 인터뷰가 담겨있다.**** 루빈은 흑인들이 직면한 억압의 사회 구조적 문제를 인정하는 한편, 경찰의 잔혹성이 인종차별의 명백한 사례가 아니냐고 주장하는 치명적인 실수를 했다. 그리고 엘더는 이에 대해 정확한 통계학적 팩트로 리버럴의 내러티브를

---

* 톰 아저씨의 오두막집에 등장하는 흑인 노예 주인공인 톰을 지칭. 흑인이면서 보수주의자 혹은 공화당 지지자라고 주장하는 사람들에 대해, 자발적으로 백인들의 노예가 되고자 하는 흑인이라는 인식에서 비롯된 좌익진영의 욕설 중 하나.

** 자유지상주의자

*** 오웬스가 이 책을 집필할 당시에는 리버럴이었으나 현재는 고전적 자유주의자(classic liberal)로 스스로를 분류함.

**** 해당 인터뷰 영상 보기 ☞

완전히 박살냈다.

"작년에 경찰의 총에 맞은 사람들의 숫자는 총 965명입니다. 그 중 무장하지 않은 흑인에 대한 백인 경찰의 총격은 4%에 불과합니다. 2011년 시카고에서는 총 21명이 경찰에 의해 총에 맞아 사망했습니다. 2015년에는 7명이었고요. 인구 비율이 흑인 1/3, 백인 1/3, 히스패닉 1/3 인 시카고에서 일어나는 전체 살인의 무려 70%가 흑인에 의해 흑인이 사망하는 사건들이었습니다. 한 달에 무려 약 40건, 한 해 동안 거의 500건이 발생했습니다. 그리고 그 중 약 75%가 아직 미결인 채로 남아있고요. 여기에 '흑인의 생명도 소중하다Black Lives Matter' 가 무슨 근거로 나오나요? 인종차별주의자인 백인 경찰이 무장하지 않은 흑인을 쏘는 사건을 두고, 단순히 '흑인이라서 당했다'는 주장은 완벽한 개소리Bullshit입니다."

나는 데이브 루빈과 같이 한 대 얻어맞은 기분이 들었다. 15초라는 찰나의 순간, 언론의 과장된 보도에 근거해 항상 의미 있는 것으로 내가 지금까지 받아들였던 수많은 문제들이 사실은 거의 실체가 없다는 사실을 깨닫게 된 것이다. 루빈은 래리에게 겸손한 자세로, 그렇다면 미국의 흑인들이 직면한 문제가 무엇인지 물었다.

"흑인들의 가장 큰 문제는 아버지 없이 자란 흑인이 75%나 된다는 겁니다. 그리고 이는 범죄, 경제적 자립의 어려움, 체포될 가능성이 더 높은 것 등 모든 부정적 결과와 관련이 있습니다. 이것이 흑인 사회가 직면한 가장 큰 문제입니다."

곧바로 이해하기 시작한 루빈은 그 문제를 해결하기 위해 무엇을 할 수 있을지 물었고 엘더는 이에 다음과 같이 과감하게 대답했다.

"국가의 복지 시스템을 거꾸로 뒤집으면 됩니다. 1890년에서 1900년 사이에 발간된 보고서를 보면, 믿기 힘들겠지만 백인 아이가 온전한 가정에서 태어날 확률보다 흑인 아이가 온전한 가정에서 태어날 확률이 약간 더 높았습니다. 심지어 노예 제도가 있던 시대에도 흑인 아이들은 친어머니, 친아버지가 둘 다 존재하는 가정에서 성장할 가능성이 현재보다도 더 높았습니다."

노예 제도와 인종 분리 정책이 존재하던 그 고통스럽던 시기에조차 흑인 가정이 지금보다도 더 온전했다는 래리 엘더의 주장은 나에게 큰 충격을 안겨 주었다. 나는 더 깊이 배우고 싶어졌다.

흑인 노예들의 가정이 파괴되는 것을 목격한 미국인들은 노예제 폐지 운동에 목소리를 모았다. 과거에는 가정의 붕괴가 도덕적으로 혐오스러운 것으로 간주되었던 까닭이다. 북부 백인들의 노예 제도에 대한 생각이 바뀌는데 가장 큰 영향을 미쳤던 것으로 널리 알려진 해리엇 비처 스토의 소설,《톰 아저씨의 오두막집Uncle Tom's Cabin》은 노예 제도가 흑인 가정에 미치는 영향에 대해 250페이지로 쓰여진 소설이다. 이 책은 아내와 자식들로부터 강제로 떨어져 노예로 팔리게 될 것이라는 사실을 알게 된 아버지와, 외아들과 헤어지게 될 것이라는 사실을 알게 된 어머니의 이야기가 담긴 소름 끼치는 비극이다. 이 책은 미국 사회에 어마어마한 파장을 일으켰다. 사람들은 저녁 식사를 마치고 이 나라의 가장 흉악한 제도의 베일을 벗겨 낸 이 논란의 책을 가족들끼리 모여 함께 읽었다. 북부의 미국인들뿐 아니라 유럽에까지도 이 책이 퍼지면서 많은 이들이 스토가 책에 상세히 기술한 잔학 행위에 격분함과 동시에 가슴 아파했다.

물론 노예 제도의 공식적인 종식은 미국 전역의 흑인 가정을 합법화하는 것에 기념비적인 역할을 했다. 프린스턴 대학의 역사 교수 테라 헌터는 2010년 NPR과의 인터뷰에서 이 혁명적인 사건에 대해 다음과 같이 말했다.

"남북전쟁 이후 아프리카계 미국인들이 행사할 수 있었던 최초의 시민권은 바로 결혼이었다. 가정을 이루고자 했던 그들의 열정은 남부군을 압도할 정도로 뜨거웠다. 당시 결혼하고자 했던 흑인들의 수는 감당할 수 없을 정도였다."

또한 전쟁터로 팔려갔거나 다른 지역으로 강제로 떨어진 수백만 명의 흑인들은 헤어진 가족들을 필사적으로 찾기 시작했다. 그 결과 수백만의 흑인 가정이 새로 형성되거나 유지되었다. 자신들의 가정을 보존하고자 하는 흑인들의 열망은 온 인종의 모든 역사를 통틀어 이 당시 가장 강렬했다.

그렇다면 노예 제도가 사라진 지 약 100년 정도 밖에 지나지 않았는데도 불구하고 현재 일어나고 있는 흑인 가정의 엄청난 파탄은 어떻게 설명할 수 있을까? 짐 크로 법과 노예 제도조차 흑인 가정을 무너뜨릴 수 없었고, 흑인을 백인의 3/5의 가치를 가진 인간으로 간주하는 제도나 타인이 누리는 권리의 일부만 부여해주는 그런 비인간적인 제도조차 흑인 가정을 분열시킬 수 없었다면, 흑인들의 가정을 해체시킨 것은 대체 무엇이었단 말인가?

린든 존슨의 위대한 실패

민주당은 인종차별적인 정당으로써 유서 깊은 역사를 가지고 있지만, 흑인 사회를 망가뜨린 것에 대해 고(故) 린든 B. 존슨 대통령(LBJ) 만큼의 공로를 인정 받을 수 있는 사람도 드물다. 로버트 카로가 쓴 LBJ의 전기,《상원의 주인: 린든 존슨의 시대Master of the Senate: The Years of Lyndon Johnson》을 보면 존슨이 'nigger'라는 단어를 얼마나 여러 번, 그리고 반복적으로 사용했는지에 대해 이야기한다. 존슨은 민권의 발전을 막는 것으로 악명 높았던 민주당 남부 의회의 매우 성실한 일원이었다. 실제로 존슨은 연방 상원 의원으로 20년간 일하면서 모든 민권의 기본이 되는 법안들을 부결시킨 바 있다.

이러한 경력에도 불구, 존슨은 흑인들이 백인들과 동등한 법적 권한을 얻게 해준 1964년 민권 법안에 서명한 대통령이라는 이유 하나만으로 영웅으로 칭송받고 있다. 그러나 그가 평생 해온 투표 기록, 인종차별적 용어의 사용 그리고 존슨 대통령이 거느리던 주변 흑인 직원들에 대한 인종차별적 대우에 대해 잘 문서화된 증거 등이, 민권 법안들에 남긴 그의 서명이 상징하는 바와 극명한 마찰을 이루고 있다는 건 어떻게 설명 할 수 있을까? 수십 년 동안 흑인들과 일하면서 존슨이 갑작스러운 깨달음을 얻기라도 한 것일까?

로널드 케슬러의 저서,《백악관 내부Inside the White House》에는 LBJ가

---

* 검둥이라는 뜻으로 당사자인 흑인들 사이에서는 '임마' 등의 가벼운 의미로 곧잘 사용되나, 타인종, 특히 백인이 흑인을 이 단어로 부르는 것은 심각한 인종차별로 여겨진다.

했던 말이 인용되어 있다. 음성녹음 자료가 없으니 확인할 길은 없으나, 그는 두 명의 주지사들에게 "앞으로 200년 동안 검둥이들은 무조건 민주당에만 투표하도록 만들어버리겠다"라고 말했다고 한다. 케슬러에 따르면 이 발언은 1964년 민권 법안이나 1965년 투표권 법안에 대한 것이 아니라, 복지제도를 통해 민주당이 흑인들을 장악하기 위해 고안된 '위대한 사회Great Society' 프로그램에 대한 것이었다고 한다.

존슨의 위대한 사회 프로그램은 애초에 흑인 가정을 파괴하기 위한 의도와 목적을 가지고 출범된 것이다. 이 프로그램은 가난한 흑인 여성에게는 무한한 지원을, 흑인 남성에게는 무력감과 책임 회피에 대한 면죄부를 선사했다. 미국 전역에서 빈곤을 근절하겠다는 존슨의 약속은 아등바등 고단한 삶을 버티며 살고 있던 흑인들에게 완벽하게 먹혀 들었다. 가난한 흑인들 입장에서야, 건강한 남편이 있지만 가난에 허덕이는 여성에게 복지 혜택을 주는 것을 굳이 반대할 이유가 없지 않았겠는가. 그러나 그것은 장기적으로 봤을 때 여성들이 남편 없이 혼자 아이들을 양육하도록 정부가 앞장서서 부추긴 셈이었다.

정부의 무상 복지 제도를 기반으로, 노예 시대 이후 흑인 사회가 일궈낸 가정 친화적으로 진보된 많은 영역이 빠르게 퇴보하기 시작했다. 일부 흑인 여성들은 정부가 대신 아이들을 부양하는 역할을 할 수 있다는 사실을 알게 되면서 자녀에 대한 책임을 더 이상 남성에게 묻지 않게 되었다. 그리고 이런 현상은 시간이 지나면서 여성들로 하여금 남편이나 아버지로서 적합하지 않은 남성을 파트너로 선택하게 만들었다. 뿐만 아니라, 정부의 지원은 흑인들에게 한 발 더 나아가도록 하게 만드는 그 어떤 동기도 부여하지 않았다. 이는 정부가 흑인들의 문화에 제기한 첫 번째 주요 어젠다였다. 흑인 사회의 붕괴된 가정환경을 생각해보면, 요즘 흑인 힙합 가수들이 랩 가사에 '베이비-마마baby-mamas'를 자주 넣는 것은 꽤 재미있는 현상이다.

위대한 사회 프로그램이 실시된 이후로 현재 미국의 흑인 사회가 얼마나 쇠퇴했는지 비교할 수 있는 자료들은 셀 수 없이 많지만, 그 중에서도 주목할 만한 통계자료가 하나 있다. 〈미국 통계 요약Statistical Abstract of the United States〉에 따르면 1963년 비백인 가정의 72%가 결혼해서 함께 살았다. 이 데이터는 지금 거의 정확하게 역전되었다. 2017년 현재, 겨우 27%의 흑인 가정이 결혼한 부부를 기반으로 형성된 가정이다. 이는 시간이 흐르면서 45% 포인트나 감소한 결과다. 이에 비해 백인 인구는 부부가 함께 사는 가정의 비율이 1963년 89%에서 2017년 51%로 38% 포인트 감소했다. 미국의 흑인들을 '강대하게' 만들었다는 것으로 알려진 정책들은 실제로 모든 인구 통계학에서 입증되었듯이 가장 큰 가정의 붕괴를 초래했다. 붕괴의 또 다른 분명한 증거는 흑인 사회의 미혼 남성의 숫자를 통해 알 수 있다. 1960년 인구 조사에서 15세 이상 백인 남성의 약 24.4%가 미혼이었다. 흑인의 경우 당시 29.6%로 겨우 5% 포인트 정도의 차이였다. 지금은 어떤가. 2017년 백인 남성의 33.1%가 미혼인 반면, 흑인 남성의 51.9%가 미혼으로, 18.8% 포인트나 차이가 난다. 달리 말해 변동률이 362%나 상승한 수치이다.

이 흑인 독신 남성들이 모두 정절을 지키느라고 독신으로 남아 있는 것은 절대 아닐 것이다. 그들 중 대다수는 미혼 상태의 성관계로 아버지가 될 확률이 높으며, 이는 곧 흑인 사회에 영원히 돌고 도는 패턴, 즉 아버지가 존재하지 않는 가정의 인종 간 격차가 곧 다른 분야의 인종 간 격차로 이어지게 되는 악순환으로 반복된다. 위대한 사회 프로그램이 증명한 것은, 아버지가 없을 때 아이들은 엉뚱한 곳에서 아버지를 대체할 만한 관계를 찾으려고 하며, 그 곳에는 범죄를 저지르기 쉬운 길과 감옥으로 가는 지름길이 기다리고 있는 경향이 더 크다는 것이다.

아버지 없이 자라는 것이 인생을 실패로 이끄는 지름길이라고 지적한 래리 엘더의 주장은 엄연한 팩트에 기반한 것이다. 독립적이고 정치 중립적인 브루킹스 연구소^{Brookings Institution}는 다음과 같이 지적했다.

> 미혼모에 의해 길러진 아이들은 학업 성취도, 사회성 및 정서 발달, 건강, 직업적 성공 등 여러 측면에서 더 나빠질 가능성이 높다. 그들은 부모의 학대와 방치에 놓일 확률이 더 높으며 특히 어머니와 동거하는 애인들에게 학대당할 확률이 높다. 또한 십대에 부모가 될 가능성이 더 크며, 고등학교나 대학교를 졸업할 가능성은 더 낮다.

가장 심각한 건, 아버지 없는 가정에서 자란 흑인 아이들이 어른이 되면 그들이 자란 환경을 다음 세대에 물려주고 있다는 점이다. 이러한 연속성은 각 개인이 아닌, 정부가 그들을 부양할 수밖에 없도록 하게 만드는 악순환의 고리가 영원히 이어지게 만든다.

이처럼 존슨의 위대한 사회 프로그램 이후 여러 세대를 거치면서 퍼진 '아버지 없는 가정'이라는 이름의 전염병은 20세기 초 흑인들이 추구했던 이상과는 전혀 다른 기능을 하는 현대 흑인 가정의 역학을 만들어냈다. 결과는 존슨과 그의 민주당 부하들이 꿈꾸었던 것 만큼 드라마틱했다. 위대한 사회 프로그램이 추진되기 전과 비교하여 오늘날 흑인들이 어떤 상황에 처하게 되었는지 생각해보면 존슨의 인종차별적 행태들을 이해하기 훨씬 쉬워진다. 흑인들을 200년 동안 민주당에만 묶어두는 방법 중에 법안 제정보다 확실한 방법이 어디 있겠는가? 20세기 미국의 가장 위대한 정치꾼 중 한 명인 린든 존슨은 자신이야말로 흑인들의 가장 위대한 구세주임을 확신시킨 것과 동시에, 흑인들이 영원히 외부로부터의 구원의 손길을 필요로 할 것이라는 확신을 안겨주었다. 흑인들은 바로 한 대통령의 임기 기간 동안 해방됨과 동시에 다시금 노예로 전락한 것이다.

흑인들의 '역량을 강화'하기 위해 만들어진 정책들과 백인과 흑인 사이 벌어진 부의 격차를 좁히기 위한 정책들은 오히려 그 격차를 더 심화시켰을 뿐만 아니라, 국고에 엄청난 부담까지 추가시켰다.

복지 예산은 전체 연방 예산에서 매년 1조 달러 이상으로, 가장 큰 파이를 차지하고 있다. 그러나 이 비대한 금액은, 앞으로도 이만큼의 지출이 필요하다는 것을 우리에게 증명하는 그 어떤 성공적인 선례도 남긴 적 없다.

헤리티지 재단 회장인 케이 콜스 제임스는 이런 글을 썼다.

정부의 복지 정책을 국가가 아니라 가정에서 시행한다고 가정해 보자. 나는 아들에게 '애야, 너는 일할 필요가 없단다. 내가 평생 돌봐 줄게.'라고 말하거나, 딸에게는 '원하는 만큼 마음껏 아이를 낳아도 된다. 내가 양육비를 전부 대 줄게.'라고 말할 것이다. 이런 가정의 20년 후 모습은 어떤 모습이 되어 있을까? 당신의 아들들은 당신 집에 얹혀 사는 백수들이 되어 있을 것이고 딸들은 사생아만 수두룩하게 둔 미혼모가 되어 있을 것이다. 당신의 가정이 훨씬 더 빈곤 해지리라는 것은 굳이 말할 필요도 없다.

가장 놀라운 사실은, 복지 개혁 정책이 정당의 경계를 초월하여 제기되었다는 것이다. 여야 정당을 막론하고, 사회 안전망 시스템과 그 시스템 안에 흑인들을 가두어 두려고 하는 정책적 경향에 대한 정당한 비판이 제기된 것이다. 로널드 레이건 대통령은 '복지의 여왕' 사건에 큰 충격을 받았다고 한다. 이 여성은 80개의 가짜 이름과 30개의 가짜 주소, 15개의 가짜 전화번호를 사용하여, 푸드스탬프,* 사회보장, 4명의 존재하지 않는 퇴역 군인 남편들에 대한 연금 및 여러 면세 혜택 등을 통해 연간 15만 달러를 벌어들였다. 이 여성은 좋든 나쁘든, 복지를 받는 도시 (혹은 흑인) 여성의 대다수를 대표한다. 쏟아질 비판을 감내하면서까지 레이건은 진실을 말했다. 복지주의는 그 누구도 책임지지 않는 삶을 살게 함과 동시에 어떤 사회에든 대혼란을 초래한다는 것을.

이 진실을, 이제는 세상을 떠난 어느 수구꼴통 공화당 대통령의 인종차별적인 폭언쯤으로 일축하고자 하는 사람들이 있다. 그러나 우

---

* 미국에서 저소득층의 식료품 구입을 지원하기 위하여 쿠폰이나 카드 형태로 식비를 제공하는 사회보장제도 중 하나

리는 이 진실이 우리의 최초 흑인 대통령이자 리버럴 진영의 대표인 버락 오바마 대통령의 입에서 나온 적이 있었다는 것을 기억해야 한다.

2008년도 아버지의 날을 기념한 어떤 연설 중에, 오바마는 복지 국가의 직접적인 결과물이나 다름없는 편부모 가정이 흑인 아이들에게 미치는 영향을 분명하게 설파했다. 그는 다음과 같이 말했다.

"오늘날 우리의 삶을 구축하는 많은 토대들 중 가장 중요한 것이 가정이라는 것을 다시 한 번 떠올려 보아야 합니다. 또한 우리는 모든 아버지들이 가정이라는 공간에서 얼마나 중요한 존재인지를 인정하고 그들을 존중하도록 노력해야 합니다. 그들은 선생님이자 코치입니다. 멘토이면서 롤모델입니다. 그들은 성공의 본보기이며 우리를 성공할 수 있도록 끊임없이 밀어주는 사람들입니다.

하지만 솔직하게 사실을 한번 직시해 봅시다. 우리는 너무 많은 아버지들이 셀 수 없이 많은 사람들의 삶과 가정으로부터 실종된 상태임을 인정할 수밖에 없습니다. 그들은 성숙한 어른 남성이 아니라 책임을 내던진 소년처럼 행동했습니다. 흑인들의 가정은 바로 이런 무책임한 남성들로 인해 그 기반이 위태로워질 수밖에 없습니다."

오바마는 계속 이어갔다.

"여러분과 저는 이것이 아프리카계 미국인들의 사회에서 얼마나 명백한 사실인지 잘 알고 있습니다. 흑인 아이들의 절반 이상이 한부모 가정에서 자라고 있습니다. 그 숫자는 우리가 어렸을 때에 비해 무려 2배나 증가했습니다. 아버지 없이 자란 아이들은 생계형 범죄를 저지를 확률이 5배, 학교를 중퇴할 확률이 9배, 감옥에 갈 확률이 20배나 더 높습니다. 이들은 행동 장애를 앓게 되거나, 가출청소년이 되거나, 10대 부모가 될 가능성이 더 높습니다. 흑인들의 사회는 바로 이러한 이유로 그 기반이 위태로운 것입니다."

오바마의 이 감동적인 연설이 울려 퍼진 후 12년이 흘렀으나 우리 사회는 그가 말하고자 했던 교훈으로부터 훨씬 더 멀리 벗어나 있다. 미국 문화의 리버럴 이데올로기로의 변화는 모든 인종 집단에서 혼외 출산에 대해 부정적이었던 사회적 인식을 더 느슨하게 만들었다. 우리는 이 나라가 일구어 낸 업적에 기여한 전통적 가치들을 옹호하는 사람들과, 새롭고 진보적이며 (그러나 실은 퇴행적인) 파괴적일만큼 급진적인 변화를 추진하는 사람들 사이에서 벌어지고 있는 문화 전쟁을 치르고 있는 중이다.

나는 강한 남성 없이는 그 어떤 사회도 살아남을 수 없다고 수차례 주장해왔다. 급진적 페미니스트들은, 아이들이 아버지를 필요로 한다는 경험적 증거를 받아들이는 것이 곧 여성이 임신 중이라면 학대하는 남편이라해도 그 결혼을 억지로 유지해야 한다고 강요하는 것이나 다름없다는 주장을 펼친다. 이것은 극단적인 사례를 들먹이며 가정에서 남성의 존재를 평가 절하하는, 왜곡된 신자유주의적Neo-liberal인 주장이다. 물론 어떤 여성도 (물론 남성도 마찬가지) 단지 아이들을 위한다는 이유로 학대적인 상황에 머물러서는 안 된다. 한부모 가정에서도 자녀를 성공적으로 키워 낸 사례 또한 물론 적지 않다. 하지만 그러한 사례들은 예외적인 사례일 뿐, 일반화되어서는 곤란하다. 일반적으로 아이들은 아빠, 엄마가 둘 다 존재하는 온전한 가정에서 더 나은 삶을 살 수 있다. 한부모 가정에서도 훌륭하게 자란 아이들과 같은 예외적인 특수 사례를 가지고 여성에게는 남편의 도움이 필요 없고 아이들도 아버지의 훈육이 필요 없다는 증거로 이용해서는 안 된다. 만약 선택이 가능한 상황이라면, 우리는 언제나 부모가 함께 양육하는 환경에서 아이들이 인생을 시작하게 해주어야 한다.

흑인 제노사이드, 그리고 리버럴의 지원

1965년, 대니얼 패트릭 모이니핸이라는 이름의 남자가 진실을 그대로 말하는 끔찍한 실수를 저질렀다. 미국 정부가 공식적으로 인종 분리 정책에 대한 잘못을 인정하고 국민들에게 막 사죄하고 있던 때, 당시 노동부 차관보였던 모이니핸은 흑인 빈곤에 대해 연구해 달라는 요청을 받았다. 당시는 정부의 과거사에 대한 사죄와 함께, 흑인들은 더 이상 그 어떤 것에도 책임을 지지 않아도 된다는 믿음이 유행처럼 퍼지기 시작한 때였다. 그 시기를 기점으로 흑인 사회에 곪아 있던 모든 질병들은 곧 백인 우월주의의 유산으로 치부되기 시작했다. 미국의 흑인들은 기본적으로 흠 없는 존재가 된 것이다. 이러한 사회적 분위기로 인해, 대니얼 패트릭 모이니핸이 그의 연구 논문, 〈니그로 가정: 국가적 행동이 필요한 사례〉에서 흑인 빈곤의 원인으로 가정의 붕괴를 지적했을 때, 그는 '피해자에 대한 2차 가해victim-blaming'라는 명목으로 방방곡곡에서 비난받아야 했다. 그의 연구가 모든 면에서 정확했다는 것이 증명되기까지 수 십년의 세월이 걸리는 동안.

또한 그의 논문에는 당시 백인 주류 사회였던 미국의 현 상태를 유지하고자 하는 인종차별주의자들에게 두려움을 선사할 만한 또 다른 데이터가 숨어 있었다. 그것은 바로 흑인 인구가 증가하고 있다는 사실이었다. 1950년대부터 흑인 인구는 미국 전체 인구의 1.7%를 차지했었으나 그 비율은 연간 2.4%씩 증가하고 있으며, 모이니핸은 만약 이 증가율이 계속된다면 7년 안에 미국 전체 인구의 8명 중 1명은 비백인종이 될 것이라고 했다.

흑인 인구를 통제하려는 노력은 1920년대, 보다 우월하고 지능적인 인류로 간주되었던 백인종이 밀려오는 이민자들에 의해 위협받고 있다는 두려움이 전국적으로 스물스물 피어오르던 때 시작되었다. 인기있는 우생학자들은 열등하다고 여겨지는 특정 인종들의 번식을 막기 위한 노력이 필요하다고 주장했다. 여성들의 낙태권 보장에 앞장섰다는 이유로 오늘날 영웅으로 칭송 받는 '가족계획연맹Planned Parenthood Federation of America*'의 창립자인 마거릿 생어는 바로 그러한 우생학자들 중 한 명이었다. 생어는 열등한 특성을 가진 사람들이 번식하는 것을 통제할 필요가 있다고 생각했던 당시 대중의 믿음을 따랐던 사람이다.

1939년부터 1942년까지, 생어는 가족 계획 교육과 산아 제한 및 피임법에 대한 정보를 제공하면서 남부 지역 흑인들의 빈곤 퇴치를

---

* 플랜드 페런트후드(Planned Parenthood)라고 불리는 가족계획연맹은 산아제한을 목적으로 설립되어 현재까지 정치적 로비 및 여러 입법과정을 통해 전미 낙태 합법화 운동을 실시하고 있다.

위한 '니그로 프로젝트Negro Project'를 주도했다. 그녀는 그녀의 '도움'을 필요로 하는 흑인들의 신뢰를 얻는 것과 동시에 자신의 진짜 동기를 은폐하는데 종교 지도자가 이용 가치가 있을 것임을 간파하곤 흑인 목사들과 의도적 협력 관계를 맺었다.

생어는 니그로 프로젝트의 또 다른 지도자인 클래런스 갬블 박사에게 다음과 같은 글을 썼다.

> 목회자의 사명은 중요하다. 그러므로 그들은 교육받아야 한다. 우리가 도달하고자 하는 이상적인 국가, '출생을 통제하는 미 연방Birth Control Federation of America'으로 발돋움하기 위해서.

그녀가 흑인 사회에 호소했던 것은 '선택'에 관한 것이었을지도 모른다. 그러나 그녀는 '열등한 부모에게서 태어남으로 인해 많은 아이들이 경험해야 할 고통스러운 미래로부터 국가의 부담을 덜어 주기 위한 엄격한 출산 통제 정책'을 지지하는 기사를 공개적으로 싣기도 했다. 그녀는 자신이 살았던 시대에 횡행했던 인종차별주의에 너무 심취해 버린 나머지, 산아 제한 조치에 대한 더 많은 지지를 얻어 내기 위해 KKK 회원들 앞에서 연설을 하기도 했다.

20세기에 접어들면서 우생학에 대한 대중의 지지는 미국에서 점점 큰 규모로 자라나게 되었다. '부적합한' 것으로 여겨지는 사람들의 목록에는 이민자, 신체 및 정신적 장애가 있는 사람들, 빈곤층, 지능이 낮은 사람들 그리고 당연히 흑인종이 포함되었다. 남부 시골에 사는 흑인 여성들에게 가해지는 강제 피임은 너무나 흔하게 시행되었기 때문에 '미시시피의 맹장 수술'이라는 이름으로 알려질 정도였다. 의사들은 여성들에게 맹장을 제거해야 할 것 같다고 말해 놓고 대신 그들의 자궁을 제거해 버렸던 것이다.

1921년, 생어는 현재 미국의 가장 큰 낙태 제공 업체로 알려진 가족계획연맹의 전신, 산아제한연맹Birth Control League을 설립했다. 그리고 1973년, 낙태가 합법화되면서 흑인 여성들은 다른 인종의 여성들보다 훨씬 더 많은 낙태를 했다. 질병통제예방센터Centers for Disease Control and Prevention의 2016년 자료에 따르면, 흑인 여성들의 낙태율은 1000명 당 401건으로 모든 인종 집단 중 가장 높은 것으로 나타났다. 이는 백인 여성의 낙태율이 1000명 당 109건인 것과 비교하면 훨씬 더 높은 수치다. 미국 전체 여성 인구에서 흑인 여성이 차지하는 인구 비율이 겨우 13%밖에 안 되는데도, 미국 전체 낙태의 거의 40%를 흑인들이 차지하고 있다는 점에 우리는 주목해야 한다. 또한, 생명문제연구소Life Issue Institute에서 실시한 연구에 따르면 계획부모센터의 79%가 흑인이나 히스패닉계 동네와 가까운 도보거리에 있고 62%는 흑인 동네 가까이에 있다. 이 데이터는 마거릿 생어의 니그로 프로젝트가 가난한 흑인 여성들을 표적으로 삼았던 것과 마찬가지로, 계획부모센터가 흑인 사회를 의도적으로 목표로 하여 설치되었다는 것을 분명하게 보여준다.

물론 생어가 남긴 유산에 관한 이 추악한 진실은, 그녀의 어젠다를 계속 이어 가야 하는 리버럴들에 의해 감추어 졌다. 그리고 1973년

---

* 계획부모센터는 가족계획연맹 산하의 낙태시술소로 미 전국에서 낙태 서비스를 제공한다.

이후 지금까지 1,900만 명 이상의 흑인 아기가 낙태 된 상황에서 한 흑인 목사는 "만약 지금처럼 흑인 사회에서 낙태가 지속된다면 2038년 흑인들의 투표는 무의미해질 것"이라고 경고한 바 있다. 퓨 리서치 센터Pew Research Center의 연구 보고서에 따르면, 1990년과 2010년 사이 흑인의 출생률이 29% 감소했다고 한다.

민주당이 갑자기 대규모 불법 이민을 지지하게 된 것은 전혀 놀라운 일이 아니다. 가까운 미래에 그들의 정당에 표를 던져 줄 새로운 희생양 집단이 필요하게 될 날이 오게 될 것을 그들은 알고 있기 때문이다. 민주당은 낙태를 '출산 건강 관리reproductive health care'라는 이름으로 꾸준히 옹호하고 있다. 자식을 돌보아야 할 부모의 책임을 내던져 버릴 수 있게 해준다는 점에서, 낙태 산업은 사람들의 무책임을 독려하는 복지 제도와 놀랍도록 비슷한 모습을 띠고 있다.

미주리주 캔자스시티의 낙태 반대론자 루크 보보 박사는《뉴욕타임스》와 인터뷰에서 "낙태 권리와 낙태법에 대해 가장 큰 목소리를 낸 사람들은 백인들이지만, 그들 중 많은 사람들은 가난한 사람들의 곤경, 이민자들의 곤경, 아프리카계 미국인들의 곤경에 대해 신경 쓰지 않는다. 내가 말하고 싶은 것은, 한 사람의 삶 전체를 생각해 보자는 것이다."라고 말했다.

한 사람의 삶에 대해 생각하는 것은 역사적으로 보수주의자들의 관점이었다. 레이건 대통령은 "낙태를 찬성하는 사람들은 모두 이미 태어난 사람들이라는 아이러니"라는 말을 남겼다. 그러나 위선이라는 것은 좌익의 여러 강령 중 하나에 불과하다. 흑인 인구가 미국에서 일어나는 범죄에 높은 비율을 차지하게 된 이유가 인종차별이라고 주장하는 바로 그 정당이, 흑인 가정을 가장 많이 희생시키는 정책과 이념을 조장하는 정당이라는 사실이 놀랍지 않은가? 감옥에 갇힌 흑인들과, 경제적 격차, 빈곤한 지역사회에 대해 탄식하는 그 사람들은, 바로 이 세 가지 모두를 부추기고 있는 복지 제도에 대해서는 입을 싹 닫고 있다. 이와 비슷하게, 거리에서 흑인들이 경찰에 의해 부당하게 학살당하는 것을 걱정하는 것뿐이라고 주장하는 '흑인들의 생명도 소중하다 Black Lives Matter; BLM' 운동의 배후에 있는 사람들이, 오늘날 흑인 아이들에게 가장 위험한 곳은 거리가 아니라 다름 아닌 엄마의 자궁 안 이라는 사실을 인정하지 않는 사람들과 같은 사람들이라는 사실이 놀랍지 않은가? 민주당이 복지와 낙태 산업을 공격하지 않는 이유는, 그들이 마키아벨리즘을 추종하는 가해자인것과 동시에 그 산업들을 후원하는 비열한 사람들이기 때문이다.

---

* 국가의 발전과 인민의 복지 증진을 위해서는 어떠한 수단이나 방법도 허용되며 권모술수와 비도덕적 행위의 정당화를 꾀하는 국가 지상주의적인 정치 이념

3

페미니즘에 대하여
ON FEMINISM

BLACKOUT

페미니즘에 대하여

좌익들이 흑인들에게 독을 퍼뜨리기 위해 이용하는 지하 통로는 셀 수 없이 많다. 그 중 하나가 바로 내가 줄기차게 반대해 온 페미니즘이라는 것이다. 페미니즘이란 무엇인가? 가장 첫 번째로 떠오르는 대답은, 이것이 무엇인지 정확하게 말해 줄 수 있는 사람이 이젠 아무도 없다는 것이다. 남녀 간 기회의 평등이라는 고결한 목적을 가지고 시작한 이 운동은 이제 그 초기 형태를 완전히 상실하여 전혀 알아볼 수 없는 형태로 변한 지 오래다. 현대 페미니즘은 이제 좌익진영의 장난감으로 전락해 버렸을 뿐 아니라 모든 남성에 대한 마녀사냥과 다름없는 것으로 퇴색되어 버렸다. 마녀사냥의 피해자였던 여성들이 마녀사냥의 가해자가 된 것이다.

지난 3년 동안 #미투운동#MeToo 해시태그가 온라인을 장악하면서 미투 운동이 과열되기 시작하자, 좌익들은 이 나라를 페미와 반(反)페미로 분열시키기 위해 전력을 쏟았다. 미투 운동은 원래 연예계에 만연한 성적 학대와 성적 괴롭힘에 대한 관심을 불러일으키기 위해 시작된 운동이었다. 그런데 어느 순간부터 좌익의 현대 페미니즘 어젠다를 맹목적으로 지지하지 않는 사람이라면 그 사람이 남자든 여자든 폄하당해도 싸다는 전체주의적 분위기가 이 운동 안에 형성되었다.

나는 공공연히 반(反)페미니스트 진영에 속한다. 그러나 그것이 여성이 남성에게 예속당하거나 학대당하는 것을 지지함을 의미할까? 물론 그렇지 않다. 반대로 남성이 여성에게 예속되거나 학대당하는 것도 마찬가지다. 그러나 현대 페미니즘은 후자와 비슷한 모습으로 변해 가고 있다.

흔히 '교차적 페미니즘*'이라고 불리는 현대 페미니즘 운동은 평등에 대한 것과는 아무 관련이 없다. 사실, 제1의 페미니즘 물결이라고 일컬어지는 운동의 창시자들이 만약 현재 일어나는 페미니즘 운동을 목격한다면 그들이 원래 목표했던 그 어느 것도 찾지 못할 것이다. 여성을 위한 투표권, 남성과 동등한 법적 지위, 직장에서 동등하게 능력과 실력을 인정받는 것, 성차별의 종식 등 페미니즘 운동의 목표는 거

---

* 상호 교차적인(intersecting) 사회 정체성 및 이와 관련된 억압, 지배구조, 차별을 연구하는 이론으로, 한 사람에게 작용하는 억압을 이해하기 위해서는 성별 뿐만 아니라 젠더, 인종, 사회계급 등 다양한 측면을 상호교차적으로 분석해야 한다고 본다. 특히 블랙(흑인) 페미니즘과 깊은 관련이 있다. 흑인 여성들의 경우 '흑인'이기 때문에 겪는 인종차별 문제와 '여성'이기 때문에 겪는 성차별 문제가 만나면 둘 중 더 중요한 문제를 선택해야 하는 딜레마에 처하게 되는데, 흑인 여성들이 겪는 성차별 문제는 대체로 인종차별 문제에 의해 가려져 부차적인 문제로 치부되곤 했다.

의 모든 면에서 달성되었다. 여성에 대한 편견과 차별이 완전히 종식되었다는 말이 아니다. 내가 말하고자 하는 것은 현대 페미니즘 운동이 여성에 대한 차별 문제를 더욱 악화시킬 뿐이라는 것이다.

오늘날 미국의 여성들은 남성과 동등한 지위에 있을 뿐 아니라, 고용주들에게 남성보다 더 긍정적인 평가를 받고 있다. 2020년을 살고 있는 여성은 남성보다 기대 수명이 더 길고 대학 교육을 받을 확률이 더 높으며 많은 직업에서 남성보다 더 많은 연금과 혜택을 누릴 수 있는 가능성이 높다. 이것이 바로 내가 페미니스트가 아니라고 자랑스럽게 선언하는 이유다. 나는 내 여성성에 긍정적인 확신을 가지고 있다.

페미니즘은 특권 계층의 리버럴 여성들을 보호하기 위해 고안된 이데올로기

민주당은 모든 여성이 아니라 '그들의' 여성만을 믿기 원한다. 이 점을 먼저 확실히 해야 한다.

2006년, 조지 W. 부시 대통령 재임 당시 워싱턴 D.C. 고등 법원 판사로 임명되었던 브렛 마이클 캐버노는 2018년 7월, 트럼프 대통령에 의해 앤서니 케네디 연방 대법관의 후임으로 지명되었다. 캐버노는 "대법관 지명에 대한 의견을 구하기 위해 트럼프 대통령만큼 다양한 사람들과 그토록 폭넓게 논의한 대통령은 본 적이 없다"라고 말했다. 캐버노는 로버츠, 토머스, 긴즈버그 및 스캘리아 대법관들과 비슷한 커리어를 밟아 왔다. 대법관이 되기까지 캐버노가 걸어온 커리어

패스는 다음과 같다. 예일대 학부 졸업 후 예일대 로스쿨 졸업, 제3 및 제9 회 순회 항소 법원 서기, 케네디 대법관의 서기 그리고 켄 스타 (전 미 법무장관) 전 특별검사팀까지* 그는 최고의 커리어를 쌓아왔다. 조지 W. 부시 대통령의 법무팀에서 일하기도 했고 커클랜드 & 엘리스의 파트장으로 일하기도 했으며 미국 항소법원 판사로 일하기도 했다. 그러나 법학 분야에서 그가 평생 쌓아온 학식과 경험, 인상적인 커리어는 민주당이 좌익 페미니즘의 독을 퍼뜨린 순간, 아무렇지도 않게 공중에 흩어져 사라졌다.

민주당원이자 좌익 정치 조직 후원자인 크리스틴 블래시 포드는 그를 고발한 첫 번째 고소인이다. 포드는 당시 자신이 열다섯 살이었고 캐버노가 열일곱 살이었던 1982년 여름에 열린 하우스 파티에서 캐버노가 자신을 강간했다고 주장했다. 상원 법사위에서 발표된 그녀의 서면 증언에 따르면, 캐버노가 그의 동창인 마크 저지와 함께 위층 침실에서 자신을 겁탈했다고 한다.

"나는 그가 나를 강간 하리라 확신했다. 도와달라고 소리지르려 했지만 브렛 캐버노는 내가 비명 지르는 것을 막기 위해 내 입을 손으로 틀어막았다. 나는 공포에 떨었고, 그 사건은 내 삶에 평생 트라우마로 남았다. 숨을 쉴 수가 없었고 그가 실수로라도 나를 죽일까 두려웠다."

포드는 세 명의 남자와 한 명의 여자를 가해자로 지명했다. 브렛

---

* 캐버노는 1998년 빌 클린턴 대통령의 르윈스키와의 섹스 스캔들을 조사한 켄 스타 전 특별검사팀의 보고서 초안을 작성하는 과정에서 주도적 역할을 담당하여 주목을 받았다.

캐버노, 마크 저지, 패트릭 스미스 그리고 포드의 친구, 릴런드 잉햄이 그들이었다. 저지와 스미스가 자신들은 그런 파티에 참석한 기억이 없다고 부인했을 때 포드는 얼마나 곤혹스러웠을까. 게다가 그녀의 '평생 친구'(포드가 부르는 잉햄을 부르는 호칭) 잉햄은 변호사를 통해 이렇게 반박했다. "간단히 말씀 드리자면, 잉햄 씨는 캐버노 씨를 모릅니다. 포드 박사는 거기에 갔었는지 몰라도, 잉햄 씨는 캐버노 씨가 참석한 그 어떤 파티나 모임에도 간 일이 없습니다." 내가 포드의 변호사, 데브라 카츠였다면 잉햄의 이 변론을 어떻게 반박해야 할지 상당히 골치 아팠을 것 같다. 물론 포드가 이 데브라 카츠라는 사람을 변호사로 선택한 것은 당연해 보인다. 다음은《워싱턴 포스트》의 아이작 스탠리 베커가 쓴〈크리스틴 블래시 포드의 변호사, 데브라 카츠: 미투 운동을 이끄는 공포의 변호사〉라는 제목의 미화와 거품이 낀 논평의 일부분이다.

데브라 카츠는 자신이 바로 트럼프 행정부가 지향하는 어젠다에 대한 저항의 상징이라고 말한다. 그녀는 지난해 국립 여성 법률 센터와의 인터뷰에서 "이 행정부의 명백한 어젠다는 여성의 출산에 대한 권리부터 공정한 임금에 대한 권리에 이르기까지 여성인 우리의 가장 기본적인 권리를 유린하는 것"이라고 말했다. "우리는 격렬하고 전략적으로 저항하기로 결심했다." 그녀의 이러한 견해는 성희롱과 성차별이라는 주제로 피 튀기는 전쟁터가 된 미국 정치판에서 변호사로서의 그녀의 역할과 정치 운동가로서의 그녀의 역할 사이 경계를 시험한다.

그러므로 이 반(反)트럼프 집단이 무려 36년 전 일어난 사건을, 그것도 고발자가 주요 세부 사항도 제대로 기억하지 못하는 사건에 집착하는 것엔 다 이유가 있는 것이다. 블래시 포드 사건에는 전체적으로 아귀가 맞지 않는 부분이 한두 군데가 아니다. 무엇보다도, 어린 시절 겪었던 충격적인 사건을 제대로 기억하지 못하는 것은 쉽지 않다. 이 책을 쓰면서 나는 내가 어린 시절 겪었던 몇몇 사건들을 떠올려 보았다. 물론 그 사건들은 폭력 강간 미수 사건보다는 훨씬 덜 충격적인 사건들이었지만, 최대 20년 전까지 잡아서 생각을 해보아도 사건이 일어난 장소를 포함하여 그 사건에 연루된 사람들 그리고 사건의 개요와 시기를 포함한 세부 사항을 요약하는 것은 그리 어렵지 않았다.

블래시 포드가 등장하자마자, 데버라 라미레스와 줄리 스윗닉이라는 사람들이 추가로 등장하여 역시 캐버노가 자신들을 몇 년 전에 성추행했다고 주장했다. (참고로 스윗닉은, 현재는 중범죄자로 전락하여 복역 중인 민주당의 사기꾼, 전 변호사 마이클 어베너티를 통해 당시 해당 주장을 발표했다.) '페미니즘'이라는 단어가 현대적 관점을 부여받은 순간이었다. 인민 재판에서 남성의 무죄가 입증될 때까지 모든 남성은 기본적으로 유죄라는 관점 말이다. 블래시 포드와 민주당 사람들은 캐버노의 30년짜리 법조계 경력을 단번에 망가뜨릴 수 있었다. 바로 이것이 현대 페미니즘의 정신이 보수 성향의 법조인,

---

* 마이클 어베너티는 도널드 트럼프 대통령의 성추문 상대 여성인 전직 포르노 배우 스테퍼니 클리퍼드(예명 스토미 대니얼스)를 변호했던 인물이다. '반(反)트럼프' 변호사로 명성을 얻은 그는 사기, 위증, 탈세, 횡령 등 총 36가지 중범죄 혐의로 2019년 기소되었는데, 본인은 이런 혐의들을 전면 부인하며 '트럼프 대통령을 비판해서 탄압받는 것'이라고 항변했다. 그러나 2020년 그는 모든 혐의에 대해 결국 유죄 판결을 받았다.

캐버노가 대법관으로 지명된 것에 대해 반응한 방식이었다.

캐버노에게 성폭행 당했다고 주장한 블래시 포드는 리버럴 페미니스트 운동의 궁극적인 상징이 되었으며, 곧이어 #모든여성을믿으라 (#BelieveAllWomen) 해시태그 운동이 주류 페미니즘 운동의 단골 슬로건이 되었다. "모든 여성을 믿으라"는 슬로건만큼 바보 같은 슬로건도 없다. 여성은 거짓말할 줄 모르는 존재인가? 허위 사실을 유포할 줄 모르는가? 뱀의 유혹에 넘어간 대상은 아담이 아니라 하와 (이브)였다. 가부장제도가 아니라.

여성도 남성처럼 잘못을 저지를 수 있다. 진정한 평등의 정신에 입각해서 본다면, 여성도 남성처럼 죄를 지을 수 있는 불완전한 존재다. 그런데 왜 우리는 여성의 동기에 그 어떤 의문도 품을 수 없는 것인가?

무려 30여년 동안이나 침묵을 지키고 있다가 캐버노가 대법관으로 지명되었다는 소식을 듣고서야 허겁지겁 법정 무대에 등장한 민주당원 포드를 두고, 민주당이 이를 악물고 증오하는 트럼프가 지명한 보수 성향 대법관 후보의 명성에 흠집을 내려는 것이 포드의 의도가 아닐까 의심스럽다고 논평했던 까닭에 민주당의 나팔수 역할을 담당하고 있는 비평가들은 너도나도 내게 냉혈한이라며 손가락질 해댔다.

그래서 이후 블래시 포드가 무슨 일을 했는지 궁금하지 않은가? 장차 미래의 민주당원이 되고자 하는 지망생들의 충성스러운 후원과

응원을 등에 업고 자그마치 647,610달러라는 돈이 고펀드미^{GoFundMe} 웹사이트를 통해 모금되었다. 대체 어느 민주당 지망생이 무려 크리스틴 블래시 포드의 요구를 거절할 수 있었겠는가? 캐버노 청문회의 주인공, 크리스틴 블래시 포드를? 내가 마지막에 확인한 바로는, 고펀드미 웹사이트의 모금 페이지는 기부금 모금이 닫힌 상태였고 대신 다음과 같은 글이 게시되어 있었다.

> 여러분이 고펀드미를 통해 보내주신 자금은 하나님의 선물이었습니다. 여러분의 기부 덕분에 저와 제 가족을 위한 신체적 보호를 포함, 위협으로부터 우리를 보호해 줄 주택 보안을 강화할 수 있었습니다. 우리는 여러분의 귀한 기부금을 9월 19일부터 보안 서비스에 사용했습니다. 해당 비용은 점점 감소 했고, 워싱턴 D.C.에 잠깐 머물면서 발생한 주택 보안 비용과 우리가 일정 기간 피난하는 동안 머물렀던 기타 지역의 주택 등에 사용했습니다. … 이 외 사용하지 않은 모든 자금은 트라우마 생존자들을 지원하는 조직에 기부될 것입니다. 저는 이 자금을 가장 잘 사용해 줄 수 있는 기관을 알아보고 있습니다. 모든 과정이 완료되면 이 웹사이트를 통해 추후 공지드리겠습니다.

그 기관이라는 곳을 찾기 위한 더 긴 시간이 포드에게 필요한 모양이다. 2018년 11월 21일에 업데이트 된 위의 공지를 끝으로 추가 공지는 없었기 때문이다. 어쩌면 수십만 달러에 달하는 돈을 다른 기관에 넘겨주는 것이 포드에게는 쉽지 않았던 것으로 보인다.

---

* 온라인 기부 펀딩 플랫폼

나는 그녀가 주장한 폭행사건을 조사하기 위해 상원 법사위원회가 진행되는 동안 리버럴 계열 페미니스트들이 포드 편에서 서서 공격적인 시위를 이어가는 광경을 경이에 가까운 감정으로 지켜보았다. 이 시위를 통해 우리는 실시간으로 집단폭력이라는게 무엇인지 목격할 수 있었다. "모든 여성을 믿으라"는 구호 아래, 사법적 선례, 무죄 추정의 원칙, 미국 관습법 시스템의 전제 그리고 미국 헌법 자체가 재판에 회부되었다. 만약 캐버노가 포드의 엉성한 증언 덕분에 무죄로 판결되지 않았다면, 그들은 아마 헌법의 설립 전제인 "우리는 모든 남성과 여성이 동등하게 창조되었다는 사실을 자명하게 알고 있다" 대신에 "우리는 모든 남성이 '여성 다음으로' 동등하게 창조되었다는 사실을 자명하게 알고 있다"로 개정하기를 요구했을 것이다. 현대 페미니스트들이 드라마, 〈시녀 이야기The Handmaid's Tale〉*스토리 속 피해자로 자신들을 투영하면서도, 동시에 남성의 삶에 대해서는 그토록 무제한적인 법적 지배권을 획득하기 위해 애쓰는 모습을 보는 것은 흥미로운 일이다.

물론 그 모든 사건들은 법적 절차를 완전히 무시하고 일어난 사건이었을 뿐만 아니라, 여성들이 단 하나의 제대로 된 증거도 없이 '포드를 위한 정의'를 강력하게 요구하고 있었기 때문에 나는 불안한 기분이 들었다.

---

* 1985년에 출간된 캐나다의 소설가 마거릿 애트우드의 페미니즘에 기반한 디스토피아 소설. 소설적 배경은 거물급 개신교도들이자 극우 기독교 근본주의자들의 쿠데타로 길리어드의 독재정권으로 바뀐 미국을 다루고 있다. 이 소설에서 여성들은 강제로 시녀가 되어 인구수를 늘이기 위한 출산에 강제로 동원된다. 2017년에 드라마로도 제작되었다.

현대 페미니스트들이 그들의 적들을 밟아버리기 위한 전술로, 오래 전에 남부에서 사용되었던 인종차별주의 전술을 사용하고 있는 것을 나는 알고 있었기 때문이다.

"여성의 진술은 묻고 따지지도 말고 무조건 믿어야 한다" VS 흑인 남성들

1955년 여름, 에밋 틸이라는 흑인 소년이 가족과 미시시피에서 여름을 지내기 위해 고향인 시카고를 떠났을 때 나이는 겨우 14살이었다. 슬프게도 그는 두 번 다시 고향으로 돌아오지 못했다. 사건의 개요는 다음과 같다. 한 무리의 남자아이들과 함께 동네 식료품점을 방문한 틸은 남편과 함께 가게를 운영하고 있던 젊은 백인 여성 캐롤린 브라이언트에게 휘파람을 불었다. 짐 크로 법이 존재하던 시절, 남부에서 그런 일은 상상조차 할 수 없는 범죄였으며 이 죄로 인해 틸은 죽어야 했다.

틸이 자신의 큰 삼촌 집에서 구타당하고, 신체를 훼손당하고, 총에 맞고, 목에 32킬로그램짜리 선풍기가 목에 묶인 채 탤러해치 강에 던져진 후 60년의 세월이 흘렀지만, 그 가게 안에서 무슨 일이 일어났는지는 여전히 불명확하다. 틸이 희생된 이유는 틸이 브라이언트를 희롱하고자 휘파람을 불었다는 것이 전부인데, 그의 어머니는 자신의 아들이 말을 더듬는 병을 앓고 있었고 특정 단어를 더 잘 발음하기 위해 종종 휘파람을 불었다고 설명했다. 그러나 여러 증거 및 증언들 중 유일하게 확실했던 것 하나는 브라이언트가 틸의 살인에 대해 무죄 판결을 받게 된 두 남자들(이후 범죄를 시인함)을 위하여 재판 중에 한 진술의 내용이다.

캐롤린 브라이언트는 틸이 그녀의 손을 잡고 데이트 신청을 하며, 그녀의 허리에 손을 얹은 채로 이전에도 백인 여성들과 성적인 만남을 가진 적 있다고 말하며 자신을 추행했다고 진술했다. 당시 21살이었던 그녀는 너무 무서워서 죽을 것 같았다고 말했다.

틸은 인종차별이 심한 남부 주 미시시피에서 자란 어머니로부터 이미 이 지역의 인종차별적 분위기에 대해 많은 이야기를 듣고 자란 아이였다. 그 점을 생각해 볼 때, 브라이언트의 진술은 너무나 억지스러워서 경악스러울 정도다. 브라이언트는 2007년, 《에밋 틸의 피The Blood of Emmett Till》의 저자인 티모시 타이슨에게 틸이 자신을 신체적, 언어적으로 희롱한 적이 없었음을 인정했다. 그녀는 더운 8월 여름날, 일어났을 수도 있고 일어나지 않았을 수도 있는 그 어떤 일도 정확히 기억할 수 없다고 말하며, 틸의 휘파람이 그녀를 향한 것이었는지조차 확실치 않다고 말했다.

브라이언트의 인정은, 틸의 어린 몸에 가해진 그 끔찍한 범죄의 진실을 제대로 밝혀내기 위해 애쓰고 있었던 흑인 사회에게 기념비적인 사건이었으며, 그날 진짜 무슨 일이 있었는지 어느 정도 짐작 가능했던 진실에 대한 확언이었다. 그러나 슬프게도 틸은 이미 세상을 떠난 지 오래였다.

---

* 이들은 무죄로 풀려난 후 한 잡지사와의 인터뷰에서 자신들이 틸을 살해했다며 무용담처럼 자랑스럽게 범죄사실을 시인했다.

수년 동안, 에밋 틸의 비극은 미국인들에게 확인되지 않은 주장이 얼마나 위험한 것인지 경각심을 고취시켜 주는 역할을 했다. 그러나 슬프게도 이 사건은 그리 예외적인 사건이라고도 보기 힘들다. 여성의 주장은 맹목적인 신뢰를 획득하기라도 하는 것인지, 부당하게 체포되거나, 수감되거나, 살해된 흑인 남성의 사례는 이 외에도 셀 수 없이 많다. 민주당이든 공화당이든 과거 흑인 남성들에게 일어났던 사건들이 얼마나 끔찍했는지에 대해서는 모두 예외 없이 공감한다. 그러나 같은 역사가 지금까지 되풀이 되고 있다는 사실, 오늘날 모든 남성들(더 이상 흑인 남성들만이 아닌)이 그 당시처럼 거짓에 연루될 위험이 여전히 많다는 사실 만큼은 민주당은 인정하기 싫어한다.

예를 들어 말리크 세인트 힐레어의 경우를 보자. 힐레어는 축구 선수이자 세이크리드허트 대학교의 흑인 남학생이었다. 같은 학교에 재학 중이었던 니키 요비노라는 열아홉 살의 여학생이 힐레어와 그의 팀 동료 한 명을 성폭행을 이유로 고소하는 사건이 발생했다. 2016년 가을, 요비노는 힐레어와 그의 동료가 축구팀이 주최하는 하우스 파티에서 그녀를 지하 화장실로 끌고 갔다고 주장했다. 힐레어와 그의 친구는 그녀와 성관계를 가졌다는 사실은 인정했지만, 요비노는 그들이 자신을 강제로 겁탈했다고 주장했다.

그 후 2년 동안 두 남학생의 삶은 황폐함의 도가니였다. 그들은 팀에서 쫓겨났고 받았던 장학금을 도로 뱉어 내야 했으며 학교에서 퇴학당했다. 여기에 물론, 요비노의 주장으로 인해 그들이 견뎌야 했던 수치와 굴욕은 굳이 언급할 필요도 없을 것이다.

한편 요비노 역시 나름대로 황폐한 시간을 보내고 있었다. 최초 수사가 시작된 지 3개월 후 그녀의 체포 영장 진술에 따르면, 그녀는 당시 자신이 좋아하던 어떤 남학생과 사귀고 싶은 마음에 그런 거짓말을 늘어놓았다고 인정했다. 그 남학생이 그녀에게 일어난 일을 듣고 분노하며 그녀에게 동정심을 갖게 되리라 믿었던 것이다.

요비노의 인정에도 불구하고 수사는 계속되었고 결국 해당 사건은 법정까지 올라갔으나, 재판 직전 청문회에서 요비노는 그녀의 진술을 번복했다. 그녀가 최초로 진술했던 그 버전으로 되돌아가 자신이 강간당한 것이 사실이라고 진술한 것이다. 결국 그녀는 위증죄 2건, 공무 집행 방해죄 1건에 대해 유죄를 인정받고 징역 1년을 선고받았다.

재판을 주재한 윌리엄 홀든 판사는, 끝까지 사죄하기를 거부하는 요비노에게 유죄 판결을 내리며 다음과 같이 말했다. "감옥에서 보내는 1년의 시간이, 당신이 저지른 일들에 대해 곰곰이 생각해보는 시간, 스스로를 성찰하는 시간이 되길 바랍니다." 홀든 판사는 요비노가 마땅히 들어야 할 말을 했다.

그러나 두 청년에게 가해진 돌이킬 수 없을 만큼의 해악은 이미 쏟아진 물이나 다름없었다. 마치 캐롤린 브라이언트가 자신과 에밋 틸 사이에 일어난 일에 대해 거짓말을 했다고 인정한 순간처럼. 힐레어가 판사와 배심원단 앞에서 성명을 발표할 때 그는 그 사실을 분명히 했다.

"저는 대학교에서 제명당하고 집으로 쫓겨나야 했습니다. 결백을 인정받을 수 있는 방법은 없었습니다. 그녀가 저에게 무슨 짓을 한 것인지 깨달았으면 좋겠습니다. 제 인생은 결코 예전과 같지 않을 겁니다. 전 아무것도 잘못한 것이 없지만, 이 사건으로 인해 제 모든 것이 바뀌었습니다."

요비노의 이러한 행위는 현대 페미니즘이 풍기는 모든 악취를 완벽하게 함축하고 있다.

이 사회 운동의 표면 아래 추악한 무언가가, 짐 크로 시대의 마녀사냥이 재현되는 어떤 것이 존재하고 있다. 오늘날 우리는 수치스러운 후회만 남는 성관계 혹은 합의된 성관계가 '강간'이라는 이름으로 치환되어 남용되는 현장을 목격하고 있다. 그 과정에서 우리는 무고한 남성들이 인민 재판에 회부되어 조롱당하고, 평생 쌓아 온 평판이 영구적으로 훼손당하는 장면을 바라보고 있다.

제러마이아 하비가 53세의 테레사 수 클라인이라는 여성을 부적절하게 만졌다는 혐의로 기소되었을 때 그는 겨우 아홉 살이었다. 사건은 2018년 겨울, 브루클린의 한 잡화점에서 발생했다. 하비가 그의 어머니, 여동생과 쇼핑을 하고 있을 때 그가 매고 있었던 배낭이 클라인의 뒷부분을 스쳤다. 클라인은 불쾌한 접촉을 느꼈고 그 즉시 그것이 성적인 희롱을 의도하고 있다고 짐작했다. "그 여자의 아들이 내 엉덩이를 만졌어요." 클라인은 911에 신고하여 이렇게 말했다. "그리고 그 애 엄마가 내게 그게 무슨 소리냐며 소리지르기 시작했죠. 가게에는 CCTV가 있으니 어서 틀어봐요."

가게에 카메라가 설치되어 있었던 건 사실이었다. 그러나 카메라가 담았던 영상은 클라인의 추측이 틀렸음을 입증했다. 사실이 밝혀진 후 클라인은 하비에게 사과했으나, 언제나 그렇듯 물은 이미 엎질러진 상태였다. 하비는 클라인의 폭발하는 분노와 비난에 수치심을 느껴야 했고, 그가 저지르지도 않은 죄로 체포될 수도 있을 것이라는 비난으로 인해 큰 트라우마에 시달려야 했다.

누구를 위한 페미니즘인가?

내가 전국을 돌아다니며 강의를 할 때 만나는 리버럴 여성들은 페미니즘이 아니었다면 내가 이렇게 강대상에 서 있을 수도 없었을 것이라고 말한다. 그들은 내가 페미니스트 브랜드를 받아들이지 않는 것에 대해 큰 충격을 받는다. 반면 나는 그들이 자신들의 운동을 1차 페미니즘 운동이 그랬던 것처럼 '포용적인' 운동이라고 주장한다는 점에서 충격을 받는다.

'페미니즘은 모두를 위한 것이다'라는 현대적인 문구에도 불구하고, 그것은 오늘날 남성들이나, 보수 성향의 여성들을 위한 것은 분명 아니다. 과거 흑인 여성들을 위한 것은 더더욱 아니었다.

인종 분리 정책은 흑인들에 대한 백인들의 더 큰 불신과 경멸을 불러일으켰다. 과거 남부에서 단순히 의혹만을 가지고 흑인 남성들을 무자비하게 범죄자로 몰아갔던 것은, 백인 여성은 절대 선이라고 믿어 의심치 않았던 당시 믿음에 크게 기인했다. 그리고 (그들이 보기에) 기회만 있다면 백인 여성들을 더럽히려고 하는 흑인 남성들의 야만적인 본능으로부터 백인 여성들은 어떤 방식으로라도 보호되어야 하는 존재였다. 흑인 남성이 백인 여성을 흥미롭게 바라보는 것조차 큰 죄로 여겨졌으니, 만약 백인 여성을 만질 용기라도 내는 날엔 죽음을 각오해야 했다. 그리고 백인 남성들, 특히 남부 민주당원들과 그들의 후예, 딕시크랫Dixiecrat*은 백인 여성들에게 그런 끔찍한 범죄가 일어나지 않게 하기 위해 수단과 방법을 가리지 않았다. 흑인들이 감히 자신들의 목숨을 걸고 러시안 룰렛 게임을 하고 싶어하지 않도록 그 싹부터 제거한 것이다.

한편 당연한 이야기이지만, 흑인 여성들은 어떤 사회적 관심도 받지 못했다. 심지어 백인 남성이 흑인 여성을 겁탈하거나 폭행한 것이 사실로 드러난 경우에도 가해자는 그에 대한 책임을 거의 지지 않았다. 시간이 흐르면서 백인 여성들, 심지어 스스로를 '진보적'이거나 흑인들의 '동맹'이라고 여기는 백인 여성들조차도 자신들이 흑인 여성들보다 우월한 존재이며, 그들 사이에는 어떻게 해도 지워지지 않는 명백한 선이 그어져 있다는 무의식적인 개념에 함몰되어 있었다.

남북전쟁이 끝나고 국가 재건 기간을 거치면서 노예 신분에서 해방된 흑인들은 앞서 언급한 대로 공화당의 지원을 받아 법 아래 평등한 권리를 획득하기 위한 장기전에 돌입했다. 흑인 여성들은 참정권을 위한 정치적 로비 활동에 참여하기 시작했다. 그들은 진정한 권력은 오직 투표권에서 비롯되며, 투표권이란 것이 그들의 이익을 보장해 주는 지도자를 선출할 수 있는 능력임을 이해하고 있었다. 그리고 일부 흑인 여성들은 흑인 남성들에게 투표권이 먼저 주어지는 것에 반대했지만, 어떤 흑인 여성들은 지금 당장은 흑인 사회 전체의 발전에 더 넓은 초점이 맞춰져야 한다는 현실적인 상황을 이해했다. 그들은 일단 흑인 남성들의 참정권 획득에 주안점을 두는 것만으로도 기

* 미국 남부의 민주당 탈당파

뻐했다. 자신들의 남편, 아버지, 형제가 정치적 권력을 가지고 있었던 백인 여성들과 달리 흑인 여성들에겐 자신들을 대신하여 투표해 줄 사람들조차 없었기 때문이다.

따라서 흑인 여성들이 직면한 도전은 더욱 독특하고 사려 깊은 전략이 요구되었다. 공화당 지도자들은 여성의 참정권을 너무 강력하게 밀어붙이는 것이 결과적으로 흑인 남성에게 선거권을 부여하려는 노력을 간접적으로 방해할 수 있다고 우려했기 때문이다.

인종 간 평등을 위해 헌신한 것으로 알려진 수잔 B. 안토니와 같은 서프러제트*들은, 백인 여성들이 흑인 남성들보다 늦게 투표권을 갖게 될 수 있다는 사실에 격렬하게 반대했다. 결국 이러한 의견 차로 여성 운동은 분열되었다. 일단 남성에게만 부여되는 선거권일지라도 흑인 인권 운동을 여성 인권 운동보다 앞서 지지하는 흑인 여성들과 백인 서프러제트들이 결별을 선언하게 되면서 백인 서프러제트들은 유리한 상황을 점령하게 된다. 남부 민주당원들 입장에서는, 흑인 참정권에 신경 쓸 필요가 없어진다면 여성 참정권에 손을 들어주는 문제가 훨씬 더 간단해질 것이기 때문이었다.

리베카 래티머 펠턴은 여성의 권리를 옹호한 여성 참정권 및 진보 운동의 중요한 일원이자 미국 상원에서 일했던 최초의 여성이었다. 그녀는 또한 백인 우월주의에 깊이 빠져 있었던, 변명의 여지가 없는 인종차별주의자였다. 펠턴은 어떤 흑인도, 남자든 여자든 투표권을 부여받지 못할 것이라고 믿었다. 그녀가 남부 조지아주에 거주했으

---

* 여성 참정권 운동가

며, 노예 소유주를 남편으로 두고 있었던 것이 그녀의 이러한 믿음에 크게 작용했을 것이라 짐작된다. 그녀 자신의 위선은 결코 성찰하지 않은 채, 여성의 권리를 보장하는 법을 제정하는데 실패한 남부 남성들을 공개적으로 비난하는 것이 참정권에 대한 펠턴의 접근 방식이었다. 즉 평등에 대한 그녀의 인식은, 흑인들에게 린치를 가하는 것*이 억압받는 백인 여성들을 보호하기 위한 방법이라는 그녀의 믿음과는 별개의 것이었다. 1897년 8월, 펠턴은 "굶주린 인간 짐승들로부터 여성들의 순결을 보호하기 위한 린치가 필요하다면, 일주일에 천 번이라도 린치를 가해야 한다"라고 주장했다.

현대 페미니스트들은 그들이 인종차별주의자였던 조상들과 공통점을 가지고 있지 않다고 생각할지 모르지만, 나는 달리 생각해 달라고 권유하고 싶다. 그들의 조상들과 마찬가지로, 평등을 향한 투쟁에 대해 그들이 갖는 관심은 딱 그들의 정치적 열망의 경계선까지만 확장된다.

리버럴 페미니스트 운동은 흑인 사회의 친구가 아니다

리버럴 페미니즘이 흑인 역사에 나타난 맥락이 늘 이래왔다는 사실을 깨달아 주길 흑인들에게 간청한다. 수단과 방법을 가리지 않는 페미니즘 운동을 지지해 달라는 점점 더 비대해져만 가는 그들의 이

---

* 린치(Lynch)는 법적 권한이 없는 개인 및 단체가 법적 절차 없이 폭력을 가하는 것을 말한다. 남부 백인 집단의 흑인 처형, 흑인 박해, 폭력 살해 등의 사건이 그 예다.

급진적 요구는, 자신들의 권력 잇속을 차리고자 하는 소위 진보주의 자들의 계략에 불과한 것이기 때문이다.

미투 운동은 부유한 리버럴·진영 후원자들에게 단순한 정치적 지지 그 이상의 것을 제공한다. 배우 제인 폰다는 2017년 10월, 〈올 인 위드 크리스 헤이스All In with Chris Hayes〉 쇼에서 미투 운동이 지닌 특권에 대해 이야기하면서 미투 운동이 이토록 큰 추진력을 갑작스럽게 얻은 이유에 대해 "하비 와인스틴으로부터 폭행을 당한 여성들이 인기가 많고, 백인이며 모두가 그 여성들을 알고 있기 때문이다"라며, "흑인 여성들이나 다른 유색 인종 여성들에게도 오래 이어져 온 폭행은 전혀 똑같은 무게의 관심을 받고 있지 못하고 있다"라고 말했다.

폰다는 이 운동이 끌어올린 여러 사건들에서 흑인 여성들은 거의 제외된다는 점을 지적하면서, 훗날 이 운동이 모든 여성들의 삶에 어떤 거대한 영향력을 미칠만한 잠재력을 내포하고 있는 것 같다고 말했다. "다른 느낌입니다. 뭔가 바뀐 것 같아요."

여기서 질문을 던져 보겠다. 페미니즘은 '누구를 위해' 바뀌었는가?

'유해한 남성성toxic masculinity' 같은 마녀 사냥 문구들로 남성성의 개념과 남성성과 관련된 모든 표현들을 서구 세계에서 완전히 제거하고, 여성성과 관련된 표현은 완전한 선guiltless으로 만드는 것이 바로 페미니즘의 목표로 변질되었다.

더 심각한 문제는, 남성다움이 쓸모없게 되는 순간 가정도 쓸모없게 된다는 점이다. 그리고 이미 앞서 논의했듯 가정에 대한 개인의 의존도가 감소하면 정부에 대한 의존도는 10배 이상 자동으로 증가된다.

가정에 대한 위의 가설은 미국 흑인들의 상황을 통해 이미 검증된

바 있다. 자신이 흑인들의 친구라고 주장하는 사람이라면 그 누구라
도 이런 왜곡된 페미니스트 운동의 동맹자가 될 수 없다.

4

과문명화 현상에 대하여

ON OVERCIVILIZATION

BLACKOUT

과문명화 현상^{Overciviliaztion}에 대하여

1960년 11월 14일, 루비 브리지스라는 이름의 소녀가 루이지애나 주 뉴올리언스의 윌리엄 프랜츠 초등학교에 입학한 최초의 흑인 학생이 되었을 때 그녀는 여섯 번째 생일을 두 달 앞두고 있었다. 너무 어렸던 그녀는 자신이 이 학교의 학생이 되었다는 단순한 사실이, 미국 역사의 한 페이지를 영원히 장식할 만큼 얼마나 역사적으로 중대한 사건인지 이해하지 못했다. 36년 후 1997년, PBS 방송사의 〈뉴스아워News Hour〉와의 인터뷰에서 브리지스는 부모님이 그녀의 첫 등교일이 어떤 의미가 있는지 그녀에게 미리 알려 주지 않았다는 사실에 대해 감사하게 생각한다고 밝혔다.

"겨우 여섯 살이었던 내가 그곳에 도착해서 실제로 무엇을 겪어야 할지 미리 알았다면 매우 두려웠을 것이다. 차를 타고 학교로 올라가면서 떼 지어 있는 사람들을 보았지만 나는 그 날이 마디그라 축일[*]인 줄 알았다. 학교에 가까워질 수록 더 많은 사람들이 모여 있었다. 그들은 무언가를 던지거나 소리를 지르고 있었는데, 뉴올리언스에서 그런 종류의 모습은 마디그라 축일에나 볼 수 있는 광경이었기 때문이다."

등교 첫 날 학교 밖에서 일어나는 일은 이해하지 못했을지 몰라도 학교 안에서 일어난 일들은 브리지스에게 곧바로 진기한 광경들을 보여주었다. 백인 학부모들은 하나 둘씩 학교에서 자녀들을 데려갔고 교사들 대다수가 그 학부모들과 비슷한 이유로 사임했다. 브리지스를 가르치기로 동의한 선생님은 바버라 헨리라고 하는 매사추세츠 주 보스턴에서 온 여성이 유일했다. 나머지 백인 학생들이 다른 교실에 그녀로부터 안전하게(?) 격리된 상태에서 브리지스는 헨리의 유일한 학생이 되었다. 시간이 지나면서 초기의 대혼란은 어느 정도 차분해졌고 분노한 시위대는 점점 줄어들었다. 아이러니하게도, 루비는 여전히 다른 교실에서 백인 학생들과 따로 분리되어 공부해야 하는 상황에서도 남은 학년을 무사히 마치면서 인종 통합의 문화적 아이콘이 되었다.

브리지스의 선구적인 개척이 있었던 날로부터 60주년이 되는

---

[*] 마디그라(Mardi gras)는 사육제의 마지막 날, 재의 수요일 전날을 의미한다. 로마에서 봄과 풍요로움을 기념하던 다신교도의 축제에서 기원하며, 뉴올리언스에서 열리는 것이 제일 유명하다.

2020년 11월, 수십 년만에 처음으로 인종 통합을 둘러싼 논쟁이 다시금 일고 있다. 놀랍게도, 인종 통합을 반대하는 목소리는 백인들의 목소리가 아니다. 오늘날 일부 흑인들은 자신들의 힘을 과시하기 위해 인종 분리를 주장하고 있다. 우리 조상들이 상상할 수 있었던 그 어떤 최악의 악몽도 지금 이 상황보다는 덜 끔찍 했으리라.

월리엄스 대학에서 발생한 사건을 보자. 2018년 11월, 아프리카계 미국인 학생회는 "흑인 학생들에게 최근 일어난 사건들과 캠퍼스 생활이 어땠는지 반성하고, 이에 대한 문제를 표명 및 해결책을 모색하기 위해" 공청회를 열었다. 이들의 가장 시급한 관심사 중 하나는 흑인 학생들이 백인 위주의 교육기관에 적응하는 과정에서 부담을 느끼고 있다는 '흑인 학생 소외 문제'였다. 그들이 제안하는 해결책은 다름 아니라 흑인 학생들만 수용하는 흑인 친화 주택이나 흑인 학생 전용 기숙사였다. 놀랍게도 이 학생들은 흑인 학생들이 느끼는 불편을 해결하는 방법이 흑인 학생들을 나머지 학생들과 선택적으로 분리하는 것이라고 본 것이다. 그들의 의지와는 상관없이 강제로 백인들과 분리되는 것이 아니라, 흑인들 스스로가 자의로 백인들과 분리되고자 한 것이다. 다시 한번 강조하겠다. 흑인 학생들이 인종 분리 정책을 '자발적으로' 요구한 것이다!

2019년 4월, 교내 신문인 《월리엄스 레코드》에는 이 흑인 전용 숙소 제안에 대한 편집 위원회의 전면적인 지지를 담은 글이 실렸다.

우리 레코드 신문은 흑인 친화 주택 및 기숙사 설립을 전적으로 지지한다. 대학교 캠퍼스가 하나의 커뮤니티로서 기능할 때 주로 유색 인종 학생들이 종종 소외되었다고 느끼고 있음을 우리는 알아야 한다. 이것이 물론 완벽한 해결 방법이 될 수는 없겠지만 소수 인종 학생들을 더 환대해 주고 지원해 주는 안전한 커뮤니티를 만드는데 어느 정도의 도움은 되리라 본다.

일부 사람들은 소수 인종 학생들을 한 공간에 집결하게 하는 것이, 더 넓은 캠퍼스 커뮤니티에 해로울 것이라고 주장하면서 소수 인종 친화 주택이 분열을 강화한다고 주장한다. 그러나 우리는 학생들이 소외에 대한 두려움 없이 자신들의 정체성을 마음껏 표현할 수 있는 공간을 제공하는 것이 학생들로 하여금 캠퍼스 커뮤니티에서 더 멀어지는 것이 아니라 더 자유롭게 존재하도록 할 것이라고 믿는다.

인종 분리를 지지하는 것이 곧 안전의 문제라는 편집자의 논리는 짐 크로 법을 지지했던 당시 미국인들의 논리와 매우 유사하다. '안전에 필요한 정책'이라는 광범위하게 뭉뚱그린 추상적인 설명은, 자신들의 주장을 명확하게 입증해야 하는 부담으로부터 그들을 해방시켜 준다. 물론, 윌리엄스 대학에 재학 중인 흑인 학생들 중 백인 학생들의 존재로 인해 신체적 상해를 입었거나 위협을 받았다고 알려진 사례는 지금까지 없었다.

캠퍼스 내 인종 분리 추진은 6살의 루비 브리지스가 이뤄 낸 업적과 매우 극명한 대조를 보이고 있지만, 어떤 면에선 그리 놀랍지도 않다고 느껴진다. 왜냐하면 나는 지금 이 나라의 대학교 캠퍼스가 얼마나 처참한 수준에 처해 있는지를 직접 두 눈으로 목격했기 때문이다. 대학교 캠퍼스는 사회 정의 진영보다 나을 것이 없으며, 지성이 아닌 감성만을 훈련시켜서 학생들의 정신을 흐리게 하는 공간으로 전락했다.

미국은 1960년대 이래 힘겨운 과정을 통해 발전해 왔다. 그러나 힘겹게 도달한 이 사회가 다시 60년대보다 못한 곳으로 퇴보할 수도 있겠다는 생각이 든다. 수십 년에 걸친 민권 운동 시대 이후 우리는 진보를 위한 싸움에 너무 익숙해져서, 우리 손으로 스스로의 목을 조여 올 때까지 제 발로 뒷걸음질 치고 있는 것이다. 현재 흑인들이 1960년대의 민권 운동 지도자들이 꿈꿔왔던 특권의 위치에 도달했다는 것은 이젠 기정사실이다. 그러나 우리는 이 승리의 영광을 기쁘게 누리기 보다는 새로운 문젯거리들을 끊임없이 재창조하고 있다.

이와 같은 모든 불필요한 진보들은 현재 미국 사회 분위기를 잘 반영하고 있다. 나는 이것을 '과문명화 현상Over-civilized'이라고 표현하겠다.

과문명화 현상을 향한 트렌드

오늘날 미국 사회가 현재 수준에 도달하기까지 우리는 많은 진보들을 이루어 왔다. 그러나 도덕이 부재한 시대를 거치지 않고 진보가 이루어진 경우는 없었다. 노예 제도, 인종 분리 정책, 미국 내 일본인 강제 수용소 등은 모두 문명이 발달되지 않았고 진보적 개혁이 절실하던 때 일어난 일들이다. 우리는 사회 개선을 위한 변화를 만들었고, 이 나라가 겪었던 최악의 날들은 이제 까마득한 과거가 되었다. 그러나 슬프게도 모든 국가들이 우리 나라와 같지는 않다. 리비아에는 아직도 노예 경매라는 것이 존재한다. 이 나라에서 이민자들은 강제 노역과 매춘을 위해 밀매되고 있는 상황이다. 말라위에는 백색증을 앓고 있는 사람들이 납치되어 마녀들의 제물로 바쳐진다. 정치인들이 총선에서 이기도록 하는 주술 의식에 그들의 신체 일부가 사용되기 때문이라고 한다. 이런 끔찍한 상황 속에서도 진보를 위한 여러 조치들이 이루어지고 있다. 인신매매 문제를 해결하기 위한 인도적 지원 단체들이 전 세계 사람들의 삶의 질을 개선하기 위해 매일 현장에서 노력하고 있기 때문이다.

시간이 지남에 따라 더욱 발전하고자 하는 욕망과 능력은 인류와 떼려야 뗄 수 없는 부분이다. 인류의 역사가 시작된 이후 혁신, 과학적 발견, 철학적 논쟁 등을 통해 모든 문명이 끊임없이 개선을 추구해온 것이 그 증거이다. 그러나 시민 의식이 마침내 온전히 성숙되는 날이 온다면, 모든 사람들에게 기본권과 자유가 보장되는 세상이 온다면, 그 이후에 우리는 어떻게 될까? 그때가 되면 우리는 무엇을 위해 더 노력해야 하는가?

이에 대한 정답이 오늘날 미국 사회를 괴롭히고 있는 바로 그것, '과문명화 현상'이라고 생각한다.

문명화는 우리가 미국의 법을 준수하는 이민자들을 미국 땅으로 환영하는 동시에 덜 문명화된 환경으로부터의 망명을 원하는 사람들에게 적법한 이민 절차를 제공하기로 결정했을 때 이루어졌다. 그러나 과문명화 현상은, 미국 땅이 국경 없는 나라가 되어도 좋으니 서류 미비자든 누구든 우리 영토로 밀려 들어오도록 해야 한다고 주장하는 현재 민주당 정치인들의 모습이다.

2015년, 대법원이 동성 결혼에 대해 승소 판결을 내리면서 미국의 동성 커플들을 위한 문명화가 이루어졌다. 그러나 과문명화 현상은, 생물학적으로는 남성이지만 스스로 여성이라고 정의 내리는 사람이라면 누구든지 여성 화장실을 사용할 수 있게 해주고 여성 스포츠 경기에 출전할 수 있도록 법적인 제도를 마련해야 한다고 주장하는 LGBTQ단체*의 모습이다.

흑인 사회는 원하는 바에 따라 살고, 일하고, 투표하고, 사랑할 권리를 보장받는 문명사회에 도달했다. 그러나 과문명화 현상이란, 인종을 미끼로 삼아 사람들을 이용하고, 존재하지도 않는 형태의 억압을 만들어내며, 인종에 따른 분리를 우리 스스로 요구하는 흑인들의 현재 상태와 같다.

나는 우리의 이 어리석은 상태를 보면서 평화라는 것이 어쩌면 인류에게 그다지 자연스럽지 못한 상태일지도 모른다는 생각까지 하게 되었다. 그것이 우리 밀레니얼 세대가 미국이라는 나라를 징징대는 불평으로 가득 찬 신자유주의자들의 시궁창으로 변모시켰다고 내가 믿는 이유다. 현실을 직시해 보자. 1980년대 이후 미국에서 태어난 사람들은 인류 역사상 지구 위를 걸었던 그 어떤 사람들 보다 놀라운 특권을 누리고 있는 사람들이다. 그러나 스마트폰과 다양한 소셜 미디어 앱을 번갈아 사용하며 몇 시간씩 시간을 보내는 것은 우리에게 충분한 만족감을 주고 있지 못하는 것 같다. 더 의미 있는 존재가 되고자 하는 우리의 열망은 우리를 '사회적 정의'에 대한 끊임없는 추구

---

*　LGBT는 여자 동성애자인 레즈비언(lesbian), 남자 동성애자인 게이(gay), 양성애자인 바이섹슈얼(bisexual), 성전환자인 트랜스젠더(transgender)의 머리글자를 딴 말이다. Q는 queer 또는 questioning의 머리글자로, 자신의 성정체성을 명확히 규정할 수 없는 사람을 말한다. 최근에는 간성(Intersex), 무성애자(Asexual), 범성애자(Pansexual), BDSM(Kinky)까지 더해 LGBTQIAPK라고 부르거나 LGBTQ+라고 부른다.

로 몰아가고 가고 있다. 성(性) 중립 샤워실 같은 것들, 자신의 성 정
체성에 대해 혼란스러워하는 사람들을 위해 만들어 낸 적절한 인칭
대명사* 같은 것들을 생각해 보라. 참으로 평화로운 시기에나 이런 말
장난들이 생겨날 수 있지 않겠는가.

　고난을 경험하는 것이 무엇을 의미하는지에 대해 우리가 이해하는
방식은 긴 세월 동안 '선의'라는 이름의 거짓말로 왜곡된 지 오래다.
우리 이전 세대는 17년 동안의 베트남 전쟁을 겪었다. 그리고 베트남
전쟁이 시작되기 불과 14년 전, 대학교에 입학할 나이의 젊은 남성들
은 역사상 가장 많은 피가 흐른 전쟁으로 알려진 제 2차 세계 대전에
소집됐다. 그로부터 20여 년 전에는 제 1차 세계 대전이 발발했다. 이
전쟁에 참전한 군인들의 평균 나이는 고작 24세였으며, 가장 어린 군
인 중에는 열두 살 짜리도 있었다. 다시 현재 미국으로 돌아가 보자.
우리는 대학교 캠퍼스 내 자신들만의 안전한 공간을 요구하는 대학
생들을 만날 수 있다. 그들은 자신과 다른 생각을 가진 사람들과 한
공간에서 같은 공기를 마시는 것을 고문의 한 형태로 간주한다.

　그렇다. 우리는 조상들의 꿈이 드디어 실현된 단계까지 진보를 이
룬 후, 이제 그들이 목숨 바쳐 지키고자 했던 그 모든 것들을 다시 해
체하기 위해 모든 열의를 쏟고 있다.

＊　영어에는 성별에 따라 인칭 대명사가 she(여성)과 he(남성)으로 나뉘는데, 정치적 올바름 열풍이
　　불면서 생물학적 성별이 아니라 본인이 원하는 성별을 존중해줘야 한다는 인식이 생겨났다. 따
　　라서 생물학적으로는 남성이지만 스스로를 여성이라 여기는 사람은 'he'가 아니라 'she'라고 불
　　러주는게 옳으며, 본인이 어떤 성별인지 선택하지 못하거나 성 정체성 자체를 거부하는 사람들을
　　위해서는 중성 인칭 대명사, 가령 'ze', 'xe' 혹은 복수형 인칭 대명사인 'they' 등을 써주어야 한다
　　는 주장이 제기되었다. 넷플릭스, 골드만삭스 등 미국의 여러 대기업에서도 성별 인칭 대명사를
　　고를 수 있도록 하는 회사 정책을 실시 중이다.

우리에겐 종식시켜야 할 세계 대전도 없고 지지해야 할 민권 운동도 없다. 그럼에도 불구하고 승리를 쟁취하고자 하는 열망은 계속 이어지고 있다. 우리는 비주류의 이야기를 너무 좋아하기 때문에, 불필요할 정도로 우리 자신을 비주류, 약자^{Underdog}로 몰아세우고 있다.

문명의 한계를 넘어선 추구에는 위험이 따른다. 지나친 발전에 대한 요구는 곧 퇴보로 이어지기 마련이다.

인종 카드 플레이와 패배

2019년 9월, 버지니아주 스프링필드에 위치한 이매뉴얼 크리스천 학교에 다니는 12살의 아마리 앨런이라는 이름의 여학생이, 백인 남학생 세 명이 그녀를 꼼짝 못하게 붙잡고 그녀의 드레드락스를 강제로 잘랐다고 주장하자 리버럴 진영은 순식간에 집단적인 분노에 휩싸였다. "그들은 내게 숨 쉴 자격이 없다고 말했고 태어나지 말았어야 했다고 말했어요." 그녀는 어떻게 그 소년들이 그녀의 두 손을 등 뒤로 잡고 그녀의 머리를 자르면서 자신의 입을 틀어막고 '못생긴 것', '곱슬이' 등으로 불렀는지 자세히 설명했다.

흑인 소년들이 심한 곱슬 헤어스타일 때문에 스포츠 팀에서 제외되는 문제가 한참 이슈로 떠오르던 와중에 터진 앨런의 이야기는, 미디어가 구워 낸 '백인 우월주의'라고 하는 케이크 위에 완벽한 장식을

---

* 주로 흑인들의 헤어스타일 중 하나로 여러 가닥으로 땋아 늘어뜨린 머리 모양. 한국에서는 레게 머리로 알려짐.

올려 주었다. 이 이야기야말로 흑인 아이들의 삶 속에 인종차별이라는 것이 여전히 스며있다는 확실한 증거였다.

좌익 방송사들은 즉시 이 이야기에 날개를 달아 주기 시작했다. 하필 인종적 편견에 대한 이야기라면 거부할 수 없는 매력을 느끼는 이들에게 앨런의 이야기는 그야말로 특별한 참신함을 담고 있었다. 거기다 앨런의 학교는 언론에도 이미 여러 번 등장하여 꽤 유명한 학교였다. 종교 학교의 전형적인 교칙이기도 한, 동성애 혹은 양성애 행위를 하다가 발각된 학생들을 퇴학시킬 수 있는 교칙을 부모들의 동의를 기반으로 제정한 학교라는 이유로 2019년 1월, 전국 뉴스의 주인공이 된 이력이 있는 학교였다. 무엇보다도, 이 학교는 다름아닌 마이크 펜스 부통령의 아내이자 미술 교사인 캐런 펜스가 재직 중인 학교였기 때문에 언론들의 먹잇감으로 자주 오르내려왔다. 아니나 다를까 CNN부터 CBS, 《뉴욕 타임스》에 이르기까지 모든 반(反)트럼프 주요 언론 매체는 앨런이 당한 증오 범죄를 필사적으로 다루기 시작했다. 기자들은 애초에 이런 끔찍한 범죄가 일어날 수 있는 교육 환경을 조성했다며 학교 전체를 싸잡아 비난했고, 기독교 교육 자체의 신뢰성에 의문을 제기했다. 그 후 예측 가능한 순서가 이어졌다. 그들은 '인종차별적이고 편협한' 트럼프 행정부를 비난하기 위한 궁극적 목표를 실현시키기 위해 부통령 부인과 학교 간의 연결 고리를 이용하여 자신들이 미리 짜 놓은 시나리오 속으로 이 사건의 핵심을 몰아넣었다.

앨런의 이야기가 꽤 심각한 사안임은 사실이었다. 이 모든 사건이 애초에 일어난 적이 없었다는 점만 빼고. 사건에 대한 조사가 진행되던 중 학교 보안 카메라에 담긴 영상에서 그녀의 초기 진술이 사실과 일치하는 점이 없다는 것이 드러난 것이다. 앨런은 결국 그녀가 이 사건을 꾸며냈다는 것을 인정했다.

그녀가 저지른 일이 얼마나 무책임한 행위인지 굳이 강조할 필요는 없을 것 같다. 피해자로 추대되고자 했던 욕구에서 비롯된 앨런의 거짓말은, 언론의 주도하에 흑인과 백인 사이의 분열을 더욱 심화시켰을 뿐 아니라, 흑인들은 피부색으로 인해 안전하게 살 수 없다고 확신하게 되었고 백인들은 또 다른 조작된 사건으로 인해 극도의 피로감을 느끼게 되었다.

타와나 브롤리라는 이름의 15세 소녀가 네 명의 백인 남성들이 자신을 겁탈하고, 옷을 찢고, 그녀의 몸에 인종 비하적 문구를 쓰고, 배설물로 그녀를 더럽혔다고 주장하면서 비슷한 실수를 저지른 것은 그리 오래전 일이 아니다. 틈만 나면 분열을 일으킬만한 건덕지를 물어올 생각으로만 머리가 가득 찬 인권 운동가 앨 샤프턴 목사가 브롤리에게 이 사건을 언론에 폭로하라고 부추기며 인종 불안의 불씨에 부채질하자, 곧 언론은 이 불씨를 불길로 만들었다. 많은 흑인 유명인들이 타와나 브롤리에 대한 지지를 표명했다. 빌 코즈비가 이 사건에 대한 정보를 제공하는 사람에게 2만 5천 불의 보상을 지급하겠다고 약속했고, 돈 킹은 그녀의 학비에 앞으로 10만 달러를 지원하겠다고 나섰으며, 마이크 타이슨은 그녀에게 3만 달러 상당의 시계를 선물함으로써 동정심을 표시했다. 이 모든 유명 인사들에게는 다소 유감스러운 사실이겠지만, 해당 사건의 진실은 다음과 같다.

브롤리의 변호사들은 세 명의 뉴욕 경관과 한 명의 검사를 가해 용의자로 지목했다. 그러나 대법원 배심원단은 브롤리가 해당 사건을 꾸며냈다고 최종 결론지었다. 통금 시간을 넘긴 것에 대해 새아버지에게 혼날 것이 두려워 브롤리가 이런 거짓말을 만들어 낸 것이라고 판결한 것이다. 가해자로 지목되었던 검사 스티븐 파곤스는 2012년 《뉴욕 포스트》와의 인터뷰에서 다음과 같이 말했다. "나는 누군가 허위 사실을 유포한 사건에 불과하다고 내 딸들을 납득시켜야 했다. 나는 비록 망가지지는 않았지만 이 사건은 확실히 내 삶의 모든 면에서 큰 영향을 미쳤다."

타와나 브롤리 사건이 있은 후 거의 20년이 흐른 2006년, 또다른 스캔들이 미국을 뒤흔들었다. 듀크 대학교 캠퍼스에서 남성 라크로스 팀의 3명이 강간 혐의로 기소된 것이다. 이 남학생들을 강간범으로 지목한 사람은 크리스털 갈리 맹검이라고 하는 한 흑인 여성이었는데, 그녀는 라크로스 팀이 캠퍼스 밖에서 주최한 파티에 고용되었던 스트리퍼로, 인근 대학교에 재학 중이던 학생이기도 했다. 그러나 남학생들과 스트리퍼들 사이에 다툼이 발생하는 바람에 파티가 짧게 끝나게 되면서 맹검은 다른 스트리퍼 여성 한 명과 함께 예상보다 일찍 떠나게 되었다. 얼마 지나지 않아 두 여성은 차 안에서 말다툼을 시작했고, 맹검이 차에서 내리기를 거부하자 그녀는 경찰에 연행되었다. 맹검은 심하게 다친 데다가 정신 건강 및 약물 남용 시설에 강제로 입원하게 될 위기에 처하게 되자 더 이상의 문제를 피하기 위해 강간 사건을 꾸미기 시작했다.

그 결과로 발생한 여파는 엄청났다. 그녀가 주장한 강간 혐의는 곧 인종 증오 범죄로 간주되었다. 4월 초, 라크로스 팀의 코치는 사임했고 듀크 대학교의 교장은 2006년 시즌의 남은 경기들을 모두 취소했다. 검찰은 얼마 지나지 않아 맹검의 진술이 거짓이라는 사실을 알게 되었다. 그리고 맹검은 현재 노스캐롤라이나주 골즈버러에서 해당 조작 사건과는 관련 없는 살인죄로 감옥에서 복역 중이다. 2007년 4월에는 강간죄로 기소되었던 세 명의 라크로스 선수들 모두 무죄로 판결 났다.

그러나 거짓말로 인한 사회적 오염은 진실이 밝혀진다 해도 쉽사리 지워지지 않는 법이다. 지역 교회의 복음주의 회복과 개혁을 위해 설립된 파운더스 미니스트리스Founders Ministries의 설립자 톰 아스콜은 〈아마리 앨런 사건이 우리에게 주는 교훈The Cautionary Tale of Amari Allen〉이라는 제목의 기사에서 해당 사건과 관련된 논쟁의 시사점과 우리 사회의 현 상황에 대해 다음과 같이 말했다.

우리는 진정한 인종 간의 화합이 훼손당하는 '초인종화hyper-racialized'된 문화에 살고 있다. 인종적으로 다양한 사람들 사이에 존재하는 모든 불평등뿐 아니라, 경미한 사고를 포함한 모든 범죄가 어떻게든 인종적 불공평 때문이라고 주장하는 사람들은 이 격동적인 상황에 분열의 불을 지핀다. 모든 불의는 우리의 죄악에 기인한다. 그러나 모든 불의가 반드시 인종 편견에서 비롯되는 것은 아니다. 인종차별 문제가 포스트 모더니즘적 관점에서 보는 권력 구조적인 문제로 재정의될 때, '백인스러움'으로 더럽혀진 이 세상의 모든 사안은 인종적 불의에 기여하는 사안으로 간주될 것이다.

인종 간의 화합이 훼손되고 있다는 표현은 매우 절제된 표현이다.

우리 언론들은 인종차별 관련 사건을 다룰 수 있는 기회가 있을 때마다 신나게 밖으로 뛰쳐나온다. 과거에 존재했던 인종차별의 유령이 곧 돈이 된다는 사실을 그들은 잘 알고 있기 때문이다. 그들은 자신들의 내러티브가 흑인 청년들에게 미치는 영향이 얼마나 해로운지는 고려하지도 않고 오로지 돈을 버는 것에만 혈안이 되어 있다. 또한 그들은 자신들의 지나치게 과장된 보도로 인해 많은 흑인들이 자발적으로 인종 분리를 요구하고 있는 현재의 지경에 이르게 되었으며, 사람들의 머릿속에 과대 포장된 채 깊숙이 박혀있는 인종적 억압이라는 것에 부응하기 위해 일부 사람들로 하여금 엉뚱한 이야기를 퍼뜨리도록 하고 있다는 사실을 아득바득 모른 척하고 있다. 그러는 사이 백인과 흑인의 관계는 계속해서 첨예해지고 있으며, 더욱 벌어지는 서로의 거리는 백인, 흑인 두 그룹 모두에게 손해만 끼치고 있다. 인종 문제에 대한 열띤 논의는 쉬지 않고 진행되고 있지만, 이 논의에 투입되는 시간과 에너지에 비례하여 흑인들이 백인들보다 더 성공하게 되었거나 더 안전하게 살게 되었다는 증거는 없다. 모든 증거들이 오히려 그 반대를 가리키고 있다.

2018년 발표된 인종 및 민족별 교육 현황에 따르면, 흑인 학생들의 60%는 소수 인종 학생들이 최소 75%의 주류를 차지하고 있는 학교에 재학 중이다.

그럼에도 불구하고 2017년, 4학년 학생들을 대상으로 한 읽기 시험 결과에서 백인 학생들과 흑인 학생들의 점수 차이는 26점이었고, 고등학교에 입학할 무렵에는 백인 학생들에게 25년 전 뒤처졌던 것보다도 훨씬 더 뒤처진 것으로 드러났다. 같은 해 2017년, 두 인종 간

수학 시험 점수의 차이는 25점이었다. 특히 8학년 흑인 학생들은 백인 학생들보다 무려 32점이나 뒤쳐졌는데, 이는 수십 년 전과 거의 비슷한 수준이었다. 이런 골치 아픈 통계에 대해 생각할 때, 아마리 앨런이 이매뉴얼 크리스천 같은 엘리트 사립 학교에 다닐 수 있었던 멋진 기회가 떠오르지 않을 수 없다. 이런 기회는 그녀 또래 대부분의 흑인 여학생들은 결코 쉽게 누릴 수 있는 것이 아니다. 그녀의 부모가 이 특별한 기회를 제공하기 위해 매년 12,000달러를 지불했음에도, 그녀가 인종차별에 대한 거짓말을 하기 위해 그 모든 위험을 무릅썼다는 사실을 어떻게 받아들여야 할지 모르겠다.

백인들의 커뮤니티보다 흑인들의 커뮤니티에서 흑인들이 더 나은 삶을 살 수 있다는 주장은 학업 성취도 결과뿐 아니라 대부분의 흑인 밀집 지역들의 처참한 상태를 통해서도 반증 가능하다. 의심할 여지 없이 흑인들의 동네는 미국에서 언제나 가장 안전하지 않은 곳으로 꼽힌다. 볼티모어에 있는 고(故) 일라이저 커밍스 의원의 지역구*에 거주하는 주민들은 그 지역의 지도자들이 모두 흑인임에도 그 어떤 혜택도 받지 못하고 있다. 흑인 하원 의원의 지역구인 그들의 거리는 쓰레기, 텅 빈 건물, 그 사이를 뛰어다니는 쥐들로 어지럽다. 버려진 건물들, 높은 범죄율 그리고 급락하는 부동산 가치는 흑인 민주당원들이 운영하는 흑인 지역 사회에서는 너무나 익숙한 광경이다. 미시건주의 플린트나 뉴저지주의 뉴어크처럼, 좌익 정치인들이 운영하는 지역구들은 가장 기본적인 인프라를 위한 최소한의 요구 사항조

---

* 흑인이자 민주당 소속 하원 의원으로 도널드 트럼프 대통령에 대한 탄핵을 주도하던 인물이다.

차 충족되지 않고 있는 실정(實情)이다.

그리고 이러한 흑인 민주당 정치인들의 실정(失政)의 원인에 대해서는 여러 애잔한 핑곗거리들이 만들어졌지만, 이 모순적 상황에 대해 감히 똑바로 지적하는 사람들은 찾아보기 힘들다. 리버럴 진영의 흑인들은, 백인 남성의 존재가 그들에게 얼마나 큰 공포인지에 대해서는 목소리를 높이지만, 흑인들의 동네에서 그들의 삶이 얼마나 큰 공포인지에 대해선 침묵한다.

인종차별이라는 이름의 유령

존재하지도 않는 장애물을 끊임없이 제조하는 가짜 분노가 끊이지 않고 있다. 그리고 이 가짜 분노는 완벽한 유토피아라는 잘못된 개념에 뿌리를 두고 있다. 미국의 흑인들 중에는 인종차별 이슈를 사회적 핸디캡으로 이용하는 사람들이 있다. 우리는 인종차별에 대해 실제로 저항하기보다, 근거 없이 고집부리는 시대에 진입했다. 어떤 불리한 상황이 와도, 그저 단호한 한마디로 자신들의 모든 주장이 정당화될 것이라고 믿는 기대와 함께 말이다. 좌익들은 흑인들의 희생양 신분을 기꺼이 착취하며 우리에게 계속 희생양이 되라고 요구한다. 많은 경우, 백인 리버럴들은 이 사기극에 참여하면서 자신들이 흑인들의 대의명분에 헌신하고 있다고 주장한다. 그리고 그 증거로 자신들이 이 나라의 모든 곳에서 인종차별과 미세 공격을 목격한다고 주장하면서 이런저런 사례들을 들이댄다.

리버럴 구원자라는 인격 컴플렉스는 극도의 나르시즘에 기반을 두고 있다. 나는 이 백인 리버럴들이 자신들보다 열등한 사람들을 돕는 다고 믿는 것에서 파생되는 어떤 우월감과 성취감 같은 것들에 중독 되어 있다고 생각한다. 마치 중고 장터에 물건을 기부할 때 느끼는 것 과 같은 종류의 느낌, 필요 이상으로 돈을 쓰는 자선가라는 사실에 압 도되는 느낌과 다르지 않은 것이다. 열등한 흑인들을 지지하는 것은 리버럴들로 하여금 자신들의 결함을 은근슬쩍 가려주는 역할을 한 다. 아니면 민주당 정치인들처럼, 그들은 단순히 우리의 지지를 얻기 위해 그저 되는 말은 아무 말이나 가져다 붙이는 것인지도 모른다.

공정하지 못한 상황에 대해 목소리를 내는 것은 당연하다. 그러나 우리가 불편하게 느끼는 모든 순간이 눈에 보이지 않는 인종차별 때 문이라는 성급한 주장은, 그러한 불편에 대한 해결책이 인종 분리 정 책이라고 주장하는 것만큼이나 정신 나간 짓이다. 뒷걸음질 치면서 전진하는 것은 불가능하다.

만일, 흑인들이야말로 인종차별주의자라고 못 박으면서 인종 관련 범죄로부터 안전해지기 위해 별도의 분리된 기숙사를 요구한 사람들 이 백인들이었다면 어떤 일이 일어날지 상상해 보라. 흑인들은 미친 듯이 격분할 것이다. 그렇다면 반대로 흑인들이 똑같은 제안을 할 때 사람들의 반응이 다른 이유는 무엇인가? 나는 우리가 평등한 사회에 도달했음을 인정하는 것이 일부 흑인들을 불편하게 만들 수도 있겠 다는 결론에 도달했다. 우리가 어떤 일에 실패했을 때, 그 실패에 대 해 우리 자신 말고는 비난할 사람이 없다는 것이 견딜 수 없을 만큼 무거운 부담으로 느껴지기 때문이다. 그런 부담을 떠안을 바엔 차라 리 백인 우월주의라는 유령과 함께 살아가는 편이 훨씬 쉬울지도 모른다.

그래서 패배할 미래가 빤히 보이는데도, 우리는 좌익이 주도하는 이 정체성 정치identity politics*에 기꺼이 참여하고 있는 것이다. 우리는 진보 진영이 깔아 놓은 이 길이 더 쉬운 길이라는 것에 위안을 받고 있다. 이 길이 어디로도 이어지지 않는 길이라는 것은 애써 모른 척하면서.

우리의 선조들은 어떻게 생각할까?

우리의 할머니, 증조 할머니, 고조 할머니가 지금 당신을 본다면 뭐라고 할까? 만약 우리가 지금 누리고 있는 삶과 기회를 주기 위해 그들이 겪어야 했던 현실을 우리가 똑같이 겪어야 한다면 당신은 뭐라고 할 것인가? 나는 내 할머니의 예기치 않은 죽음으로 인해 할머니가 뿌린 씨앗의 유산을 수확하게 되었다. 내가 소망하는 것은 독자 여러분의 선조가 가졌던 그 마음가짐으로 인생을 살아가는 것이다.

상상 속 유토피아를 향해 아무 결실도 없을 탐험을 시작해서는 안 된다. 오히려 우리 이전 세대의 희생과 고난을 꾸준하게 기억하며 오늘날 우리가 누리고 있는 여러 축복들에 대해 감사하는 자세로 인생을 살아가야 한다.

---

*   인종, 종교, 성별, 장애, 민족, 성 지향성, 문화 등 배타적으로 공유되는 집단 정체성을 기반으로 해당 정체성에 포함되는 사람들의 관점만을 중심에 둔 정치 운동을 말한다.

5

사회주의와 정부의
선심성 퍼 주기에 대하여

ON SOCIALISM AND
GOVERMENT HANDOUTS

BLACKOUT

사회주의와 정부의 선심성 퍼 주기에 대하여

인간은 진실과 이상한 관계를 가지고 있다. 우리는 받아들이기 어려운 진실보다 우리를 기분 좋게 만들어 주는 소설에 더 끌린다. 나는 이런 인간의 본능이 특히 흑인 사회를 더 병들게 만들었다고 생각한다. '수세대에 걸친 억압'이라는 이름의 짐을 대신 들어주겠다고 말하는 사람들의 말에 우리는 더 귀를 기울였다. 정치인과 언론인을 비롯한 많은 사람들이 우리가 겪고 있는 어려움에 대해 뼈아픈 진실을 전달해 주기보다, 우리의 섬세한 감정에 공감해 주기를 더 갈망하게 되었다.

사전에 따르면, '진실'이란 사실에 따른 것을 의미한다. 그러므로 진실은 보편적이고 절대적이다. 그것은 우리의 인간성, 불완전한 사회 그리고 그 사회 안에 존재하는 모든 지도자들을 초월한다. 예를 들어 2 더하기 2는 항상 4다. 어느 대륙이나 도시에서든 어떤 지도자 아래에서든 이 결론은 언제나 유효한 진실이다.

반면, '선'이라고 하는 것은 진실에 비해 덜 확실하다. 그것은 '도덕적으로 좋은 것'을 의미한다. 사실에 근거한 진실과 달리, 선하다는 것은 주관적인 특징을 가지고 있다. 누군가에게 선한 것이 다른 누군가에게는 악할 수 있다. 그 반대의 경우도 마찬가지다. 우리의 현재 상황, 과거의 경험, 주변 사람들, 가족, 친구, 동료들의 여러 의견이 모여 만들어진 우리의 주관적인 견해가 우리가 선하다고 생각하는 것이 무엇인지를 결정하는 데 영향을 미친다.

다른 배경을 가진 제각각의 사람들을 불가피한 이유로 한 방에 모이게 한 후, 단 하나의 의견에만 동의하게 만들어야 한다고 생각해 보자. 쉽지 않을 것이다. 의견이 하나로 모아지지 않을 때, 사람들 사이에는 선이 그어지게 되고 자신과 가장 비슷한 생각을 가진 사람들끼리 파벌이 형성된다. 여기서 모든 문제들이 발생한다.

예를 들어 낙태 논쟁에 대해 생각해 보자. 낙태 찬성론자들은 아이를 낳을지 말지에 대한 여부를 산모 스스로 결정할 수 있는 권리가 '선하다'고 생각하기 때문에 낙태에 찬성한다. 현재 낙태 논쟁의 중심은, 리버럴들은 아니라고 주장하겠지만, 임신 초기 시점의 아이도 생명인가 아닌가에 관한 것이 아니다. (역설적으로, 실제 낙태 수술 논란으로 인해 오히려 모든 태아는 임신된 그 순간부터 생명임이 밝혀졌다. 다른 모든 생명들이 그렇듯, 태아 또한 성장할 잠재성을 지닌 생명이기 때문이다.) 그러므로 현재 낙태 찬성론자Pro-choices들과 생명 찬성론자Pro-lifers들[*] 사이의 논쟁은 과학이나 진실에 대한 것이 아니라, 단순히 무엇이 더 '선한 것'인지에 대한 개인의 주관적 견해에 대한 논쟁에 불과하다.[**]

운동권과 정치인들이 생명과 관련된 문제처럼 근본적인 문제를 개인의 주관에 따른 문제로 바꿔 버리는 현 사회 분위기 속에서 '선한' 일을 하겠다고 약속하는 것은 많은 정치 지도자들의 강령이다. 그리고 흑인 사회를 대할 때 이 '선함'이라는 개념은 '무상'이라는 단어와 곧 동의어가 되었다.

현재 민주당 후보들은 자신들이 당선될 경우 무상으로 이런저런 것들을 제공하겠다고 약속하면서 흑인들의 표심을 사로잡으려고 갖은 수를 쓰고 있다. 이 반복되는 비극이 사실 굉장히 우습다는 걸 깨달았기에 망정이지 그렇지 않았다면 나는 민주당의 이러한 모습을 보며 모멸감을 느꼈을 것 같다. 이 늙은 개(민주당을 말한다-옮긴이)는 새로운 재주를 배울 줄 모른다. 민주당은 우리가 혹시라도 자신들을 잊어버리기라도 할까 봐 가장 먼저 흑인들을 공화당으로부터 멀리 떨어뜨려 놓았다. 정부가 개입하면 우리의 생계가 크게 개선될 것이라는 틀에 박힌 약속을 통해서. 그러나 민주당이 집권하는 정권에

---

[*] 낙태 반대 진영을 말한다.

[**] 작가는 원래 낙태 논쟁의 본질은 '태아가 생명인가 아닌가'에 대한 과학적 진실 즉, 객관성의 문제였는데, 어느 순간부터 태아가 아니라 산모의 선택권에 대한 문제, 즉 주관성의 문제로 낙태 이슈의 논점이 은근슬쩍 옮겨진 것에 대해 비판하고 있다. 그리고 태아가 생명인 것은 과학과 의학으로 이미 밝혀졌기 때문에 애초에 이 논쟁이 과학의 문제로 넘어갈 필요도 없었다고 지적한다.

게 약속이란 것은 지키기 위해 존재하는 것이 아니라 유혹하기 위해 존재하는 것이다.

프랭클린 루스벨트의 뉴딜 정책은 재앙 그 자체였다는 재평가가 현재 이루어지고 있다. 실제로 2004년, 루스벨트 정부의 개입 때문에 대공황이 수년이나 연장되었다는 분석이 나오기도 했다. 1929년 주식시장의 붕괴 이후 첫해 실업률은 9%로 정점을 찍었으며, 연방 정부의 개입이 있기 전 공황 초기에 이 실업률은 차츰 줄어들어 1930년 6월, 6.3%에 이르며 하락세로 돌아서고 있었다. 이 사실 하나만 봐도 루스벨트의 뉴딜 정책이 아무 도움이 되지 못했다는 것을 알 수 있다. 이후 연방 정부는 스무트-홀리 관세법^{Smoot-Hawley Tariff Act *} 을 도입하여 첫 번째 주요 개입을 시작했다. 이에 따라 실업률은 이후 6개월 동안 미친 듯이 치솟아 1930년 11월, 두 자릿수인 11.6%에 도달했다. 이후 차례대로 진행된 연방 정부의 대규모 개입 이후 실업률은 10년 동안 두 자릿수를 유지했다.

루스벨트의 1933년 〈국가 산업 부흥법^{National Industrial Recovery Act; NIRA}〉 은 미국인들을 다시 일터로 돌려보내기 위해 시행된 뉴딜 정책의 주요 법안 중 하나였다. 그리고 1933년 6월 16일에 발표한 성명서에서 루스벨트는 가장 절실한 사람들에게 새로운 소득 창출 기회를 제공하겠다는 다짐을 표명하면서 수백만 명의 궁핍한 미국인들에게 위안

---

* 미국이 대공황 직후 자국 산업을 보호하기 위해 1930년에 제정한 관세법으로 2만 개 이상의 수입품에 대해 최고 400%에 이르는 관세를 부과하는 법안을 마련해 국내 산업을 보호하려 했다. 하지만 고관세에 자극받은 영국, 프랑스 등의 유럽 국가들도 잇달아 수입 관세, 환율 통제 등의 조치를 취하게 됨에 따라 결국 스무트-홀리 관세법은 전세계 무역 전쟁을 촉발하며 대공황을 가속화하는 결과를 초래한다.

을 주었다.

　　국가지원사업과 국가지원취업이라는 두 쌍둥이 정책이 뒷받침된다면 겨울이 오기 전에 수많은 사람들이 실업자 행렬에서 제외될 수 있다고 기대하는 것은 지나친 기대가 아니다. 이는 역사상 이런 비슷한 종류의 시도들 중 가장 위대한 시도가 될 것이다. 세계 대전 위기에 처했을 때와 마찬가지로, 이 시도는 전 국민을 간단하지만 중대한 시험대 위에 올려놓을 것이다. 분열되어 있고, 체계적이지 않은 부대를 이끌고 패배의 길로 나아가야 할 것인가, 아니면 하나로 통합된 위대한 부대를 이끌고 승리의 길로 나아가야 할 것인가?

루스벨트 선거 캠페인의 기조가 된 이 공약은 경제 불황으로 질식하기 일보 직전 상황에 처한 흑인들까지도 혜택을 받게 될 것이라는 약속을 포함하고 있었다. 이 모든 것들은 '선하게' 들렸지만 루스벨트의 약속이 사실은 텅 비어 있었다는 것을 흑인들이 깨닫는 데는 긴 시간이 걸리지 않았다.

국가복구관리처(NRA^{National Recovery Administration})는 국가산업부흥법의 핵심 부서 중 하나로, 공식적으로는 '국가복구관리처'로 알려졌지만 종국에는 '니그로 제거 법안', '니그로는 또다시 망가졌다', '니그로는 또다시 수탈당했다*'는, 보다 더 정확한 별명을 갖게 되었다.

NRA는 대부분의 경우 흑인 노동자들의 가입을 거부한 노조들에게 전례 없는 권한을 부여했다. 한편, 정부가 규정한 최저 임금 때문에

---

*　"Negro Removal Act", "Negroes Ruined Again", "Negroes Robbed Again."

임금 인상을 받을 만하다고 여겨지기에는 기술적으로 숙련되지 않은 흑인들이 고용되는 것이 막히는 상황이 연출되기도 했다. 뿐만 아니라, 낮은 임금이라도 받아도 좋으니 일하게 해달라고 제안하는 것조차 최저 임금법으로 인해 차단되었기 때문에 흑인들은 불공정한 고용 관행에 대해 목소리를 높이는 것이 애초에 불가능하게 되었다.* 상황이 이렇다 보니, 1930년이 흑인 실업률이 백인 실업률보다 낮았던 유일한 해였다는 사실이 그다지 놀랍지도 않을 지경이다. 연방에서 의무적으로 정해 놓은 최저 임금법은 아예 최저 임금을 받을 수 있는 기회마저도 흑인들로부터 완전히 빼앗아 가버린 것이다.

한편, 농업에 종사하는 흑인들은 또 전혀 다른 상황에 직면해야 했다. 정부가 남부의 농장 소유주들에게 경작을 그만두는 대가로 금전을 지급함에 따라 남부에 살던 흑인들이 삶의 터전에서 쫓겨나게 된 것이다. 정부의 원래 목표는 농작물의 재고를 줄임으로써 농산물 가격을 세계 1차 대전 이전의 수준으로 높이는 것이었으나, 시장을 인위적으로 축소하는 정부의 시도로 많은 흑인 소작농들은 실직하게 되었다. 사실 소작농들은 줄어들 농지 면적에 따라 할당된 정부 지원금을 포함하여 농장 수익의 일정 수익금을 받을 수 있게 되어 있었고 초반에 연방 정부는 그 자금을 소작농들에게 직접 전달했다. 그러나

---

* 작가는 최저 임금법이 고용주들로 하여금 최저 임금보다 낮은 생산성을 가진 이들을 고용하지 못하게 만듦으로써 흑인을 차별하도록 촉진하는 정책이었다고 말한다. 당시 흑인들은 좋은 학교 교육을 받지 못했기 때문에 직장을 통해서라도 일을 배우며 생산성을 높이고 직업 훈련을 할 수 있는 기회를 가져야 했는데, 그들의 무기는 바로 상대적으로 낮은 임금으로 경력을 시작하는 것이었다. 그런데 최저 임금법으로 인해 흑인들이 노동시장에 진입할 첫번째 직장마저 빼앗기게 되어 결국 더 나은 삶을 살 수 있는 사다리 조차 얻지 못하게 되었음을 지적한다.

이 역시 남부의 민주당원들의 반대로 인해 자금이 직접 전달되지 못함에 따라, 결국 땅을 소유하지 못했던 흑인 농부들은 일자리와 소득 모두를 잃게 되었다.

흑인들의 삶을 망친 이 정책들을 볼 때 가장 기이한 점은 바로 이 정책들이 1936년, 민주당에게 표를 던지는 흑인들의 의지를 전혀 꺾지 않았다는 점이다. 오히려 이 정책들은 민주당과 루스벨트가 압도적으로 승리하게 해 주었다. 그리고 뉴딜 정책이 흑인 사회에 유독 더 큰 해를 끼쳤다는 진실은 루스벨트를 향한 흑인 사회의 지지에 아무 영향을 미치지 않았다. 게다가 영부인 엘리너는, 루스벨트가 계속해서 남부의 인종차별주의자인 민주당원들과 영합하고 인종차별 문제를 정면으로 다룰 법안을 도입하는 것을 거부하자, 흑인들이 직면한 문제에 합법적으로 관여하고자 하는 동정의 '귀ear'라고 자신을 소개하며 나섰다.

루스벨트가 결코 지지하지 않으리라는 것을 알면서도, 엘리너는 집단 린치와 같은 반인륜적인 사형 방식을 금지하는 법안을 밀어붙였으며 흑인들로 구성된 내각을 만드는데 일조했다. 그리고 이 내각은 이후 루스벨트 행정부가 흑인 사회 관련 문제를 다룰 때 자문역을 담당하기도 했다. 물론 이 허울 뿐인 내각의 구성원들이 실제 정책을 만드는 과정에 직접 참여하지는 못했지만 말이다. 엘리너는 또한 존경 받는 운동가이자 교육자인 메리 매클라우드 베순과 친구가 되었고, 그녀가 국가 청소년 행정처의 흑인 관련 부서의 국장이 될 수 있도록 주선했다. 베순을 비롯한 여러 영향력 있는 흑인들의 지지로 영웅이 된 엘리너는 민주당의 새로운 얼굴이 되었다. 흑인들은 인종차별 문제에 대한 영부인의 태도가 진정성 있어 보인다고 생각했는지 그녀의 남편이자 현직 대통령이었던 루스벨트가 그들의 경제 여건을 악화시킨 장본인이라는 사실을 외면했다.

익숙한 광경이지 않은가?

현재 민주당원들은 흑인들에게 노예 배상금, 무료 의료 서비스, 학자금 탕감, 무료 대학 등록금 등을 제공하겠다고 약속한다. 이런 방식은 엘리너 루스벨트가 민주당의 정책들이 흑인들의 상황을 타개하는 데 아무런 도움이 되지 못할 것임을 빤히 알면서 흑인들의 좌절감과 약점을 악용했던 것과 다르지 않다. 그들의 전략이란, 상황을 바꿔주려는 의도는 전혀 없이 그저 동정심과 우정을 가장하는 것이다. 더 걱정스러운 점은 현재 정부의 해결책이 날이 갈수록 더 야심차게 커진다는 것이다. 그들은 이제 미국 전체를 사회주의화 하는 것을 공개적으로 지지하고 있다. 최근 갤럽 조사에 따르면 민주당의 47%만이 자본주의를 선호하는 한편, 57%는 사회주의에 찬성한다고 한다. 사유재산 제도를 폐지하고 정부를 강력한 독재 체제 시스템으로 바꾸고자 하는, 미국을 미국답게 만들고 위대하게 만든 모든 것을 파괴하고자 하는 그 끔찍한 정치 체제인 사회주의를 말이다.

그러나 독자 여러분은 사회주의라는 것이 얼마나 끔찍한가에 대한 나의 의견을 곧이곧대로 받아들일 필요가 없을뿐더러, 사회주의가 어떻게 여러 국가를 파괴했는지 알아보기 위해 19세기로 돌아갈 필요도 없다. 왜냐하면 21세기에 들어선 현재까지도 인류에게 알려져 있는 최악의 시스템을 가지고 버젓이 사회 실험을 시행하고 있는 국가들이 꽤 많이 존재하고 있으며, 이 실험으로 인해 지금 이 순간 어딘가에서도 수많은 이들의 삶이 망가지고 있기 때문이다.

사회주의의 간단한 역사

사회주의란 약속된 '선'의 가장 마지막 형태, 곧 '가난한 사람들에 대한 숭고한 자비'라는 이름 뒤에 감추어진 최악의 시스템이다. 사회주의의 진실은 처음 사회주의가 돕기로 약속한 그 수많은 대부분의 평범한 사람들이 무자비하게 학살되고 극도로 가난해졌을 때에야 비로소 드러난다. 사회주의의 완벽한 실패의 역사를 생각해 보면, 아직까지도 사회주의가 그대로 실행되고 있는 곳이 있다는 것이 신기할 지경이다. 정치인들은 몇 번이고 거듭해서 우리의 결과만큼은 그들과는 다를 것이라고 약속하지만 역사는 항상 과거와 똑같이 전개된다. 이런 의미에서 사회주의는 아인슈타인이 정의한 인간 광기의 궁극적인 예라고 볼 수 있다. 아인슈타인은 광기란, "같은 일을 계속 반복하면서 다른 결과를 기대하는 것"이라고 말했다.

사회주의는 기생충, 암, 그리고 거짓말이다. 그리고 모든 거짓말이 그러하듯 결국 모든 것들을 잡아먹는다. 사회주의는 스스로를 낳은 사회를 잡아먹으며, 최소한의 기본적 삶을 보장하기 위한 사회 구조와 사회 계약을 파괴한다. 19세기 사회주의·공산주의 사상에 대한 필독서, 《공산당 선언The Communist Manifesto》에서 카를 마르크스와 프리드리히 엥겔스는 명백히 "가정을 폐지하라!"고 주장했다. 그들은 전통적인 가정 구조가 사유 재산 제도와 노동 분업화의 원천이라고 주장했다. 그들은 인간의 타고난 본성이란 성적으로 자유롭고 개방된 공동체에서 비로소 가장 자연스럽게 발현된다고 보았다.

사회주의는 또한 신앙을 파괴한다. 사회주의는 국가 위에 존재하거나 국가의 권위에 도전하는 모든 것들을 제거해야 하기 때문에 신 그 자체를 포함하여 모든 종교적 믿음을 파괴해야 하는 필연성을 내포하고 있기 때문이다.

사회주의는 기업가 정신과 자기 개발 정신을 죽인다. 모든 개인의 열망이 곧 전체주의 사회로부터 벗어나기 위한 시도의 출발점이 되기 때문이다.

마지막으로, 당연한 말이지만, 사회주의는 사람들을 죽인다. 모든 사회주의 공화국들이 보여준 그 역사의 끝은, 굶주림, 죽음 그리고 학살이다. 그리고 이 모든 비극은 좌익 독재자와 좌익진영의 권력을 유지하는 한편, 사회주의 체제의 노예로 전락한 가난하고 힘없는 사람들이 두 다리로 일어서지 못하게 하기 위한 그 알량한 목적 하나만을 위해 지속된다.

실업과 의료 부채에 빠져 익사할 것 같은 상황 속에서 생계를 꾸려나가기 위해 애쓰는 사람들에게 모든 기본적인 필요, 즉 음식, 집, 의료 서비스를 제공하는 사회에서 살 수 있게 해줄 거라는 주장은 어쩌면 그럴듯하게 들릴지도 모른다. 그러나 사회주의가 우리에게 주는

---

* 카를 마르크스는 노동의 분업이 곧 노동의 소외를 낳는다고 했다. 여기서 '노동의 소외'란 노동을 통해 노동 가치의 의미를 느끼지 못하는 것이다.

현실은 그것의 거대한 이상과 결코 일치하지 않는다. 오직 소수의 권력자들만이 우리가 누리지 못하는 모든 특권과 '좋은 삶good life'을 누릴 수 있다. 사회주의 국가 사회의 밑바닥에 있는 사람들은 간신히 버티며 생존해야 한다. 자본주의 국가의 빈곤 계층과 딱 한 가지 다른 점이 있다면, 그들은 타고 올라갈 수 있는 인생의 사다리마저 빼앗겼다는 점이다.

오늘날 사회주의의 병폐에 대한 예로 볼 때 베네수엘라 만한 나라도 없다. 한때 남미의 위대한 국가였던 베네수엘라는 이제 현대 비극의 상징이 되었다.

베네수엘라 국민들은 이대로 살다간 굶어 죽는 일뿐이라는 것을 깨닫고, 고향 땅을 떠나 여러 나라를 향해 대이동을 하고 있다. 그들의 희망은 그저 생존할 수 있는 기회를 얻는 것 뿐이다. 수백만 명의 베네수엘라 국민들이 이미 파괴된 조국을 탈출하고 있는 가운데, 현 베네수엘라 대통령인 니콜라스 마두로는 해외의 인도주의적 원조를 외국 세력의 '도발'로 간주하고, 국민들이 떠나지 못하도록 브라질과 맞닿은 국경을 폐쇄하겠다고 발표했다. 이 결정은 이후 대법원에 의해 뒤집히긴 했지만 브라질 국경 통행의 재개가 베네수엘라 사람들에게 이 암울한 상황에 큰 희망을 주지는 못했다. 여기서 사회주의의 가장 큰 모순이 발견된다. 자유 시장 경제 국가의 지도자들은 외부에서 유입되는 사람들을 막기 위해 벽을 쌓는다고 비난받지만, 사회주의 국가의 지도자들은 자국민들이 밖으로 나가지 못하도록 하기 위해 벽을 쌓는다.

한편 사회주의 국가들이 흔히 그렇듯이, 베네수엘라 시민들에게 권력이 다시 이양되는 것은 이제 거의 불가능해졌다. 마두로 대통령은 부정 선거로 대통령직에 취임했기 때문이다. 얼마 지나지 않아 의회는 마두로 대통령이 의회의 승인 없이 법을 통과 시킬 수 있는 절대주의 정부를 구성했다. 2013년에 이런 일이 일어난 이후 마두로는, 그의 정책들이 몰고 올 파장은 생각지도 않은 채, 자신의 무소불위 권력을 이용하여 개인의 권리를 짓밟았고 사회주의의 오랜 적이었던 사유 재산도 정부의 소유가 되도록 강제했다. 마두로 대통령이 법원 판결에 따라 통치할 수 있게 된 같은 해, 개인 사업가들이 투기와 사재기 혐의로 체포되거나 기소되었으며, 정부가 상품 가격을 지정함으로써 기업들은 재고에 대한 공급 조절은 무시하고 물량을 대량 입고 해야 했다. 동시에 정부가 화폐를 미친 듯이 찍어 대면서 물가는 하늘 높은 줄 모르고 치솟았고 이는 곧 화폐 가치의 하락으로 이어졌다. 마두로는 초인플레이션을 해결한답시고 2018년에 볼리바르^{bolívar}라는 새로운 통화를 도입했으나 결국 아무것도 해결하지 못했다.

베네수엘라의 비극은 우리에게 어떤 교훈을 줄까? 사회주의가 주도하는 초인플레이션이 미국 땅을 지배한다면 어떻게 될까? 우선 달러 지폐는 하룻밤 사이에 종이 조각이 될 것이고, 100달러짜리 지폐는 땔감보다 가치가 떨어질 것이다. 아침 커피 한 잔의 가격은 매일 두 배씩 오를 것이며, 매주 식료품점에서 쓰는 돈은 일주일 안에 네 배씩 오를 것이다. 아니, 아마 매주 식료품점에 가는 것 자체가 물리적으로 불가능하게 될 것이다. 왜냐하면 식료품점에 갈 때마다 엄청난 양의 현금을 여행 가방 여러 개에 가득 채워서 가야 할 것이기 때문이다. 결국 보통 사람들은 음식을 사러 돌아다니는 것조차 힘들게 될 것이다.

　정부 주도 하의 가격 통제, 부채로 인한 파산, 국책 산업의 부실한 관리 수준, 효율적으로 운영되고 있었던 민간 기업의 국유화 등으로 인해 야기되는 경제적 재앙 등 이 모든 것들이 사회주의가 초래하는 것들이다. 경제적 파산이 초래하는 최종 결과는 죽음과 기아, 대탈출 그게 전부다. 베네수엘라 수도인 카라카스에 위치한 대통령 궁에 살고 있는 마두로는 자신이 위한다고 주장했던 사람들의 악화되는 곤경들을 여전히 외면하고 있다. 이에 대해 트럼프 대통령은 "베네수엘라의 문제는 사회주의가 제대로 이행되지 않았기 때문이 아니라, 사회주의가 너무 잘 이행되었기 때문"이라고 지적했다.

　반(反)사회주의자인 마거릿 대처 전 영국 총리는 "사회주의자들은 '인민에게 힘을!'이라고 외치며 주먹을 불끈 움켜쥔다. 그러나 우리 모두는 이것이 무엇을 의미하는지 안다. 인민의 힘을 빼앗아 그 힘을 국가에게 부여하는 것이다."라고 말했다. 그러나 미국을 포함한 전 세계의 정치인들은 여전히 사회주의를 포부 가득하고 유토피아적인 이상향으로 보고 있다. 미국의 민주당 지도자들은 사회주의적인 미사여구로 사람들을 계속해서 현혹하면서, 고달픈 삶을 이어가는 소수 인종의 사람들, 특히 흑인들에게 의존한다. 그리고 알렉산드리아 오카시오-코르테스(AOC^{Alexandria Ocasio-Cortez})하원 의원만큼 이 기만과 조작으로 점철된 상황에 대해 유죄인 사람도 찾기 힘들다.

　나는 뉴욕시 출신의 젊은 라틴계 여성이자 사회주의자인 AOC와 종종 나란히 비교되곤 한다. 언뜻 보기에는 이 비교가 그럴싸해 보인다. 우리는 같은 해에 태어났고 소셜 미디어에 많은 팔로어 숫자를 가졌으며, 소수 인종에 속할 뿐 아니라 같은 여성이다. 그러나 우리는 완전히 정반대의 정치적 결론에 도달했다. 나와 AOC는 현재 서구 사회에서 격렬하게 벌어지고 있는 사상 전쟁을 상징한다. 오카시오-코르테스가 '선'을 추구하기로 선택했다면 나는 '진실'을 추구하기로 선택했다.

그녀의 사회주의자 선배들과 마찬가지로, 오카시오-코르테스는 자신의 존재와 좌익 권력의 필요성을 정당화하기 위해 가진 자와 못 가진 자 사이의 계급 투쟁을 이용한다. 아무 희망을 찾아볼 수 없는 상황을 유지하는 것은, 좌익들의 권력을 유지하기 위한 필수적 요소이다. 그녀는 자신이 대표하는 지역 이익에 반하는 행동을 취하면서까지 사회주의 십자군으로서 일관성 있는 노선을 유지하고 있다. 예를 들어 2018년, 아마존이 뉴욕시에 두 번째 본사를 세울 계획을 발표했을 때, 오카시오-코르테스가 자신의 지지자들과 일부 리버럴 진영의 오피니언 리더들을 규합하여 이 계획에 반대했던 사태에 대하여 이야기 해보자.

이 계획은 해당 도시에 25,000개에서 40,000개의 새로운 일자리 및 최소 300억 달러의 수익을 가져다줄 거대 프로젝트였다. 더군다나 두 번째 아마존 본사는 이미 부가 집중되어 있는 맨해튼에 설립될 계획도 아니었다. 오히려 경제적으로 어려움을 겪고 있는 도시 외곽 지역이자 노동자 인구 밀집 지역인 롱아일랜드 시티에 지어질 예정이었다. 뉴욕시 보건국의 통계에 따르면, 롱아일랜드 시티 인구의 19%가 미국 전체 평균의 빈곤 수준 이하의 삶을 살고 있으며, 실업률은 미국 평균인 9%보다 높은 수준이다. 또한 주목할 점은, 롱아일랜드

시티와 그 이웃 마을인 애스토리아를 합쳐서 약 28%의 인구가 히스패닉(이 중 41%가 제한된 영어 실력을 가지고 있다)과 10%의 흑인으로 이루어졌다는 점이다.

다시 말해 이 지역은 아마존 본사가 제공할 수 있었던 막대한 수입과 일자리, 경제적 번영이 절실한 지역이었다. 그러나 이 하원 의원은 아마존이 누리고 있는 세금 혜택에 반기를 들면서 이 회사가 롱아일랜드 시티를 본거지로 선택하는 것은 도덕적으로 결함이 있는 선택이라고 주장했다. 그녀는 트위터를 통해, 그녀의 지역구 주민들은 일자리를 얻는 것보다 뉴욕 지하철의 열악함에 대해 더 우려한다고 주장하면서 아마존의 계약 제안을 맹비난했다. 그녀는 또한 "밑바닥에서 경쟁하는 것보다, 노동자 가정에게 진정한 기회를 줄 수 있는 경제적 파트너십을 구축하는 것이 더 중요할 것"이라고 못 박았다. 그녀는 이어 "뉴욕에 온수를 공급할 돈은 충분치 않다고 하면서 아마존에 30억 달러를 기부하는 것은 말이 안된다"는 얼빠진 소리를 덧붙였다.

그녀의 주장은 처음부터 끝까지 헛소리다. 첫째로, 세금 감면 혜택으로 인해 뉴욕시의 예산이 아마존으로 흘러간다는 주장 자체가 말이 되지 않는다. 세금 감면은 그런 식으로 작동하지 않기 때문이다. 그녀는 아마존을 위기에 처하게 만들기 위해서라면 어떤 거짓말이든 기꺼이 한 것 같다. 그녀가 사회주의의 '선함'을 드러낼 때도, 그녀가

---

* 뉴욕시가 아마존에게 세금 감면 혜택을 줌으로써 아마존이 세금으로 납부했어야 할 약 30억 달러를 뉴욕시로부터 거저 받는다는 의미

수백만 트위터 팔로어들을 가지고 놀면서 그들의 가장 깊은 두려움을 조종할 때도 진실은 중요하지 않았다. AOC는 복잡한 지방세 혜택법에 대한 노동자 계급의 무지, 더 정확히 말하자면 그들의 순진함을 이용하여 그들의 분노를 불러 일으켰고, 그 과정에서 자신은 도덕적인 영웅으로 비추어지게 만들었다. 그녀가 야기한 대혼란과 집단 히스테리는 아마존을 일시적으로 뉴욕시와의 거래에서 철수시키기에 충분했다.

그 여파에 힘입어 AOC는 사회주의자 하원 의원으로서 첫 대승리를 거두었다. 그러나 그녀의 승리는 아마존을 물리친 것이 아니었다. 그녀는 진실을 물리쳤고, 단순히 자본주의의 악과 싸우는 선행을 하고 있다고 주장하는 그녀의 거짓에 동의하는 수백만 사람들을 망가트렸다. 이후 아마존은 다시 뉴욕시와의 협상 테이블로 돌아와서 335,000 평방 피트의 임대 계약을 체결, 뉴욕시에 사업을 확장하기로 합의했지만, 이 사실은 사람들에게 전혀 알려져 있지 않다.

새로운 공간에 생겨날 일자리 수는 처음에 약속했던 최소 25,000개의 일자리 수와 비교하면 헛웃음이 나올 정도인 1,500개에 불과하다는 사실, 그리고 페이스북이 떠난 자리이자 부자 동네인 맨해튼 허드슨야드에 두 번째 본사가 설립될 예정인 사실 역시 여전히 은폐되어 있다.

그곳은 개발이 거의 필요하지 않은 지역인데다가, 물리적으로는 롱아일랜드 시티에서 불과 6.4km 정도 떨어져 있을지 몰라도, 초기 계획대로 설립되었다면 가장 큰 혜택을 받았을 롱아일랜드 시티와는 지구 반대편이나 다름 없을 정도로 부유한 지역이다.

흑인 사회가 성공할 수 있는 유일한 열쇠는 자급자족

미국의 그 어떤 집단보다도 흑인 집단만큼 미국 정부를 터무니없을 만큼 신뢰해온 집단도 없다. 우리에겐 노예의 족쇄로부터 우리를 해방시켜주고, 투표권을 주고, 백인과 동등한 권리와 특권을 부여해 줄 정부가 필요했다. 그 과정에서 우리는 정부의 자비만이 우리에게 더 나은 삶을 보장해 줄 유일한 원천이라고 믿으며 정부를 숭배하기 시작했다. 우리는 사회주의의 함정에 쉽게 빠지도록 이미 세뇌되어 있다. 그래서 AOC나 버니 샌더스 같은 사회주의자 지도자들의 허무맹랑한 거짓말에 곧잘 속아 넘어가는 것이다. 우리는 우리를 속박에서 해방시켜 준 그 정부가, 그 이전엔 우리를 노예로 속박했던 바로 그 정부와 같은 정부라는 사실을 망각했다.

흑인들은 정부 정책에 따라 노예가 되었다가, 정부 정책에 따라 백인들과 분리되었다가, 정부 정책에 따라 지난 60년 동안 아주 조직적인 방법으로 파괴된 집단이다. 그런데도 어떻게든 더 큰 정부가 우리의 상황을 해결해 줄 것이라고 믿는 이 상황을 어떻게 이해해야 할까? 논리적으로 따져보면 흑인들이야말로 사회주의와의 전쟁에서 최전선에 서 있어야 하지만, 더 많은 자선을 베풀겠다는 좌익의 약속은 여전히 거부하기 힘들만큼 매력적인 것으로 비추어지고 있다. 흑인 사회 내부에서 일어나는 갈등은 어떤 면에선 이해할 만도 하다. 노예제 시대와 짐 크로 시대에 마침표를 찍음과 동시에 흑인들의 부동산에 보조금을 지급하거나 흑인들의 부채를 일시에 탕감하면 모든 문제가 해결되지 않았을까? 그런데 왜 그렇게 하지 않았던 것일까?

답은 간단하다. 진통제로는 암을 제거할 수 없기 때문이다. 단기적인 해결책, 즉 수술로 치료해야 할 상처에 반창고를 붙여서는 우리 사회의 근본적인 문제를 해결할 수 없다. 마거릿 대처의 그 유명한 말을 되새길 필요가 있다. "사회주의는 언제나 재정을 엉망으로 만든다. 결국에는 다른 사람들의 돈을 다 써 버리게 되기 때문이다." 정부가 흑인들에게 얼마를 주든, 그 돈은 어쩔 수 없이 다른 구멍을 통해 마련될 것이며 그 돈은 언젠가는 바닥나고 말 것이다. 부의 분배는 결국 과세를 통해 이루어질 수 밖에 없다. 제 2차 세계 대전 동안 영국의 수상을 지낸 윈스턴 처칠이 남긴 말을 떠올려 보자. "국가가 번영을 위해 세금을 징수하는 것은 곧 양동이 안에 들어가서 양동이를 들어올리려는 사람과 같다."

뿐만 아니라, 재정이 고갈되면 흑인들은 그 돈이 어디서 온 것인지 (본인의 주머니-옮긴이)는 전혀 알지 못한 채 정부에게 생존을 구걸해야 하는 주객전도의 입장에 다시 놓이게 될 것이다. 고된 노동을 통해 얻은 것이 아닌 지원금은 사람을 나약하게 만들고 자존감을 뭉갠다. 정부는 각 개인의 타고난 추진력과 열망을 제거함으로써 기업가 정신을 억누른다. 물고기를 잡는 법을 알려주기보다 직접 물고기를 잡아다 주면 그 사람에겐 가난과 절망만이 주어진다. 기껏 동정심 정도야 얻을 수 있겠지만, 우리가 우리 자신의 구명 밧줄이 되기 전까지는 그 어떤 것도 우리에게 주어지지 않을 것이다.

흑인 비즈니스의 황금기라고 불리는 1900년부터 1930년까지, 이 30년 동안의 역사는 흑인들이 외부의 도움 없이도 해낼 수 있다는 나의 주장에 신빙성을 준다. 이 시기는 수만 명의 흑인 남녀들이 자신들의 회사를 설립함으로써 경제적 독립을 스스로의 손으로 움켜 잡았던 시기였다. 인종차별적인 정책으로 흑인들이 일자리를 얻기 어려웠고, 취직을 한다 해도 제대로 된 임금을 받지 못했던 데다, 정부가 도와줄 것이란 희망도 없었기 때문에 흑인들은 스스로 살 길을 찾아야 했다. 그리고 그들은 그렇게 했다.

1900년, 부커 T. 워싱턴은 '흑인들의 상업적·재정적 발전'을 목표로 흑인 사업가들을 위한 지원 네트워크를 제공하기 위해 전국 흑인 비즈니스 연맹National Negro Business League을 설립했다. 워싱턴은 흑인들이 기업을 일으키는 것이야말로 궁극적으로 진정한 인종 평등으로 이어지는 유일한 방법이라고 믿었다. 그는 세상을 떠나기 전, 연맹의 마지막 연례 연설에서 다음과 같이 말했다. "교육의 밑바닥, 정치의 밑바닥, 심지어 종교의 밑바닥에도 우리 흑인들을 위한 것이 존재한다고 믿어 의심치 않는다. 경제적 기반과 번영 그리고 경제적 독립은 모든 인종의 권리이기 때문이다."

1900년부터 1914년까지 흑인 사업체의 숫자는 2만 개에서 4만 개로 두 배가 되었으나, 1929년에 국가는 대공황에 빠졌고 흑인들은 특히 더더욱 이 공황으로부터 벗어나기 위해 최선을 다해야 했다. 흑인 사회가 이 어두운 시기에 정부의 지원에 눈을 돌린 것은 이해할 만하다. 그러나 역사가 지금까지도 우리에게 아무 교훈도 주지 못했다는 것은 이해하기 힘들다.

우리는 복지 제도와 정부의 무상 지원을 통해서는 결코 번영을 이루지 못한다. 만약 그게 가능했다면, 그런 일은 일찌감치 일어나고도 남았다.

너무 오랫동안 우리는 자신들의 권력을 지탱하기 위해 우리의 표에 의존해 온 민주당으로 인해 잘못된 길을 걸어왔다. 너무 오랫동안 우리는 국가가 곧 주권자이며 정부의 도움 없이는 풍요로운 삶을 살 수 없다고 믿어왔다. 그러나 우리가 민주당에 강제로 속한 것도 아니며, 그들의 사회주의적 신조를 강제로 믿어야 하는 것도 아니라는 것이 우리가 알아야 할 진실이다. 우리는 정부라는 가짜 신이 아니라, 유일하고 참된 단 하나의 신에게만 응답한다. 사회주의는 질투의 복음이며, 비참함의 공유다. 그리고 사회주의 역사의 한 페이지 안에 적혀 있는 우리 흑인들의 시간도 이젠 끝에 다다랐다.

교육에 대하여

ON EDUCATION

BLACKOUT

교육에 대하여

'자유'라는 단어를 떠올려보고 어떤 이미지가 그려지는지 잠시 상상해 보자. 나는 드넓은 들판에 서 있는 한 젊은 여성이 그려진다. 감겨진 눈, 느슨하게 늘어뜨린 곱슬머리, 태양을 향해 들어 올린 얼굴…. 독자 여러분이 떠올린 이미지가 내가 떠올린 이미지와 똑같지는 않더라도 자유라는 개념이 긍정적이라는 점에서 우리가 떠올린 이미지의 본질적 의미는 동일하리라 생각한다.

그러나 우리는 자유라는 단어를 떠올릴 때 이 단어를 굳이 책임과 연관시키지는 않는다. '자유'는 우리가 어쩔 수 없이 해야만 하는 귀찮은 일들, 예를 들면 집안일 같은 일들을 떠올리게 하지 않는다. 그러나 좋든 싫든 자유는 필연적으로 개인의 책임을 수반한다.

진정으로 자유로운 사회의 각 개인은 마땅히 스스로에 대한 책임을 져야 한다. 자유란 어디에서 오는가? 개인의 소득에서 온다.* 그렇기 때문에 우리는 스스로를 부양할 줄 알아야하고 어떤 형태로든 가치를 기여하는 방법을 배워야 한다. 그런 다음에야 우리는 번 돈을 어떻게 지출하고 저축할지 결정할 수 있는 자유를 손에 넣게 된다. 다시 말해서 자유란 책임을 완수할 때에야 비로소 따르는 보상인 것이다.

반대로, 노예 제도는 개인의 책임을 완전히 제거한 형태의 시스템이다. 노예들은 스스로에 대한 책임을 지지 못한다. 그들은 그들 스스로를 위해 무언가를 창출해 내지도 못한다. 노동에 따른 보상을 누리지도 못하고 자신들의 미래를 위해 노력하지도 못한다.

민권 법안이 통과되고 1년 후 1964년, 린든 존슨 대통령은 하워드** 대학교에서 역사적인 연설을 했다.

> "미국 사회에서 자유란 모든 것을 충분히 그리고 평등하게 공유할 권리를 의미합니다. 투표할 권리, 직업을 가질 권리, 공공장소에 출입할 권리, 학교에 갈 권리 같은 것들 말입니다. 이 나라의 국민으로서 주권과 존엄성을 가지고 다른 모든 이들과 같이 평등하게 대우받을 모든 권리를 의미합니다."

---

* "소유 없는 자유는 없다" 리처드 파이프스 하버드 대학교 교수는 고대에서 현대에 이르기까지의 인류의 역사를 총체적으로 분석하여 개인의 소유를 보장 하는데서 자유와 법치가 출발한다고 설명한다. 더 자세한 내용은 《소유와 자유Property and Freedom》(리처드 파이프스 저, (재)자유기업원 출판) 참고.

** 하워드 대학교(Howard University)는 남북전쟁 이후 흑인 대상의 고등 교육기관으로 설립된 대학교로 '흑인들의 하버드'로 유명하다.

짐 크로 법의 폐지가 있기 전까지 흑인들은 진정한 자유를 누려본 적이 없었다. 인종 분리법은 아주 다양한 한계들을 지정해 놓고 흑인들을 억압했다. 흑인들은 어디에서 교육받을지, 어디에 거주할지, 누구와 사회적인 교류를 할지 조차 자유롭게 선택할 수 없었다. 그의 연설문에서 여기까지는 아무 문제가 없다. 그런데 다음 연설문을 읽어 보자.

"그러나 자유 하나만으로는 충분치 않습니다. 여러 세대에 걸쳐 생겨난 상처는 '자, 이제 가고 싶은 곳에 자유롭게 가서 원하는 대로 살면서 너희가 원하는 지도자를 뽑으면서 살아라' 같은 단순한 말로 치유될 수 없습니다."

여기서 그는 틀렸다. 위험할 정도로 틀렸다. 자유로운 신분이 된 것은 흑인들에게 그 자체로 이미 충분했었다. 민권법이 통과된 1964년은, 흑인들이 마침내 완전한 책임을 부여 받은 새로운 출발의 해로 기억되어야 했다. 짐 크로 법의 폐지는 "지난 세월 흑인들이 받은 억압이 만들어 낸 백인 사회와의 격차를 줄이기 위해 우리는 앞으로 최선의 노력을 각오해야 할 것이다"라는 메시지를 던져주는 사건이 되었으면 그걸로 충분했다. 흑인들에게 1964년 당시 필요했던 것은 그 무엇보다도 교육에 대한 헌신이었다. 여러 분야에서 벌어져 있었던 백인 사회와의 격차를 줄이기 위해 우리가 동원할 수 있었던 유일한 것은 바로 최선을 다해 일하고 공부하는 것, 그게 전부였다.

이러한 현실과는 달리, 우리에게 권리를 선사한 대통령은 역설적이게도 우리가 진보하기 위해서는 백인들의 도움이 필요할 것을 주장했다. 기적적으로 개인의 책임이라는 이름의 선물을 받았는데, 그 선물은 우리 손에 들어오자마자 증발해버렸다. 백인 지배 사회에 의해 345년간 버텨온 노예 생활이 끝난 직후, 이 끔찍한 모순 속에서 우리는 또다시 그 똑같은 백인 지배 사회가 우리의 권리를 빼앗아가도록 내버려두었다. 물론 그 방식에는 분명한 차이가 있었다. 예전엔 우리를 여러 가능성의 기회로부터 강제로 차단하면서 "너희는 이런 책임을 질 수 없는 종족이야"라고 말하던 것에서, "너희는 이런 책임을 지지 않아도 돼"로 그 뉘앙스가 살짝 바뀌었을 뿐이다. 흑인들이 갑자기 부여 받은 자유를 가지고 백인들 수준의 삶을 유지할 수 없을 것이라 여겨졌기 때문이다. 이것은 흑인 사회가 오늘날까지도 기꺼이 수용하는 '흑인 피해자화black victimization'의 시대로 여전히 우리를 끌고 가는 중이다.

여기서 분명한 것은, 흑인들의 결점에 대해 백인들이 모든 책임을 져야 한다는 믿음 역시 일종의 백인 권력이라는 점이다. 흑인들이 자유로운 사회에 살면서 동시에 자신들의 문제에 대해 책임이 없다는 주장을 받아들이기 위해서는 흑인들이 열등하다는 사실 또한 받아들여야 하기 때문이다. 보수주의자들은 백인 권력을 받아들이지 못할 뿐 아니라 흑인들이 타 인종에 비해 열등하다는 사실 또한 받아들이지 못하기 때문에 백인들이 흑인 사회의 모든 병폐에 대해 책임 져야 한다는 주장을 당연히 거부할 수밖에 없다.

이 주장에 동의하는 흑인들은 그들이 깨어났기^{woke}*때문이 아니라 겁에 질렸기 때문이다. 그들은 삶에 대한 개인의 책임을 받아들이는 것을 두려워하는 것이다. 이 뿌리 깊은 두려움은 바로 민권법 통과 직후 시작된 흑인들의 폭동 시대를 낳은 원인이 되었다. 해방된 순간 흑인들은 자유가 주는 부담을 인식하고 그들의 여러 결점들에 대한 변명거리를 찾기 시작했다. 그러한 관점은 린든 존슨 대통령의 그 역사적인 졸업식 연설에서도 전달되었다. 이제 흑인들은 자유로우면서도, 여전히 피해자로 남을 수 있다는 것을 배웠다.

이러한 시대의 소용돌이 가운데 성장한 흑인이자 보수주의자 작가인 셸비 스틸은 당시의 현상을 이렇게 묘사했다.

오늘날 미국 흑인들이 직면한 가장 큰 문제는 '자유'다. 이전에 억압받았던 사람들 누구나 처음에는 충격과 굴욕을 느끼며 새로운 자유를 경험한다. 왜냐하면 자유는 채 준비가 되지 않은 상황에서 원래부터 자유로웠던 사람들과 동등한 자격으로 경쟁할 수 없다는 것을 보여주기 때문이다. 자유는 그 집단에 대한 온갖 추악한 고정 관념들과 부당한 상황 등을 인정해 주는 듯 보이지만, 자유로워지는 순간 그들이 받아온 억압의 역사를 더 이상 변명의 구실로 내밀 수 없게 만든다는 아이러니가 동시에 발생한다. 억압이 없어진다면 그 집단은 자동적으로 자신들의

---

*　트위터를 통해 널리 퍼진 해시 태그 #woke란, '깨어났다'라는 뜻으로 본래는 미국 흑인들의 문제에 대한 인식을 말한다. 그러나 2020년대 초반에 이르러 페미니즘, LGBTQ, 사회주의 등 리버럴-좌익진영에서 다루는 주제들까지 포함한 속어가 되었다. 요즘에는 기업의 마케팅 문구, 유명인의 과거 발언 등을 포함하여 자신들의 정치적 올바름에 부합되지 않으면 해당 기업의 제품을 불매운동(캔슬) 하거나 해당 유명인의 커리어를 망가트리는 사람들을 비꼬는 단어로 쓰이기도 한다. 한국어로는 깨시민 등으로 번역된다.

불리한 상황과 부족한 경쟁력에 대한 책임을 고스란히 지게 된다. 그래서 자유라는 것은 곧 굴욕의 다른 형태일 뿐만 아니라 책임이라는 벅찬 부담을 가지고 다가온다. (백인 죄책감White Guilt, 하퍼 콜린스Harper Collins, 2006, p.67)

자유보다 더 공포스러운 것은 없다. 특히 긴 세월간의 억압 끝에 갑작스레 찾아온 자유일수록 더더욱. 길고 긴 세월 동안 흑인들은 자신들이 불평등한 대우를 받고 있다는 말을 들어왔다. 그런데 어느 날 갑자기, 비록 그들의 잘못은 아니지만 그들이 정말 차별받고 있다는 사실을 온몸으로 느끼게 된 것이다. 이전의 억압으로 인해 흑인들이 모든 교육 분야에서 백인들보다 훨씬 뒤처졌던 것은 사실이다. 너무 두려워서 상대를 능가하는 도전을 위해 감당해야 할 일들을 도저히 직면할 수가 없어서, 우리는 피해자 서사라는 이름의 독을 그대로 흡수했다. 우리는 책임의 부담을 감당하기 보다는 무료 혜택을 받기 시작했다. 오히려 우리는 백인들이 우리를 대신하여 진보에 대한 환상을 만드는 것을 내버려두기까지 했다. 바로 이 진보에 대한 환상으로 인해 빚어진 여러 악법들 중 소수 집단 우대 정책Affirmative action* 보다 더 도덕적으로 경멸받아 마땅한 예는 찾아보기 힘들 것이다.

---

* 적극적 우대 조치, 긍정적 차별이라고도 불린다. 소수 집단에게 주어지는 어드밴티지로, 1960년대 흑인 민권 운동의 영향을 받아 발전되었다. 초기에는 인종차별 완화가 목적이었으나 이후 성, 성적 정체성, 장애 등으로 범위가 확대되었다. 대한민국에선 주로 농어촌 우대 입학제도, 가산점, 할당제 등의 이름으로 시행되고 있다.

소수 집단 우대 정책의 부정적인 결과들

우리 정부가 흑인들을 도와준답시고 시행하고 있는 무수한 악의적인 제도들 중 소수 집단 우대 정책보다 더 쓸모없거나 차별적인 정책도 없다. 언론은 이 제도에 대해, '자격이 없는 소수자들의 공간을 마련해 주기 위해 자격이 충분한 백인이나 동양인 대학 지원자들이 얼마나 불이익을 당하고 있는가' 정도에만 초점을 맞추고 있다. 그러나 우리가 언론으로부터 듣지 못하는 것은, 이 제도가 원래 돕고자 했던 흑인 사회에 얼마나 큰 해악을 끼치고 있는가에 대한 사실이다.

경제학자이자 사회 이론가인 토머스 소웰은* 1960년대 말 코넬 대학교의 경제학 조교수로 재직하면서 코넬에 재학 중인 흑인 학생들 중 상당 부분이 제적당하고 있다는 것을 알게 되었다. 소웰은 이 현상의 원인을 파악하기 위한 조사를 시작했다. 그리고 그는 대학이 인종차별을 없애기 위해 입학 절차 과정에서 필요 이상의 과감한 조치를 취하면서 학문적인 재능이 미달되는 학생들도 입학시켰다고 판단했다. 실제로 학업적인 어려움을 겪고 있는 학생들은 자신들의 노력으로 코넬 대학교에 입학한 것이 아니라, 소수 집단 우대 정책 덕분에 입학할 수 있었던 학생들이었다. 그들은 학업 성적이 아니라 피부색 덕분에 입학했기 때문에 학문적으로 월등한 친구들과 경쟁하다가 한계를 맞닥뜨리곤 어쩔 줄 몰라 허둥대고 있었던 것이다. 간단히 말해

---

* 토머스 소웰은 1930년에 태어난 흑인 보수주의자이자 시카고 학파에 소속되어 있는 자유방임주의 경제학자로 어린 시절 빈민촌에서 자라 20대 후반의 나이에 하워드 대학교에 입학, 이후 하버드 대학교와 컬럼비아 대학교를 졸업했다. 한국 전쟁에 참전하기도 했다.

서 그들은 잘못 입학한 학생들이었다. 흑인 학생들을 돕기 위한 목적으로 고안된 정책이 실제로 그들을 해치고 있다는 사실에 놀라움을 느낀 소웰은 코넬에서 그가 관찰한 것을 재확인하기 위해 더 많은 조사에 돌입했고, 그 결과 어느 학교에서나 동일한 현상이 일어나고 있다는 사실을 발견했다. 어느 학교에서나 단순히 피부색으로 혜택을 받아 입학한 학생들의 성적은 좋지 않았다.

미국 대학교 내의 소수 집단 우대 정책은 1970년대 초에 구체화되기 시작했다. 이 착한(?) 차별 정책의 틀은 존슨 대통령의 하워드 대학교 연설을 기점으로 공식적으로 만들어졌다. 1965년까지 존슨은 고용 시장에서의 우대 정책을 위한 행정 명령에 서명했고, 정부와 계약하는 사업체 및 하청업체들은 의무적으로 소수자들을 고용해야 하는 이 정책을 따라야 했다. 이 정책을 입법한 사람들의 최초 의도는 나쁘지 않았을 것이다. 그러나 의도라는 것은 꼭 처음에 의도했던 결과로 이어지지는 않는 법이다. 상당히 재미있는 점은, 피부색으로 개인을 판단했던 역사를 바꾸기 위해 공식적인 정책과 할당제를 도입했으나, 이는 결국 또다시 피부색으로 개인을 판단하게 하는 역효과를 불러 일으켰다는 점이다.* 보다 이기적인 관점에서 보면, 이러한 정책들은 백인들로 하여금 조상들의 추악한 과거로부터 자신들을 분리되어 있는 것처럼 느끼게 해준다는 것이다. 소수 집단을 대신하여

---

* 입학은 할 수 있지만 학교 커리큘럼을 따라가지 못해 졸업을 하지 못하게 되는 상황이 오거나, 아무 혜택을 받지 않아도 될 정도의 월등한 실력으로 입학한 흑인 학생들도 '저 사람은 흑인이라서 가산점 받고 입학했다'는 시선으로 비춰질 수 있어서 궁극적으로 결국 더 억울한 차별을 받을 수 있는 가능성이 확대된다.

다른 집단을 차별해 주는 것보다 자신들의 도덕적 허영을 충족시키는 더 좋은 방법이 어디 있겠는가? 그러나 모든 형태의 차별이 그렇듯, 그것들은 결국 퇴보의 길을 걷게 될 수밖에 없다.

다른 모든 인종의 학생들과 마찬가지로 흑인 학생들도 결국 현실에서 다른 사람들과 경쟁해야 하는 날을 맞닥뜨릴 수밖에 없다. 흑인이라는 이유만으로 수준에 맞지 않는 교육 혜택을 제공하는 차별적인 정책은, 같은 차별적인 이유로 오히려 그들에게 불이익을 주는 셈이다. 그들의 능력이 더욱 성장하는 것을 직접적으로 억제하는 효과를 가지고 있기 때문이다. 이는 애초에 의도했던 진보적 목표에도 직격탄을 날리는 개념이다. 이 정책은 패배했다고 슬퍼하는 사람이 없도록 모든 사람들에게 이론상의 트로피를 수여하는 것과 다르지 않다. 그러나 이것은 사실에 기반한 것이 아니라 순전히 감정에 기반한 것이다. 과분한 메달 아래 자신의 무능을 슬그머니 감추는 것은 자신의 진짜 순위를 끌어올리는데 아무 도움이 되지 않는다. 오히려 지나치게 자신만만한 젊은이들로 이루어진 엉성한 생태계를 양성할 뿐이다. 그리고 이들은 준비가 덜 된 사람들에게 일말의 자비도 베풀지 않는 노동 시장의 불가피한 현실에 결국 짓눌리게 되고 말 것이다.

사회적 선Social goodness과 페미니즘의 이름으로 나는 프로 미식 축구 팀의 수비수가 되겠다고 결심 할 수 있을지도 모른다. 어쩌면 긍정적인 홍보 효과를 노리는 프로 미식축구 협회에서 나에게 기회를 주겠다고 할 수 있을지도 모른다. 그러나 나와 협회가 제아무리 그럴듯한 의도를 가졌다 해도 경기 당일 내가 펼칠 최악의 경기를 막지는 못할 것이다. 마찬가지로 우리가 흑인 학생들을 그들이 속하지 않은 자리로 억지로 구겨 넣는다면, 현실 속에서 진짜 경기가 시작될 때 가장 고통받게 되는 사람은 바로 흑인 학생들 자신이 될 것이다. 소수 집단 우대 정책은 이론적으로는 공정한 경쟁의 장을 마련하기 위해 고안되었을지 모르나, 실제로는 소수 집단을 위한 구덩이를 파는 것이나 다름없다.

나는 교육 성취도 측면에서 흑인들이 백인들보다 계속 뒤처지는 이유가, 흑인들은 노예의 신분에서 출발했기 때문에 우리가 동일한 노력을 해선 '안 된다'는 문화적으로 널리 퍼진 믿음 때문이라고 생각한다.

몇 세대 전 흑인들은 인생에서 성공할 수 있는 유일한 길이 열심히 일하는 것임을 이해했다. 그때까지만 해도 정부의 정책이 깔아주는 지름길이나 무상 혜택 등에 대한 생각이 지금처럼 유행하기 전이었다. 그리고 토머스 소웰이 지적한 바와 같이 흑인 사회가 지금보다도 훨씬 더 비참한 환경에서도 성공할 수 있었던 가장 큰 이유는 '일하려는 의지' 때문이었다. 소웰이 남긴 글을 읽어보자.

미국 흑인들의 역사는 사실상 소수 집단 우대 정책을 옹호하는 사람들에 의해 좌우되어 왔다. 대부분의 흑인들이 1960년대 민권 혁명이나 70년대 소수 집단 우대 정책이 있기 전, 수십 년 동안 이미 가난에서 벗어나고 있었다는 것은 여러 증거들이 분명하게 보여준다. 그러나 흑인들의 인기를 등에 업고 등장한 지도자들과 소위 흑인들의 친구로 일컬어지는 자들에 의한 정치적 역사왜곡이 너무나 심각해서 이러한 흑인들의 자랑스러운 역사는 대중의 기억 속에서 완전히 잊혀졌다. 가난에서 벗어나면서 응당받아 마땅했을 존경을 얻는 대신, 흑인들은 정부의 수혜로 발전한 것으로 소위 흑인들의 친구들과 비평가들에게 널리 비추어지고 있다. …

처지가 딱한 사람들을 돕는 것은, 그들이 할 수 없는 것까지 굳이 할 수 있다고 믿게 만드는 것이 아니다. 스스로의 한계를 겸허하게 인정하는 것이 그 한계 내에서 여전히 해낼 수 있는 많은 일들까지 못하는 이유가 될 수는 없다. 적어도 미국에서는 해낸 일은 또 한번 더 해낼 수 있다는 것을 역사가 이미 증명했다.

소수 집단 우대 정책이 효과적이지 않음을 알 수 있는 가장 쉬운 방법은, 이 정책이 시행되지 않은 곳에서 흑인들이 이룬 성공과 비교해 보는 것이다. 예를 들어 우리는 스포츠에서 두각을 나타내는 경향이 있다. 르브론 제임스는 피부색 때문에 그가 넣는 1개의 골이 4점과 같다는 말을 듣지 않는다. 그는 그가 열등하다거나, 남들보다 못한 운동선수라고 세뇌 당하지 않는다.

흑인들은 음악에도 뛰어나다. 가장 많은 그래미상을 받은 사람들을 열 손가락으로 꼽아보면 그 중에 스티비 원더, 비욘세, 래퍼 제이지와 카니예 웨스트가 들어간다. 그들 중 피부색 때문에 더 많은 표를 얻은 사람은 없다. 그들의 실력은 상대 평가로 그 등급이 매겨지지 않았다. 그들은 단지 경쟁자들보다 더 좋은 음악을 만들어 냈고 그것에 대한 보상을 받은 것뿐이다.

우리의 교육 시스템이 지금까지 흑인들의 위대함을 낳았던 유일한 방법인 '노력'을 거부하는 것은 정말 부끄러운 일이다.

공립 학교라는 이름의 덫

나와 내 형제들이 조부모님의 집에 들어가 살기 전까지 문제가 많았던 내 가정으로부터의 유일한 탈출구는 바로 학교였다. 등교 첫 날부터 나는 매일 유치원에 가는 시간을 제일 좋아했는데, 꼭 무언가를 배우기 위해서라기보단 그 곳에서 희망을 느꼈기 때문이었다.

유치원에서 내가 처음 사귄 친구 중 한 명은 금발에 파란 눈을 가진 '로라'라는 소녀였다. 우리는 금방 단짝 친구가 되었고, 하루는 방과 후에 로라네 집에 놀러 가게 되었다. 그때까지 나는 대가족이 아닌 친구의 집에 초대되어 본 적이 없었기 때문에 내가 무엇을 보게 될지 전혀 알지 못했다. 그리고 내가 마주하게 된 것은 상상할 수 있는 것 이상의 것이었다.

나는 그날 로라의 집으로 자동차를 타고 가던 그 길을 지금까지 생생하게 기억한다. 우리를 지나치는 집들이 점점 더 커지자 나는 깜짝 놀라서 자동차 창밖으로 로라가 사는 커다란 교외의 마을을 내다보았다. 당시 내가 살던 방 3개짜리 작은 아파트 건너편 세계에는 울창한 숲과 풍요로운 삶이 존재하고 있었던 것이다. 당시 나는 그 모든 것들에 압도 당했다. 모든 사람들이 나처럼 살고 있다고 생각했었기 때문이다.

로라의 집은 넓은 놀이방이 딸린 스탬퍼드 북쪽에 있는 저택이었다. '그냥 놀기 위해 존재하는 방이라고?' 놀이방이라는 개념 자체가

---

* 미국에서 유치원은 만 5세 어린이를 대상으로 한 미국 정규 교육 과정의 한 단계이다.

나의 어린 마음에 큰 충격을 안겨다 주었다. 나는 다른 행성에서 온 외계인이 된 기분이었다. 그녀의 침실은 깨끗했을 뿐만 아니라 그 안에 있는 모든 것이 그녀의 것이었다. 그녀는 나처럼 다른 두 명의 자매들과 물건들을 공유할 필요가 없었다. 그녀의 침실은 도자기 인형들이 선반 위에 가지런히 놓여 있는 흰 색의 빅토리아풍 이었다. 모든 것이 매우 섬세하게 보였고 나는 아무것도 깨지 않기 위해 조심했다.

나는 강연에서 이 어린 시절의 경험담을 자주 공유한다. 그만큼 이 이야기가 주는 교훈이 크기 때문이다. 아이들의 마음은 하얀 백지와 같고 그 백지 위에는 그들을 둘러싸고 있는 세상을 이해하기 위한 힘겨운 노력들이 새겨진다. 아이들의 여러 경험들을 처리하는 방법이 훗날 그들 삶의 방향성을 결정한다. 여기서 가장 중요한 것은 어른들이 '왜'라고 묻는 아이들의 끝없는 질문에 어떻게 대답하느냐는 것이다. "하늘은 왜 파란가요?", "잔디는 왜 초록색인가요?", "왜 로라의 집이 우리 집보다 큰 건가요?" 어른들의 대답은, 그 대답이 진실이든 거짓이든 아이와 사회 간의 관계를 형성한다. 많은 경우, 그 관계가 그들의 삶에서 성공과 실패 간의 차이를 설명할 수 있다. 하루의 대부분을 교실에서 보내는 대부분의 아이들처럼 나는 세상을 좀 더 이해하기 위해 선생님과 교과서에 눈을 돌렸다. 내가 다니던 공립 학교 교사들에게 들었던 대답들은 이미 정해진 패턴 안에서 거의 항상 비슷하게 돌고 돌았다. 학생들에게 진실을 가르치는 것 보다 흑인 피해자 내러티프를 이용한 선동을 주입시키는 것 같은 패턴들 말이다.

부모들은 학교라는 공간이 아이들이 성장하기에 안전한 환경이라고 생각하고 싶어한다. 루비 브리지스 시대 이후 오랜 세월이 흘렀기 때문에 아직까지 교실에서 열등 의식을 가르치고 있으리라 짐작하는 사람들은 거의 없다. 그러나 그게 현실이다. 전국의 학교에서 학생들은 '백인 특권'과 '흑인에 대한 억압' 같은 결함 투성이의 개념들을 배우고 있다. 이 개념들은 쉽게 말하자면 피부색이 그들을 서로 다른 존재로 만든다는 내용을 담고 있다. 내가 어린 시절 살았던 저소득층의 아파트에 사는 가정과 로라와 같이 저택에서 사는 가정 간의 차이는 바로 '불공평한 사회 시스템' 때문이라고 공립 학교의 아이들은 배우고 있다.

이러한 세뇌 교육이 느리게 진행되어 오는 동안 우리는, 노예 제도, KKK 집회, 물 대포로 흑인 시위대를 쫓아내는 광경, 민권 운동 시위 중 경찰견에 의해 공격당하는 흑인들의 모습 등이 오늘날 미국의 흑인들이 겪는 모든 병폐를 가장 잘 설명해 준다고 믿게 되었다. 이 포장된 이론은 인종을 넘어 저소득층과 고소득층, 여성과 남성 등을 분열시키기 위해 사회 전반에 적용되고 있다. 이 '피해자 대 가해자'의 관계를 가르치는 교육 방식은 특히 흑인 청년들의 정신을 병들게 하고 있다. 이미 앞서 밝힌 바와 같이, 너희에겐 아무 책임도 없다는 말을 듣는 것은 사람들로 하여금 열심히 일하도록 돕는데 아무 도움이 되지 못하기 때문이다.

물론, 내가 다녔던 학교들 역시 로라의 가족이 잘 사는 것은 로라네 아버지의 기업가 정신 덕분이라고 결론 내릴 수 있을 만한 그 어떤 것도 가르쳐 주지 않았다. 그의 사업이 성공하게 된 이유는 그가 살면서 내려온 좋은 결정들 덕분이었을 것이다. 반대로 내가 학교에서 들었던 그 어떤 수업도 내 부모님이 감당하지 않았던 '책임'이라는 것

대해 탐구하게끔 지도해 주지 않았다. 내 어머니가 고등학교를 중퇴하고 십대에 임신하게 된 것이 그녀의 초기 잠재력을 앗아간 원인이었을지 모른다. 내 아버지가 가계 재정에 무책임했던 것이 우리 가족이 가난했던 원인이었을 것이다. 아니, 어쩌면 학교는 개인의 의사 결정과 그 결과에 대해, 그것도 감히 흑인들에게 가르칠 용기가 없었던 것 같다. 사회의 억압적인 시스템에 모든 탓을 돌리는 내러티브가 너무나 사랑받고 있기 때문이다.

요즘 공립 학교의 커리큘럼은 개인보다는 타인이 우리의 성공에 미치는 영향만을 지나치게 강조하고 있기 때문에 학생들은 자유 시장 경제와 기업가 정신에 대해 배우지 못하고 있다. 이에 따라 학생들은 체계적으로 무력화되고 타인의 성공에 대해서는 분개의 감정을 느끼도록 훈련받고 있다.

그리고 이는 일종의 자기 충족적 예언을 만들어 낸다. 우리는 우리가 혐오하는 대상이 되고자 하지 않는다. 만약 돈과 성공이 우리가 증오하고 원망하는 대상이 된다면 우리는 결코 그것들을 손에 넣지 못할 것이다. 우리의 잠재 의식은 우리가 미워하도록 규정한 존재가 되는 것을 막으려고 할 것이기 때문이다.

그리고 교육 시스템이 아이들의 잠재성을 사장시키는 걸 넘어 집단적으로 세뇌시키고 있는 이 비극은 우리의 교육이 얼마나 처절하게 실패했는지를 그대로 보여 주고 있다.

선택하기를 거부하다

앞서 4장에서 나는 초등학교에서 중학교까지 재학 중인 흑인 학생들이 어떻게 거의 모든 학습 능력 평가 기준에서 백인 학생들에 비해 뒤쳐지는지 밝혔다. 고등학교에 진급한 학생들의 문제는 이것의 연장선에 불과하다.

ACT가 발표한 보고서에 따르면 2019년, 고등학교 2~3학년 사이에 ACT 시험을 치른 흑인 졸업생들 중 32%만이 대학에서 요구하는 수준의 영어 점수에 이르렀다. 다른 과목의 결과는 더 나빴다. 오직 20%의 학생만이 읽기 능력 기준을 충족했고, 수학과 과학에서는 각각 12%, 11%만이 기준에 도달했다.

교육 수준의 미달 문제는 흑인 사회 전체의 문제다. 특히 '학습적으로 소외된' 것으로 여겨지는 흑인 학생들, 즉 나와 같이 저소득층 가정 출신이고 대학교를 다녀 본 적 없는 부모를 둔 학생들을 대상으로 조사해 보면 이 통계는 훨씬 더 처참해진다.

- 학습 미달 기준 3가지 이상을 모두 충족한 학생 중 9%만이 3개 이상의 ACT 시험의 대학 준비 가능 기준에 도달했다.
- 2019학년도 학생들 중 ACT 기준이 미달된 21%의 학생들만이 3년 이하 기간 동안 수학 수업을 들었다고 응답했다. 이는 ACT 기준에 미달되지 않은 학생들의 비율(10% 미만)의 두 배 이상이다.

---

* ACT(American College Testing)는 SAT처럼 미국 대학 입학시험이다

• 기준 미달 학생들은 특히 STEM* 과목에서 다른 학생들보다 뒤처진다. 지난 2년 동안과 마찬가지로 2019년 학습 미달 기준 3가지를 모두 충족한 학생들 중 2%만이 ACT STEM 과목 최소 기준에 도달했다.

이 자료가 그들의 미래에 대해 무엇을 말하고 있는지 굳이 설명할 필요는 없을 것 같다. 기초적인 교육 수준이 뒷받침되어 주지 않는다면 그들의 직업 전망은 점점 더 낮아지게 될 것이고, 결국 흑인 사회 전체를 괴롭히는 빈곤의 순환은 영원히 계속될 것이다.

이 암울한 통계에 공교육 제도의 책임이 크다는 것 역시 말할 필요가 없을 것 같다. 부모들은 자녀의 미래를 준비시켜주는데 가장 적합하지 않은 이토록 암울한 기관에 매일 아이들을 넘겨주고 있는 셈이다.

공립 학교 제도가 우리의 아이들을 망치고 있다는 명확한 증거가 눈앞에 있는데도 흑인 학부모들은 이것이 아이들을 위한 최선의 선택이라고 좌익들에게 설득당하고 있다. 그러나 우리가 설득 당했든 세뇌 당했든, 모든 건 결국 우리 선택의 문제다.

자녀들을 위한 최고의 학교를 선택하는 문제가 정치적 문제가 되어서는 안 된다. 그러나 민주당은 엘리트 학교로 아이들을 데려가는 것이 흑인들에게 재앙을 불러올 것이라는 생각을 이미 흑인들에게 주입한 지 오래다. 그러므로 이 문제는 이제 분명한 정치적 문제가 되었다. 흑인들이 '학교 선택 정책'(할당된 정부 기금을 공립학교, 사립

---

* Science, Technology, Engineering and Math (과학, 기술, 공학, 수학)

학교, 대안 학교 및 기타 기관으로 이전해서 바우처처럼 사용할 수 있게 하는 정책)에 호의적이라는 것을 이미 수많은 여론 조사가 보여주고 있음에도 불구하고 좌익 정치인들은 어처구니없게도 이를 시민 자유[**]에 대한 침해라고 공격했다. 그들은 학교 선택 정책이 백인 가정을 우대하고 공립 학교 사이의 분열을 조장한다는 헛소리를 한다. 이건 흑인 사회의 발전을 통제하고 제약하는 좌경세력의 전형적인 거짓 선동 중 하나다.

아이들의 교육 환경을 획기적으로 개선할 수 있는 선택권이 눈앞에 버젓이 놓여 있는데도, 형편없는 공립 학교에 변함없는 충성을 맹세하면서 자녀들의 미래를 서서히 병들게 만들고 있는 부모들을 보고 있으면 참 착잡한 기분이 든다. 아니, 그 전에 리버럴들이 학교 선택 정책을 반대한다는 것부터가 이해하기 힘들다. 이 사람들은 허구한 날 미국의 노동 시장이 인종차별적이며 흑인들은 취직이나 승진에 어려움을 겪는다고 주장하면서, 그런 상황을 타개할 수 있는 최선의 방법인 교육 환경 개선을 위한 학교 선택 정책은 반대하고 있는 자기모순적인 행태를 보이고 있다. 더 아이러니 한 건, 가장 큰 목소리로 학교 선택 정책을 반대하는 그 민주당 정치인들이 정작 본인들의 자녀들은 사립 학교에 보내고 있다는 점이다. 나는 이 가증스러운 위

---

[*]   힐러리 클린턴은 공립 학교 강화를 공약으로 내걸었으나 트럼프는 학부모와 학생이 학교를 선택할 권리, 즉 공립 학교, 자율형 학교, 사립 학교 등을 자유롭게 선택할 권리를 보장해야 한다고 주장했다.

[**] 시민 자유(Civil Liberty): 기본적인 인권의 하나. 국가에서 제한하거나 강제되지 않고 법의 한도 내에서 자유롭게 생각하고 말하고 행동할 자유

선이야말로 그들의 사악한 정치적 의도를 보여주는 증거라고 생각한다. 교육받지 못한 흑인 아이는 교육받지 못한 어른으로 자라게 되고, 교육받지 못한 어른은 비판적 사고를 할 수 있는 사람들보다 대중 선동에 의해 훨씬 더 쉽게 통제된다. 민주당은 이 사실을 완벽하게 이해하고 있는 것이다.

학교 생활

흑인들의 문화가 흑인들의 실패의 가장 큰 원인이라는 점을 빼놓고 교육에 대해 이야기 하는 것은 불가능하다. 왜냐하면 흑인들의 문화 안에서 교육이라는 것은 '쿨하다'고 여겨지지 않기 때문이다.

주로 흑인들로 이루어진 교실 보다 백인들로 이루어진 교실에서 공부할때 흑인 학생들의 학업 성취도가 더 높다는 것은 슬픈 사실이다. 더 슬픈 건, 이 문제의 원인이 거의 수면 위로 올라오지 않는다는 점이다. 왜냐하면 이 문제를 다루기 위해서는 "흑인들에겐 아무 책임이 없다"라고 하는 명제적 코드에 반하는 흑인 사회 내부의 문제점을 정면으로 마주해야 하기 때문이다.

솔직하게 터놓고 말해 보자. 미국의 흑인들은 무지한 상태로 남아 있고 싶어 한다. '흑인다움'에 굴복하지 않는 흑인들은 '백인처럼 행동한다'고 비난받는다. 아마 나보다 이러한 흑인들 특유의 문화를 이해하는 사람은 얼마 없을 것이다.

내가 초등학교에 다닐 때 학생들은 8살이 될 때까지 학업 표준 평가 시험을 치르지 않았고, 시험을 치른다 해도 그 결과에 따라 학급을 나누지 않았었다. 따라서 각 학급에 속한 학생들은 모두 인종적으로 다양했는데, 내가 가장 친하게 지냈던 친구 두 명 중 한 명은 히스패닉계였고 다른 한 명은 흑인이었다. 단지 그들이 나와 같은 학급이라는 이유만으로 말이다.

학업 표준 평가 제도가 시작되었을 때 나는 당시 3학년이었는데, 나는 선생님이 4학년으로 건너뛰라고 권할 정도로 높은 점수를 받았다. 전학 직후 막 친구를 사귀기 시작했던 나는 엉엉 울면서 내가 속한 학년을 계속 다니고 싶다고 엄마에게 애원했다. 엄마는 높은 성적의 학생들을 위한 특별 수업을 듣는 것을 조건으로 내 부탁을 들어주었다. 그리고 이 특별 수업의 학생들은 나를 제외하고 모두 백인이었다.

중학교에 입학 하자마자 학생들은 표준 평가 점수에 따라 반에 배정되었다. 나는 주로 백인 학생들로 구성된 반에 편성되었다. 그 반에는 나 외에 두 명의 다른 흑인 학생들도 있었다. 다른 모든 아이들처럼 나도 같은 반 친구들과 곧 친해졌다. 이것은 내 친구들 대부분이 백인이라는 것을 의미했다. 초등학교때와는 다른 환경의 변화였다.

그리고 그 때부터 괴롭힘이 시작되었다.

학업 성취도가 낮은 반에 속한 흑인 여학생들은 내가 수업에 들어가려고 할 때마다 복도에서 나를 가로막고 무례한 욕설을 내뱉었다. 특히 한 여학생은 내가 복도에서 그녀 옆을 지나칠 때마다 고의로 내 어깨를 세게 부딪치곤 했다. 나는 그들을 무시하기로 했다. 어느 날, 학교 식당에서 한 흑인 여학생이 나를 자신들이 앉아 있는 테이블로 불렀다. 나는 그들의 테이블로 걸어가면서 그들이 나를 조롱하려고 불렀다는 사실을 눈치챘으나 달리 도리가 없어서 어쩔 수 없이 그들 곁으로 다가갔다. 그녀는 내게 단도직입적으로 물었다. "캔디스, 내가 너에게 올라(Hola, 스페인어로 '안녕하세요'-옮긴이)라고 말하면 넌 뭐라고 대답(back)할래?"

나는 솔직하게 대답했다. "안녕(Hello)이라고 대답할 거야."

흑인 여학생들로 가득 찬 그 테이블 전체가 큰 웃음소리로 들썩였다. 나는 내가 앉아있던 자리로 다시 돌아왔다. 나중에야 그 정답이 당대 최고의 힙합 곡, 〈Holla back〉이라는 것을 알게 되었다. 나는 솔직히 인기 힙합 곡을 듣는 것에 큰 흥미가 없었다. 왜냐하면 그 때 J. K. 롤링이 《해리 포터》의 또 다른 시리즈를 발간했고, 누군가 내게 결말을 스포일러 하기 전에 학교가 끝나자마자 매일 집으로 뛰어가서 책 읽기 바빴기 때문이다.

이 모든 괴롭힘은 바로 내가 '백인처럼 행동하고 있다'는 그들의 근거 없는 평가에 기인한 것이었다. 나를 모욕할 만한 이유는 그들에게 그것만으로도 충분했다. 몇 년 후, 나는 복도에서 내 어깨를 부딪치곤 했던 그 여학생과 미술 수업을 함께 듣게 되었다. 그리고 우리는 금방 친구가 되었다. 그녀에게 예전에 왜 그렇게 못되게 굴었느냐고 물었을 때 나는 절대 잊지 못할 대답을 들었다.

"나는 너가 잘난 척 하는 줄 알았어. 너가 이렇게 쿨한 줄 몰랐지."

그 친구는 내가 상급반에 속해 있다는 단 하나의 사실에 근거하여 말도 걸어본 적 없는 누군가에게 이미 유죄 판결을 내린 것이었다.

복도에서 나를 가로막고 내 옷을 가지고 비웃던 여학생과는 기하학 수업을 같이 듣게 되었다. 역시 우리는 빠르게 친구가 되었다. 그

녀에게 왜 나를 괴롭혔느냐고 물었을 때 그녀의 대답 또한 걸작이
었다.

"글쎄, 우리는 그냥 너가 재수 없는 년이라고 생각했어."

그들은 내게 '백인 행세'라는 죄목에 대해 유죄 판결을 내렸지만,
나는 결코 백인 행세를 한 적이 없었다. 내게 죄가 있다면 그것은 힙
합 용어를 익히기 보다는 적절한 표준 영어를 구사했다는 점, 시험에
서 정답을 맞추고 책을 읽었다는 점이다. 내가 속한 인종 집단에게 이
런 행위들은 일종의 배신이었다. 나는 '흑인처럼' 행동한다고 여겨지
지 않았다. 흑인들의 암묵적인 불문율에 따르지 않았던 것이다.

물론 학교에서 성적이 좋은 흑인 학생들이 어떤 식으로든 '백인처
럼 행동'하고 있다는 생각 자체가 인종차별적이다. 그런 생각은 높은
지능이라는 것은 백인들의 소유물이며, 학업적 성공은 흑인들의 것
이 될 수 없다는 것을 내포하고 있기 때문이다. 뿐만 아니라 이는 총
명한 흑인 학생들이 흑인 집단의 일원으로 받아들여지기를 원하는지
아니면 공부를 더 잘하기를 원하는지 둘 중 하나만을 선택해야만 하
는 전체주의적인 문화를 조성한다.

어찌되었든 확실한 건, 다른 사람들이 백인처럼 행동한다고 비난
하는 사람들은 그들 스스로 자신들이 멍청이임을 자처하는 거나 다
름없다는 것이다.

자유가 주는 부담

이 모든 문제의 근본은, 흑인들이 민주당에 충성을 맹세한 후 60

년의 세월이 흐르는 동안 자신들은 모든 규칙에서 예외적인 존재라고 믿게 되었다는 것에 있다. 하지만 우리는 꾀병을 부릴 수 없다. 열심히 일하고, 공부하고, 삶의 옳은 결정을 내리는 것에서 면제될 수도 없고, 내 옆에 있는 사람이 성공할 때 나는 실패했다고 해서 이건 부당하다며 그 사람을 손가락질하거나 주저 앉아 징징거릴 수도 없다. 성실하게 노력하는 것에서 제외될 수 있는 사람은 아무도 없으며, 자신이 스스로 내린 결정에 따른 결과에 대해 부당하다고 주장할 수 있는 사람도 없다.

형편없는 공립 초중고교 시스템을 통해 우리를 인질로 삼는 것만으로는 충분치 않았는지, 좌익과 손잡은 우리의 교육 시스템은 우리에게 아무것도 하지 않고 성공에 대한 환상을 머릿속으로 그리기만 해도 충분하다는 자격을 부여했다. 그러나 그 환상은 실제 경쟁 세계에서 첫 경기가 시작되자마자 무너져 버리고 만다. 그리고 교육을 경멸하는 현대 흑인 문화는, 옛날 인종차별적인 사회에 대한 불안의 찌꺼기와 같다. 그리고 이 찌꺼기는 우리의 능력을 저해하고 우리의 발전을 제한한다.

우리는 "자유는 공짜가 아니다"라는 표현을 자주 듣곤 한다. 이게 정확히 무엇을 의미하는 것일까? 그것은 자유라는 것이 넓은 초원에 서서 태양을 향해 얼굴을 들어 올린 젊은 여성의 모습을 하고 있는 것이 아님을 의미한다. 자유는 친구들과 놀러 나가고 싶은 욕망을 참고 집에 앉아서 공부하고 있는 젊은 여성의 모습을 하고 있다. 뛰어난 학업 성취도를 이루어 내서 마침내 일류 대학교에 합격하는 젊은 남성의 모습을 하고 있다. 자유란 이렇듯 우리가 진정한 특권을 누리기 위해 한 개인으로서 치러야 하는 희생이요, 책임이다. 로널드 레이건 대통령은 이런 유명한 말을 남겼다. "자유란 소멸되기까지 결코 한 세대보다 멀리 있지 않다. 자유는 저절로 다음 세대에 물려줄 수 있는 것이 아니다. 자유는 계속해서 싸워 내고, 지켜 내고, 다음 세대에게 넘겨줘야 한다"

그토록 오랜 시간 동안 자유를 위해 투쟁해왔음에도 불구하고, 흑인들에게 있어 진정한 의미의 자유는 단 한 번도 이루어진 적도 없고 지켜진 적도 없다. 새로운 세대의 흑인들이 진정한 자유를 위해 다시 한번 싸워야 할 때다.

7

미디어에 대하여

ON MEDIA

BLACKOUT

미디어에 대하여

에이미 로바크의 얼굴은 역겨움으로 일그러졌고 목소리는 좌절감으로 탁해졌다. 이 ABC뉴스 앵커의 입에서 나온 말들은 하나같이 끔찍한 폭로였는데, 이 모든 것들이 하필 그 때 켜져 있던 스튜디오 마이크에 녹음이 되고 있었다. "나는 이 사건을 3년 동안 가지고 있었어. 버지니아 로버츠와 했던 인터뷰가 내 손 안에 있었다고. 그런데 그들이 이걸 방송하게 해줄 일은 없을 거야."

---

* 　2019년 8월, ABC 앵커 에이미 로바크가 제프리 엡스틴에 관한 뉴스를 이미 버지니아 로버츠로부터 2015년에 이미 입수했으나 영국 왕실 및 ABC방송사의 압박으로 보도하지 못했다며 카메라가 돌아가지 않는 스튜디오 안에서 하소연하는 내용이 미국 탐사보도 미디어 '프로젝트 베리타스(Project Veritas)'를 통해 영상으로 유출되었다.

** 　버지니아 로버츠 주프리는 자신이 열일곱 살 미성년자였던 당시 엡스틴의 강요로 앤드루 왕자와 일당들로부터 여러 차례 성폭행 당한 사실을 폭로한 사람이다.

억만장자 금융인이며 소아 성애 범죄 용의자인 제프리 엡스틴에[*] 대해 로바크가 수집해 온 결정적인 증거들이 그녀의 입을 통해 하나하나 쏟아지고 있었다. 로바크는 그녀의 말들이 녹음되고 있다는 사실도 모른 채, 자신의 고용주인 ABC 방송사가 이 사건을 은폐하려고 했으며, 엡스틴이 이미 해친 어린 소녀들과 미래에 피해자가 될 수도 있었을 아이들을 보호하는 대신 엡스틴과 그의 친구들을 보호하기로 결정한 사실에 대해 털어놓았다. 몇 년 후 엡스틴이 체포되고 그의 끔찍한 범죄 행각이 세상에 알려지게 되자 로바크는 그녀가 침묵을 강요당한 것에 대해 "미치도록 화가 났다"라고 말했다.

로바크의 폭로가 담긴 영상이 인터넷에 퍼지기 시작하면서 이 영상을 누가 유출했는지, ABC에 대한 비난 여론이 확산된 지금부터 앞으로 무슨 일이 일어나게 될 것인지, ABC가 이에 어떻게 대응할 것인지 등에 대한 여러 의문들이 불어났다. 하지만 이 사건이 품고 있는 문제의 본질은 이것이다. 사람들에게 사실을 알려 준다고 주장해 온 ABC와 같은 주류 언론사들이 대체 '왜' 그 뉴스를 숨기려고 노력했는가?

제프리 엡스틴의 10억 달러 규모의 소아 성애 범죄에 대해 가장 주

---

* 제프리 엡스틴은 2019년 7월, 미성년자 인신매매 및 성폭행 혐의로 수감되었으나, 같은 해 8월, 재판을 기다리던 중 자살로 생을 마감한 성범죄자다. 그는 2008년, 미성년자 36명을 성매매한 혐의로 이미 유죄 판결을 받은 적 있으나 당시 겨우 13개월의 징역만 살았으며 그마저도 호텔 같은 감옥생활 및 보호 관찰 기간 중에도 자유롭게 지역을 이동하는 등 법 위에 살았던 인물이다. 그를 통해 성매매 중개를 받은 유명인사들 중에는 빌 클린턴, 엘리자베스 2세의 차남, 요크 공작 앤드루도 포함되어 있는 것이 밝혀져 전 세계에 충격을 안겨 주었다. 엡스틴은 이미 오래 전 부터 널리 퍼져 있었던 피자게이트 이슈(전 세계 정재계 및 각 분야 거물들이 암암리에 아동 성범죄를 저지르고 있다는)와도 깊이 연관되어 있다.

목할 점은, 그가 어떤 정교한 방법으로 여자 아이들을 모집해 그의 개인 제트기로 엡스틴 개인 소유의 섬에 보냈는가 같은 내용이 아니다. 정말 주목해야 할 점은 바로 민주당의 가장 유명한 지도자들 중 몇몇 남성들이 이 범죄에 연루되었다는 점이다. 엡스틴의 비행 일지에는 클린턴 행정부 시절 미국 재무부 장관을 지냈으며 오바마 행정부 시절에는 국가 경제 위원회(NCE)의 국장을 지낸 래리 서머스와, 빌 클린턴 전 대통령이 이름을 올렸다. 게다가 빌 클린턴은 '롤리타 익스프레스호'라는 이름의 비행기를 타고 적어도 엡스틴의 개인 섬에 최소 26번 방문한 것으로 드러났다.

로바크에 따르면 그녀는 이 모든 것들을 알고 있었다고 한다. 우발적으로 벌어진 이 폭로에서 그녀는 오바마 전 대통령의 온갖 추잡하고 적나라한 비리들까지 입수했지만 결국 보도하지 못했다고 한다. 그녀는 위의 높으신 분들이 엡스틴 스캔들에 대해 "아무도 신경 쓰지 않을 것이다"라고 말했다고 한다. 만약 이것이 사실이라면 ABC의 죄목도 어마어마하다. 이 방송사는 흑인들의 90% 지지율을 포함한 수백만 유권자들의 충성을 유지하기 위해, 부유한 리버럴 진영과 민주당의 유명인사들의 범죄를 은폐해주는 댓가로 돈이나 챙기는 사기꾼 집단에 불과했던 것이다.

우리는 '편파적이지 않은' 것으로 알려진 뉴스 매체가 선전 기구에 지나지 않는 것으로 드러난 것이 이번이 처음이 아님을 이미 알고 있

---

* 《롤리타》는 1955년 쓰여진 블라디미르 나보코프의 소설로 중년의 주인공 험버트가 10대 소녀 덜로리스 헤이스에게 성적 욕망을 느끼는 것에서 전개되는 이야기를 담고 있다. 소설의 제목 '롤리타'는 덜로리스 헤이스의 애칭이다.

다. 잡지 《뉴요커》의 칼럼니스트 로넌 패로는 자신의 저서 《캐치 앤 킬Catch and Kill》에서 NBC 뉴스에서 일하는 동안 그의 상사들이 하비 와인스틴의 성폭행 혐의에 대해 초기 보도를 거부했다는 사실을 밝혔다. 패로는 또한 NBC가 전 투데이 쇼 앵커인 맷 라우어의 성추행 및 성적 괴롭힘 혐의를 은폐했다고 주장했다. 2019년 11월 5일, 《워싱턴 포스트》의 칼럼니스트 마거릿 설리번은 이렇게 말했다. "최근 몇 주 동안 NBC는 수익이 저널리즘 정신보다 앞서며, 시청률이 진실보다 더 중요하다는 자신들의 입장을 크고 분명하게 표명했다."

나는 설리번의 주장에 동의한다. 한 가지 덧붙이고 싶은 것은 우리나라 미디어의 상태는 그녀가 주장하는 것보다 더 심각한 수준이라는 것이다. 리버럴 진영의 미디어 단체들이 추구하는 것은 수익과 시청률이 다가 아니다. 거기엔 '통제'도 포함된다. 그들은 대중에게 전달할 정보를 방송사 입맛에 따라 선택하고, 그들의 내러티브와 대립되는 사건은 의도적으로 감춘다. 그렇게 그들은 외국에서 일어나는 전쟁, 의료 위기 그리고 물론 인종과 정치에 이르기까지 다양한 주제에 대한 대중의 인식에 직접적인 영향을 미친다.

신문 기자와 TV 앵커들은 언론이 지켜야 할 중립성을 무너뜨리면서까지 트럼프 대통령을 향한 막말과 거짓 의혹들을 쏟아 내고 있다. 그 결과 그들은 민주당 지도부의 진실과 그들이 품은 동기의 진짜 목표를 숨겨주고, 민주당에 대한 흑인들의 충성심을 강화하는 프로파

---

* 할리우드의 전 영화 제작자. 막강한 영화계 영향력을 이용해 여배우들에게 각종 성범죄를 행하다 결국 미투 운동의 폭로로 영화계에서 퇴출되었고 현재 복역 중이다.

간다 도구로 전락했다.

리버럴 미디어와 민주당의 낭만적인 러브 스토리

편향된 언론이라는 주제에 있어서 트럼프 대통령의 임기보다 더 좋은 출발점은 없을 것이다. 주류 좌익 언론 매체들이 트럼프 대통령을 향한 하나 된 증오심으로 똘똘 뭉친 지금, 트럼프의 정책만을 가지고 그의 명예를 더럽힐 수 있는 방법은 사실상 거의 없다. 특히 흑인 사회와 관련된 정책들에만 초점을 맞춘다면 사실상 트럼프를 비판할 만한 것이 거의 없다.

아주 재미있는 사례가 하나 있다. 2017년 말, 좌익 언론 중 하나가 트럼프 대통령의 식단에 관해 폭로하면서 엄청난 불길을 몰고 왔는데, 그들은 트럼프가 매일 다이어트 콜라를 몇 개 마시는지에 대해 토론하기 시작하더니 곧 대통령의 생활 방식 전체를 포함한 주제로 이슈를 확대하여 신나게 떠들어댔다.

《비즈니스 인사이더》는 12월 9일, "트럼프는 하루에 다이어트 콜라 12캔을 마시고 8시간 동안 TV를 시청한다"라는 제목의 기사를 실었다. 사흘 뒤 《워싱턴 포스트》는 "매일 다이어트 콜라 12캔을 마시는 트럼프의 습관이 과연 건강한 생활 방식인가?"라는 헤드라인을 실었다. 트럼프 대통령에 가할 수 있는 손쉬운 공격이라면 그 어떤 것도 그냥 지나치지 못하는 CNN은 몇 달 뒤 3월 9일에 방송된 "매일 다이어트 콜라 12캔을 마시는 트럼프의 생활 방식은 바뀌어야 한다"라는 이야기로 이 뉴스를 또다시 부활시켰다.

그로부터 1년이 지난 2018년, 언론의 관심이 다시 한번 트럼프의 음료 습관에 쏠렸다. 기자들은 더 이상 대통령의 건강 상태에만 신경 쓰지 않았다. 그들은 갑자기 트럼프가 다이어트 콜라를 좋아한다는 사실이 코카콜라와 다이어트 코크라는 브랜드 이미지에 악영향을 미친다는 점을 대두시켰다. 그들은 자유 진영의 지도자와 이미지가 엮이는 바람에 그 브랜드들이 피해를 입을 것이라고 추측한 것이다. 대표적으로 같은 해 9월 25일, 일간지 《마케팅 트레이드》의 온라인 사이트인 "AdAge.com"에는 "다이어트 코크 브랜드는 트럼프 때문에 문제를 겪고 있는가"라는 제목의 기사를 개제했다.

현재 구글에서 '트럼프 다이어트 콜라' 같은 키워드를 대충 검색해보면 100만 개 이상의 결과를 얻을 수 있다. 이는 대통령이 즐겨 마시는 음료수 같이 지극히도 사소한 사안을 무기화 하려는 언론의 노력이 얼마나 처량한지 보여준다. 이 리버럴 언론들은 스스로를 도덕적 권위를 지닌 존재로 선언했고 빅맥과 다이어트 콜라를 좋아하는 트럼프라는 사람은 이들의 암묵적인 우월 의식을 거스르는 존재로 간주했다. 콜라에 대한 트럼프의 사랑에 그토록 엄격하게 적용되었던 도덕적 기준은, 콜라보다도 훨씬 더 나쁜 습관을 가진 오바마가 현직 대통령이었을 때는 왠지 모르게 존재조차 하지 않았다.

오바마 전 대통령이 재임 기간 중 습관적으로 담배를 피웠던 사실은 워싱턴 D.C. 내부 인사들 사이에서는 공공연한 비밀 중 하나로 손꼽힌다. 두 번째 임기 동안 아주 가끔 이 문제를 다루는 기사들이 나오긴 했었다. 그러나 그 기사들은 사진 속의 오바마가 손에 쥐고 있는 담배 한 갑과 아주 비슷하게 생긴 물건이 담배가 맞는지 아닌지에 관한 정도였다. 오바마가 대학생 때부터 흡연가였음을 알 수 있는 여러 증거 사진들이 버젓이 있는데도 말이다. 그러나 그 어떤 언론도 오바마의 계속되는 흡연 습관이나 담배를 끊고자 하는 노력 등에 대해 다루지 않았다. 오히려 그들은 오바마가 담배 피우는 것을 돕기 위해 라이터로 불을 붙여주는 사람처럼, 그가 왜 담배를 피우고 싶어 하는지에 대한 대중의 연민과 이해를 구했다.

2015년 6월 11일,《더 타임스》는 "오바마의 흡연 여부가 과연 중요한 사실인가에 대하여, 그리고 왜 중요하지 않은가에 대하여"라는 제목의 기사를 실었다. 이 기사를 쓴 저널리스트 마야 로단은 "일반적인 사람들은 그의 흡연에 대하여 크게 신경 쓰지 않는다. CNN의 2009년 여론 조사에 따르면, 대부분의 미국인들은 담배를 끊고자 하는 그의 투쟁에 별로 관심이 없으며, 오직 3분의 1의 응답자만이 그가 완전히 담배를 끊는 것을 보고 싶어 했다."라고 피력했다. 로단은 오바마가 대통령 취임 후 건강 검진에서 세 번이나 긍정적인 결과를 받았다는 사실을 강조했다.

이 기사에서 로단은 흡연 사실을 증거하고 있는 그 많은 사진들에도 불구하고 오바마가 흡연 중이라고 단언 하지도 않았다. 게다가 그녀는 "사실일 수도 있고, 사실이 아닐 수도 있는" 흡연 습관이 그리 중요하지 않다는 말로 글을 마무리했다. "《워싱턴 포스트》의 한 기자가 지적했듯이, 오바마는 '세계 최고의 자기 건강 관리자'인 동시에 '세상에서 가장 고된 직업'을 가지고 있는 사람이다. 그런 그가 가끔 담배에 불을 붙인다고 해서 크게 문제될 것은 없어 보인다."

트럼프 대통령의 그리 특별할 것도 없는 식습관에 대한 언론의 반응과 오바마 대통령의 흡연 습관에 대한 언론의 반응은 이렇게 극명하게 대비된다. 오바마 재임 시절, 그의 흡연에 관한 문제는 무심코 무시되거나 은폐되거나 아니면 훌륭한 지도자로서 지닐 수 있는 사소한 흠집 정도로만 보였다. 하지만 평생 술 한 방울도 마시지 않은 것으로 유명한 트럼프가 감히 흡연보다 더 건강에 해롭다는 그 어떤 의학적 증거도 없는 다이어트 콜라를 마시자, 그의 건강이 나빠질 것이라고 언론들은 자신 있게 단언했다. 여기서 내가 말하고자 하는 요점은 흡연과 다이어트 콜라 중 뭐가 더 건강에 해로운가 따위가 아니다. 나는 그들이 어떤 선택을 하든 개인의 자유라고 생각한다. 문제는 주류 언론들이 민주당의 오바마에게는 들이댄 적 없는 도덕적 잣대를 공화당의 트럼프에게는 들이대며 극단적인 편향성을 보였다는 점이다. 분명히 트럼프가 덜한 죄를 지었을 때에도 말이다.

이러한 편애는 진정한 저널리즘의 원칙에 위배된다. 그러나 이것이 바로 현대 미디어가 우리에게 보여주는 모습이다. 그리고 이 문제는 가장 최근에 집권한 대통령들에게만 그치지 않는다. 언론이 민주당과 민주당 정치인들을 지나치게 옹호하는 것은 가장 심각한 인종 차별주의자였던 남자가 대통령 집무실을 점거했을 때로 거슬러 올라간다.

린든 B. 존슨 대통령의 1960년대 민권 운동 성공에 대한 공로를 인정하기 위해 그의 인종차별주의적인 삶을 정당화하는 현대 언론의 정신 승리는 눈물겨울 지경이다. 실제로 존슨 대통령에 대한 언론의 평가야말로 현대 도덕의 권위자라고 자칭하는 언론들이 자신들이 편애하는 (민주당의) 역사적 인물들에게 부여하는 특혜의 좋은 사례라고 볼 수 있다.

존슨의 유산을 검토할 때, 대부분의 기자들은 1964년의 민권법과 1965년의 선거권법의 통과에 초점을 맞춘다. 이 두 가지 법안은 존슨이 흑인 사회를 위해 일했다는 것을 입증하는 반박 불가능한 증거로 제시되곤 한다. 그러면서 존슨 대통령이야말로 흑인들의 복지 및 여러 세대를 통해 내려온 사회 구조적 억압 시스템을 극복할 수 있도록 노력한 대통령이었다고 주장한다. 그러나 존슨이 흑인 사회를 어떻게 직접적으로 파괴했는지에 대해선 거의 논의하지 않는다.

루스벨트의 뉴딜 정책처럼, 존슨의 '위대한 사회 프로그램'은 경제 활성화, 빈곤 근절, 교육 접근성 강화 등 미국을 이전의 위대한 국가로 회복시키기 위해 고안되었다. 또한 존슨은 루스벨트가 그랬던 것처럼, 문제의 근본 원인은 해결하지 못하는, 지속 가능하지 않은 정책들을 수립하면서 문제를 해결하려고 했다. 존슨은 흑인 소유의 사업을 지원하거나 인종차별적인 고용 관행 및 인종별 소득 격차 등을 해소하면서 흑인 빈곤율을 낮추지 않았다. 대신 그는 어려움을 겪고 있는 흑인 가정들에게 공짜 돈을 마구잡이로 나눠주는 법안들을 통과시키면서 빈곤 문제를 해결했다. 즉, 흑인들에게 어떻게 스스로 물고기를 낚는지 보여 주지는 않고 대신 물고기를 잡아준 것이다.

2018년, 《폴리티코 매거진》에 게재된 조슈아 자이츠의 기사, 〈위대한 사회 건설: 린든 존슨의 백악관 내부Building the Great Society: Inside Lyndon Johnson's White House〉에서 자이츠는 존슨의 빈곤 퇴치 정책의 한계를 본인도 의도치 않게 무심코 인정했다.

정부는 보통 세전 현금 소득을 가지고 빈곤 수준을 측정한다. 그러나 위대한 사회 프로그램의 산물들인 푸드 스탬프, 의료 복지, 주택 보조금 같은 비(非)현금 형태의 정부 지원과, 닉슨 행정부의 산물인 근로소득 공제 정책에 의한 세금 조정으로 따져보면, 빈곤율은 1960년에서 2010년 사이에 26% 감소했다. 이는 1980년 전에 발생한 감소의 3분의 2 에 미치는 수준 밖에 되지 않는다.

그렇다면 존슨으로부터 60년이 지난 지금 흑인들이 그 어느 때보다 정부의 지원에 의존하고 있는 것은 놀랄 일이 아니다. 그리고 이 모든 건 사실, 처음부터 의도된 것이었다. 존슨의 투표권법은 흑인, 특히 짐 크로 시대 남부에서 흑인들을 투표에 참여시키는 데 큰 공헌을 했다. 그러나 이 투표는 흑인 사회 전체에 이로운 방식으로 활용하는 데는 거의 도움이 되지 않았다. 존슨의 투표권법으로 인해 흑인과 민주당 간의 결혼식이 성사되었고, 이 결혼 생활은 지금까지 지겹도록 이어져 오고 있다. 이 모든 과정을 고려해 보면, 그가 생전 "검둥이들이 앞으로 200년 동안 민주당에만 투표하게 만들 것"이라고 했던 말이 진심이었다는 생각을 하지 않을 수 없다. 존슨이 실제로 그런 대담한 발언을 하지 않았다고 해도, 수많은 역사학자들과 책들이 인용한 존슨의 이 발언은 그의 민권법 입법의 실제 의도를 생생히 드러내 보이고 있다.

"이 검둥이들, 요즘 꽤나 의기양양해지고 있는 중이다. 이전에는 가져 보지 못했던 정치적 권력을 맛보게 되면서 그들의 의욕이 거세지고 있는 것이 우리에게는 상당한 골칫거리다. 이제 우리는 이 문제에 대해 무엇이든 하지 않으면 안된다. 우리는 그들에게 약간의 무언가를 주어야 한다. 그것도 딱 그들을 진정시켜 줄 만큼만, 그러나 변화를 일으키기에는 충분치 않은 무언가를. 우리가 먼저 움직이지 않는다면 그들의 동맹이 힘을 합쳐 우리에게 대항할 때 그들을 막을 방법도 없을 것이다. 결국 우리는 머지않아 필리버스터도 빼앗기게 될 것이며, 모든 종류의 난폭한 입법에 제동을 걸 방법도 잃게 될 것이다. 그렇게 되면 국가 재건을 처음부터 다시 해야 하는 꼴이 될 것이다."

그리곤 가증스럽게도 빈곤과 KKK로부터 우리 흑인들을 구해주겠다며 존슨 본인을 전면에 내세웠다. 그리고 이에 대해 흑인 사회는 눈먼 충성으로 존슨과 민주당에게 보답했다.

그러나 그가 사실 흑인들의 이익을 전혀 염두에 두지 않았으며 지독한 인종차별주의자였다는 것을 이해하기 위해 그의 정치적 계략까지 일일이 공부할 필요는 없다. 그가 자신과 가장 가까이 있는 흑인들을 어떻게 대했는지만 봐도 충분하기 때문이다.

기자이자 작가인 애덤 서워는 MSNBC기사에서 "린든 존슨은 인권 영웅이었다. 동시에 인종차별주의자이기도 했다"라고 썼다. 애덤 서워는 존슨이 흑인들에 대한 자신의 진짜 감정을 드러낸 여러 방식들, 예를 들면 'n-word*'를 얼마나 사용했는지 등을 조심스럽게 그리고 개괄적으로 설명했다. 서워는 로버트 카로가 쓴 린든의 전기, 《상원의 주인: 린든 존슨의 시대Master of the Senate: The Years of Lyndon Johnson》를 참조했다. 카로는 존슨이 민권 법안을 '검둥이 법안'으로 불렀다는 사실과 존슨의 운전 기사였던 로버트 파커의 회고록에 자세히 기술된 사

---

* 흑인을 비하하는 용어, nigger (검둥이)를 우회적으로 표현하는 단어.

건에 대해서도 논한다. 존슨이 그의 기사였던 파커에게 그가 평소에 불리는 "꼬맹이", "검둥이", "야만인 추장" 등 모욕적인 칭호들 말고 본인의 이름으로 불리는 게 낫겠느냐고 물었을 때 파커가 그렇다고 대답하자 존슨은 이렇게 말했다고 한다. "너가 검둥이로 태어났으면 넌 죽을 때까지 검둥이야. 아무도 너를 네 망할 이름으로 불러주지 않을 거야. 그러니까 네가 뭐라고 불리든지 간에, 이 검둥이 새끼야, 넌 그냥 쥐 죽은 듯이 네 할 일이나 해. 그렇지 않으면 해고야. 그냥 망할 붙박이 가구처럼 조용히 짱박혀 있으란 말이야."

놀랍게도 대부분의 주류 언론들과 마찬가지로 애덤 서워 역시 좌익 어젠다를 보호하기 위해 아주 분명한 사실을 애써 회피하고 말았다. "린든 존슨이 '검둥이'라는 표현을 많이 쓴 것은 사실이다. 그러나 그는 정치적으로 무자비했던 만큼 이상적인 꿈을 꿨던, 타협을 모르는 인종 평등주의자였다."(《가디언지》의 잭 번하트는 "존슨이 정말 끔찍한 사람이었음은 인정할 수 밖에 없지만, 그럼에도 그는 정치 영웅이었다."라고 주장했다.)

아마도 내가 서워의 글을 읽으면서 뭔가를 놓쳤을지도 모른다. 하지만 인종차별적인 욕설을 습관처럼 내뱉고 그의 직원을 이름으로 부르는 것을 거부하는 모습을 두고 도저히 그를 인종 평등주의자로 보기는 어렵다. 우리는 텍사스 출신의 존슨이 대통령 재임 전 상원 의원으로 일하면서, 당시 '민주당 텃밭Solid South'이라고 불리던 인종차별적 문화가 팽배했던 서던 블록Southern Bloc에서 정치 경력을 쌓았던 사

---

* '민주당의 남부는 왜 공화당을 지지하게 됐을까?' 영상 참고 ☞

람임을 잊어서는 안된다. 당시 이 지역의 의원들은 수 세기에 걸친 인종 탄압을 해결할 수 있었을 그 어떤 민권 법률도 통과되지 못하도록 저지했던 사람들이었다.

그러나 앞서 언급했듯이, 정신 승리에 능숙한 서워는 이러한 지울 수 없는 진실들을 외면했다. 그는 단순히 "존슨은 그 시대의 한계를 벗어나지 못했던 많은 사람들 중 한 명 이었을 뿐이다. 그러나 그가 미국을 제대로 지도하고자 한 대통령이었던 것은 사실"이라고 얼버무리며 글을 끝맺었다.

아무렴, 전 세계에서 가장 강력한 국가의 대통령이면서도 자기 자신의 인격 하나도 제대로 지도하지 못했던 사람이, 나라를 제대로 지도하려고 했다는 말은 정말 일리가 있는 말이고 말고.

포스트모더니즘에 절여진 미화는 빼놓고 한번 생각해 보자. 린든 존슨의 행동과 언어가 이미 그 사람의 모든 것을 증명해 주고 있지 않은가? 인종차별적인 투표, 인종차별적인 언어, 인종차별적인 정책 등으로 얼룩진 존슨의 삶의 궤적과, 이미 모든 것들이 다 드러나 있었음에도 이 인종차별적인 정당을 향해 바친 흑인들의 충성의 역사를 다시 한번 생각해보라. 아마 역사상 흑인 사회에 가해진 가장 거대한 사기극으로는 가히 절정의 순간이었다고 할 수 있을 것이다. 1960년대 민주당의 복지 정책은 단숨에 흑인 가정을 폐허로 만들어 버렸고, 한때 흑인 사회에서 자라나고 있었던 모든 포부와 기업가 정신을 짓밟았다. 그러나 언론은 존슨을 20세기의 관용과 미덕의 위대한 상징으로, 편견으로 가득한 시대에 시민권의 빛나는 등불과도 같았던 사람으로 드높이고 있다. 한편 트럼프 대통령 취임 당시 8%에 육박했던 흑인 실업률은, COVID-19 바이러스로 인해 강제 봉쇄 조치가 시행되기 전까지 역대 최저치인 5.5%를 기록하고 있었다. 그럼에도 트럼프는 공공연히 인종차별주의자로 취급 당하고 있다.

린든 존슨 대통령과 민주당의 인종차별의 역사를 알아보면, 존경받는 유명 정치인 조 바이든이 전 웨스트버지니아주 상원 의원이자 과거 KKK에서 '고귀한 키클롭스Exalted Cyclops'라는 고위직을 수행하던 로버트 버드를 자신의 멘토라고 언급했음에도 어떻게 아무렇지 않게 논란으로부터 빠져나갈 수 있었는지 이해하기가 훨씬 쉬워진다.

미국 민주당이야말로 서구의 주요 정당들 중 가장 인종차별적인 만행을 저질렀던 역사를 가지고 있는 정당이다. 그럼에도 불구하고 그들은 주류 미디어의 도움으로 '관용'과 '리버럴리즘'이라는 영역을 차지할 수 있었다. 리버럴 진영의 뉴스들은 그들이 원하는 서사를 자신들의 프레임에 맞추면서 진실을 왜곡한다. 그리고 그들과 의견이 다른 사람들은 우스꽝스러운 악당으로 묘사한다.

린든 존슨 대통령이 펼친 정치의 진짜 의도에 대한 의문이 제기된 적이 없었던 것은 아니다. 그러나 물론 언론들은 가볍게 묵살했다. 그들의 의도는 분명하다. 진실을 무시하고, 그들이 선호하는 사람들에게는 은혜를 베풀고, 흑인들을 민주당 농장에 영영 족쇄를 채워 버리는 것이다.

흑인 사회에 대한 리버럴 미디어의 경멸

언론이 흑인들에게 민주당은 기본적으로 비난의 대상이 될 수 없으며, 공화당은 아주 기본적인 도덕성조차 없다는 점을 그저 설득하려고 애쓰는 것에 그쳤다면, 그걸로 충분 했을지도 모를 일이다. 하지만 그들의 노력은 보수 진영에 대한 마녀 사냥과 진보 진영을 향한 영웅 콤플렉스로 끝나지 않는다. 대신 언론은 흑인 사회에 대한 경멸심을 숨기지 않을 뿐 아니라 피해자 서사를 강화하면서 우리를 다시 리버럴 구세주의 품 속으로 영원히 안기게 만든다. BLM 운동에 대한 언론의 태도보다 이를 더 잘 설명해주는 예는 없다. BLM 단체는 악명 높은 리버럴 갑부인 조지 소로스의 열린 사회 재단Open Society Foundation 으로부터 수백만 달러의 후원을 당연하다는 듯이 받은 단체이다.

주류 언론들의 지배적인 주제가 되어버린, '흑인 남성들이 백인 경찰들에 의해 일상적으로 차별 받고 살해 당하는 이야기'는 시위, 보이콧, 경찰과의 충돌을 불러일으키고 있다. 소셜 미디어 전반에 걸쳐서 흑인 남성들이 백인 경찰들의 손에 사망하는 장면이 수억 건의 조회 수를 기록하면서 주류 언론들은 경찰의 잔혹성이 해결되어야 할 문제라고 판단한 수많은 사람들의 감정적인 호응을 얻어내고 있다. 물론 그 어떤 미국인도 경찰의 잔혹성과 같이 끔찍한 것을 지지할 리 없다. 그러나 사실 흑인들이 경찰관들에게 쉽게 살해 당하는 문제는 흑인 사회의 비극을 부각시키려는 리버럴 미디어의 근본적인 필요에 의해 한없이 부풀려진, 왜곡 혹은 그들의 상상에 불과하다.

2017년 9월 25일,《시티 저널》에 실린 칼럼에서 작가이자 변호사인 헤더 맥 도널드Heather Mac Donald는, 백인 경찰에 의한 흑인 남성의 죽음이 너무나 빈번하게 일어나고 있어서, 모든 어머니들이 아들들을 방에 가두어야 한다는 내러티브를 반박의 여지 없이 불식시키는 수치를 공개했다. 맥 도널드는 살해된 흑인의 수가 2014년부터 2015년까지 900명이 증가했고, 2015년부터 2016년까지 또 900명이 증가했다고 언급했다. 그러나 그녀는 백인 경찰관들이 이 살인들에 책임이 없다는 점을 강조했다. "흑인들의 생명이 소중하다는 슬로건과는 들어맞지 않을 수 있겠지만 경찰들은 흑인 남성들이 경찰을 두려워해야 하는 것보다 훨씬 더 흑인 남성들을 두려워해야 한다. 2015년 통계에 따르면, 경찰이 흑인 남성에게 살해당할 확률이 비무장 흑인 남성이 경찰에 의해 살해당할 확률보다 18.5배 높다."

또한 맥 도널드는 소위 퍼거슨 효과라고 불리는 것이 흑인 사회에 더 많은 폭력을 증가 및 지속시키고 있다고 주장했다. 시위 현장에서 범죄자들은 더 대담해지고, 저항력은 강해지며, 공권력은 더 우습게 치부되기 때문이다. 경찰들은 위험한 지역을 감시하는 것에 대한 충분한 보수도 받지 못할 뿐만 아니라, "경찰들은 인종차별주의자"라는 비난을 감내하기까지 해야 하는 상황이다. 맥 도널드는 이로 인해 "경찰들이 범죄율이 높은 소수 인종 지역을 위한 치안 업무에서 손을 떼고 있다"라며, "새벽 2시에 마약 거리를 어슬렁거리는 사람들을 심문하는 것이 인종차별적이라며 정치인들과 언론, BLM 운동가들로부터 쉬지 않고 공격당하다 지쳐 버린 경찰들이, 이젠 그런 거리를 모른 척 순찰 없이 지나가고 있다"라고 말했다. 그 결과는 어떠한가? 더 많은 흑인들이 생명을 앗아가는 폭력에 노출 되고 있다.

---

* 국민에게 나중에 비판을 받을까 봐 두려워 경찰이 치안에 덜 주도적으로 나서는 경향을 일컫는 현상이다. 2014년 8월 미국 미주리주 퍼거슨에서 비무장 흑인 청년이 백인 경관의 총격에 사망한 '퍼거슨 사건'은 이후 경찰 훈련 방식 개선, 사법 시스템 개혁 등을 촉구하며 미국 전역으로 들불처럼 번진 '흑인의 생명도 소중하다'(Black Lives Matter, BLM) 운동의 기폭제가 됐다.

더 최근의 연구는, 클레어몬트 매케너 칼리지에서 열릴 예정이었던 2017년 맥 도널드의 강연이 취소된 후《워싱턴 포스트》에 의해 보도된 바와 같이 그녀가 "백인 우월주의자이자 파시스트 이념을 대변한다"는 시위자들의 주장을 산산조각 낸다.

FBI의 2018년 살인 사건 통계에 따르면 흑인을 위험하게 하는 것은 백인 경찰이 아니다. 오히려 같은 흑인들이다. 2018년 살해된 2,925명의 흑인들 중 2,600명이 같은 흑인으로부터 살해 당했으며, 백인으로부터 살해당한 흑인의 숫자는 234명에 불과했다. 그 234건의 사건 모두 경찰에 의해 자행되었다 해도 (물론 그마저도 사실이 아니지만) 흑인들이 자신들의 커뮤니티 내에서 같은 흑인에게 살해될 가능성이 11배 높다는 것을 다시 한번 확인할 필요가 있다. 실제로 2016년 BLM 시위가 절정에 달했을 때, 흑인들은 비무장 상태에서 경찰의 총에 맞는 것보다 벼락에 맞을 확률이 더 높았다.

또한 미시간 주립 대학교와 메릴랜드 대학교의 새로운 합동 연구는 백인 경찰이 인종차별주의자라서 흑인을 살해한다는 사람들의 생각과, 실제로 백인 경찰에 의해 살해당한 흑인과 백인의 비율이 크게 차이 날 것이라고 믿는 사람들의 생각을 바꾸었다. 이 연구는 경찰의 총격 사건과 관련하여 가장 관련성이 높은 요소는 인종이 아니라 지역 사회 내 폭력 범죄 숫자라는 사실을 발견했다.

보고서의 공동 저자이자 미시간 주립 대학교의 심리학 교수인 조지프 세사리오는 "우리 데이터에 따르면 각 인종 별 범죄율은, 특정 인종이 모여 사는 곳에 해당 인종의 시민이 총에 맞을 가능성과 상관관계가 있다는 것을 보여준다"라고 말했다. "백인들이 범죄를 많이 저지르는 카운티에 살고 있다면 백인들이 총에 맞을 확률이 더 높다. 흑인들이 범죄를 많이 저지르는 카운티에 살고 있다면 흑인들이 총에 맞을 확률도 더 높다. 이는 경찰의 총격으로 인한 사망 사건을 예측할 수 있는 가장 좋은 지표다." 세사리오는 또한 어떤 흑인이 경찰에 의해 살해된 경우, 그 흑인을 살해한 경찰이 백인이 아니라 같은 흑인일 가능성이 더 높다는 것 역시 언급했다. "왜냐하면 흑인 경찰들은 자신들과 같은 인종이 모여 사는 곳에 뽑혀서 배정되기 때문이다. 따라서 흑인 시민이 많은 지역일수록 흑인 경찰 역시 더 많다."

경찰의 살인이 단순 폭력이라고 믿는 사람들에게 세사리오의 보고서는 또한, 경찰관에 의해 살해당한 90~95%의 사람들이 살해 당하기 전 경찰이나 다른 사람을 공격하고 있었다는 사실을 보여준다. 그러나 언론들은 그 살해당한 사람들이 당시 들고 있었던 휴대폰 같은 물건을 경찰이 총이라고 오인해서 죽었다고 보도하기를 좋아한다. 그러나 그런 경우는 거의 드물다.

그렇다면 여기서 생각해 보아야 할 문제는 이것이다. 맥 도널드의 주장, 세사리오의 보고서, FBI의 자료가 모두 사실이라면, 왜 언론은 사실과는 반대되는 거짓말을 보도하는 것인가? 왜 뉴스 기관들은 경찰 폭력에 대한 아무 근거 없는 기사들로 온 세상을 도배하면서 사람들을 공포에 떨게 만드는가? 답은 간단하다. 방아쇠를 당기며 낄낄거리는 악당으로 경찰을 묘사하고, 이 악당에 의해 희생되는 가여운 희생양으로 흑인을 묘사하면, 흑인 사회 전체는 절망감에 사로잡히게 된다. 그리고 자연스럽게 (민주당이라는 이름의) 구세주를 갈망하게 된다.

BLM 운동 지지자들로 가득 찬 대학교 캠퍼스에서 내가 이런 내용을 가지고 강연을 할 때마다 그들은 내게 고함을 지르고 야유를 퍼붓는다. 이 정도로만 말해 두자.

나는 민주당을 볼 때마다 그들의 위선과 비이성적 행태를 보며 충격에 빠진다. 리버럴들은 공화당 지지자들을 만날 때마다 환경 오염에 대해 핏대를 세우며 지구 온난화 및 해수면 상승에 대한 통계를 들이댄다. 그리곤 이 모든 것들이 '과학'이라고 주장한다. 그러나 성별과 관련된 과학적 증거는 아주 편하게 외면해 버린다. 100년 안에 우리 지구가 남아 있을지를 이야기할 때는 과학의 절대성에 의존하면서, 염색체와 생식기가 일치하는 남자아이를 두고는 그 아이의 성별은 주관적 선택 사항이라고 주장한다.

사실 좌익진영의 언론들은 지난 몇 년 동안 트랜스젠더 이슈에 대한 집착을 키울 수 있을 만큼 키워 놓았다. 그리고 우리는 이러한 생각들이 흑인 사회에 얼마나 심하게 강요되고 있는가에 주목해야 한다. 흑인 가정의 재산은 백인 가정 재산의 중앙값의 9.5%에 불과하다. 흑인 자녀 4명 중 3명은 미혼 부모에게서 태어나고 대학에 등록한 18~24세 사이의 흑인 학생 중 42%(그 중 대부분이 여성)만이 대학교를 졸업하고 있다. 그런데 어쩐 일인지 우린 흑인 트랜스젠더 여성에 대한 살인 사건에 거의 모든 초점을 맞추고 있다.

무고한 생명이 강제로 빼앗기는 것은 분명 잘못된 일이다. 그러나 흑인 사회에서 벌어지고 있는 살인 통계를 살펴보자. 2018년 1월 1일부터 2019년 7월 31일까지 시카고에서는 687명의 흑인들이 살해당했다. 한 달에 시카고에서만 38명의 흑인들이 살해당하고 있는 것이다. 더 위험한 상황에 놓인 흑인 인구에 우선 순위를 매겨야 하지 않을까?

그러나 미디어는 흑인 사회에게 진실을 알려주고 힘을 실어주기 위해 존재하지 않는다. 대신 그들은 2019년, '트랜스젠더 추모의 날'을 급조하여 22명의 살해 당한 흑인 트랜스젠더 여성들을 기리는 것을 선택했다. 살해된 22명의 흑인 트랜스젠더 여성들이 미국에서 살해된 흑인 인구 전체를 대표한다고 CNN이 보도한 점은 일단 신경 쓰지 말자. 그들은 늘 그렇듯, 어떤 일반적이지 않은 문제를 흑인 전체의 문제로 덮어서 취급한다. 그들은 흑인 사회가 일반적으로 성별 문제에 있어서만큼은 상당히 보수적이라는 것은 무시한다. 이는 좌익들이 흑인 사회를 어떻게 보고 있는지 상징적으로 보여주는 사건이다. 그들은 가상의 어떤 존재를 만들어 놓고 쉐도우복싱을 하면서 정작 가장 중요한 것을 다루려고 하지는 않는다.

.이 리버럴 언론들은 흑인들을 실패작으로 인식한다. 그들은 흑인들에게 힘을 주는 메시지를 전달하기 보다는 더 많은 증오와 분노를 자극하는 콘텐츠로 우리의 감정을 가지고 논다. 어떻게 보면 그들이야말로 흑인들을 통제하고 있는 '무장한 악당'이다.

반(反)공화당적 네러티브를 밀어붙이는 것이든 민주당 영웅을 보호하는 것이든 흑인들에게 끊임없는 피해 의식을 주입하는 것이든 최종 결과는 언제나 똑같다. 그들은 우리를 대신하여 생각할 권리, 주변 세상에 대해 논리적이고 합리적으로 추론할 권리를 누리고 있다. CNN, ABC, NBC와 같은 방송사의 기자들과 앵커들은 정치적·인종적 선전들을 우리 입에 떠먹여주면서, 비판적으로 생각하고 행동하려는 우리의 의지를 빼앗아 가고 있다. 그리고 이 모든 것들은 바로 "향후 200년 동안 흑인들이 민주당에만 투표하게 할 것"이라는 린든 존슨의 선언에서 시작되어 지금까지 의도적으로 설계된 것이다.

좌익들은 주류 미디어의 뉴스들을 두고 "가짜 뉴스"라고 지적한 트럼프의 발언을 저널리즘의 정신을 억압하는 발언이라며 길길이 날 뛴다.

그러나 진실을 억압하고 저널리즘 정신을 탄압해온 죄를 스스로 드러내고 있는(트럼프 대통령의 말을 빌리자면) 레임스트림 미디어 LameStream Media *를 생각해보면, 좌익들의 이런 반응은 코미디나 다름 없다.

사실, 이 챕터의 제목은 원래 "위선에 관하여"가 될 예정이었다.

---

* Lame(변변찮은)과 Mainstream Media(주류 언론)의 합성어

8

핑계에 대하여

ON EXCUSES

BLACKOUT

핑계에 대하여

　나는 좌익들이 퍼뜨리는 헛소리에 잘 속는 유형의 사람들이 어떤 사람들인지 파악하기 위해 상당한 시간을 보냈다. 세계에서 가장 위대한 기회의 땅인 미국이 그 어떤 방법으로도 만회할 수 없는 죄악의 나라라는 이 허무맹랑한 결론으로 논리적 비약을 이끄는 사람들은 어떤 사람들일까? 단지 이 논리를 '원할' 뿐만 아니라 반드시 '필요로' 하는 사람들은 어떤 사람들일까?

　내 경험에 비춰봤을 때, 그들은 자신들이 살면서 선택해 온 결정들을 후회하는 사람들, 외부 세계에 원망의 화살을 돌림으로써 내면의 후회를 해소해야 하는 사람들이다.

지난 10년 동안 알렉사와 나는 절친한 친구 사이였다. 우리는 어느 여름, 패션 잡지사의 인턴으로 만났다. 알렉사는 약간의 운을 통해 그 자리에 오게 되었다. 그녀가 브루클린에서 웨이트리스로 일하며 생계를 꾸리는 배우 지망생이었을 때 그녀가 담당한 테이블에 마침 어떤 잡지 에디터가 앉게 되었고, 두 사람은 몇 마디 대화를 하다가 친분을 맺게 되었다. 몇 주 후 알렉사는 그 에디터의 도움으로 패션업계에 뛰어들게 되었다. 내가 그 자리에 있기까지는 약간의 끈기가 필요했다. 나는 일주일 내내 매일 몇 시간씩 카페에 앉아 언론업과 관련된 모든 인턴십 자리에 지원한 결과 겨우 입사하게 되었다.

알렉사와 나는 자연스럽게 단짝이 되었다. 다른 인턴들 대부분은 가족의 지원을 받으며 일할 형편이 되는 부유한 집안의 아이들이었지만, 알렉사와 나는 누구의 도움도 없이 무일푼으로 뉴욕에 둥지를 틀고 어떻게든 살아남기 위해 아등바등 기를 쓰는 두 여자 아이들이었다. 나는 예술과 삶에 대한 알렉사의 열정을 부러워했다. 심지어 우리가 커피를 마시며 수다를 떨 때 그녀가 태연히 담배를 피우는 방식마저 부러워했다. 내 눈에 비친 그녀는 삶의 귀찮은 요구에 얽매이지 않은, 세상에서 가장 자유로운 사람이었다.

인턴 프로그램이 시작되고 불과 몇 주 후, 알렉사는 인턴십을 그만두었다. 그녀는 자신이 너무 피곤하고 말라가고 있으며, 삶에 대한 열정이라곤 찾아볼 수 없는 불행한 여자들로 가득 찬 사무실에서 일하는 것이 무의미하다고 생각했다. 나는 이 도전적이고 용감한 결정에 감탄했고, 내 안에도 그녀와 같은 자유로운 새가 있기를 바랐다.

다음 몇 년간의 세월은 흐릿하다. 우리는 정반대의 세계 속에서 살아가면서도 여전히 좋은 친구였다. 나는 맨해튼에서 가능한 모든 인맥을 필사적으로 찾아다니는데 내 모든 에너지를 쏟으며 시간을 보냈다. 알렉사는 브루클린에서 파티를 즐기며 연기 활동을 시작했고, 그녀를 스타로 만들어줄 기회가 오기를 기다리며 시간을 보냈다. 나는 학자금 대출 10만 달러를 내 통장에서 털어 내는데 몰두했다. 알렉사는 연기 수업, 인디 영화 제작자와 캐스팅 감독들의 주변을 맴돌며 할 수 있는 모든 일들에 몰두했다.

마침내 나는 금융업계에 취직했다. 대출금을 갚을 만큼의 충분한 돈을 벌기 시작했으며 저축도 조금씩 하기 시작했다. 알렉사와 내가 가끔 서로의 근황을 묻기 위해 만날 때마다 그녀는 내게 항상 같은 내용의 설교를 했다. 알렉사는 내가 어째서 아침 아홉 시에 시작되어 저녁 여섯 시에 끝나는, 이토록 지루하기 짝이 없는 삶을 선택했는지 이해하지 못했다. 그녀는 내가 행복보다는 돈을 선택했다고 생각한 것이다. 비록 그녀의 신념에 대해 속으로 몰래 감탄하기는 했지만, 나 역시 그녀에게 계획적이지 않은 그녀의 생활 방식에 대해 경고하기 시작했다. 우리는 이 치열한 세상 속에서 내 한 자리 지켜 내기 위해 전전긍긍하는 스물 두 살짜리 무일푼 두 명만이 할 수 있는 방법으로 서로에게 불평하고 충고했다. 우리는 모든 면에서 공통점을 공유함과 동시에 모든 면에서 달라지고 있었다.

우리가 친구가 된 지 4년이 흘렀을 때 있었던 일이다. 알렉사는 내게 전화하여 지낼 곳이 필요하다고 말했다. 그녀는 당시 충동적으로 결혼한 남자와의 이혼을 준비하고 있었는데, 그녀의 말에 따르면 그는 마약 중독자였다. 그러나 그녀에겐 변호사를 고용할 돈이 없었고 그녀가 이혼 과정을 처리하는 것을 도와줄 누군가가 필요한 상황이었다. 나는 모든 서류 작업을 꼼꼼히 도와주면서 잠시 나와 함께 살게 해주었다.

그 경험이 알렉사로 하여금 스스로를 성찰하게 해준 것 같다. 그녀는 계획이 필요하다는 것을 느꼈고, 브루클린에서 여배우로 성공하기 위해 애쓰는 것에 점점 지쳐가고 있었다.

그 무렵 나는 회사에서 승진하면서 비서가 필요한 상황이었다. 나는 알렉사에게 그 자리를 제안했다. 그녀는 더 이상 아르바이트 자리를 찾아 헤매도 되지 않을 것이고, 저축 통장을 만들 수도 있을 것이며, 보험과 같은 여러 혜택과 좋은 인맥을 쌓을 수 있을 것이었다. 그녀가 그토록 사랑하는 연기 수업을 굳이 포기할 필요도 없었다. 주말에 얼마든지 취미로 연기를 계속 할 수 있었으니까. 나는 인생의 기로에 서 있는 알렉사에게 이 직장이 좋은 변화가 될 것이라는 생각이 들었으며 그녀가 드디어 더 나은 길을 걸을 준비가 됐다는 것이 느껴졌다. 알렉사는 며칠 후에 내 팀원들과 면접을 보았다. 그들은 그녀를 마음에 들어 했고 나는 정식으로 알렉사에게 그 자리를 제안하면서 주말 동안 부디 잘 숙고해 달라고 부탁했다. 겨우 몇 달 후에 쉽게 일을 그만둘 사람을 추천해 내 커리어를 위태롭게 하고 싶지 않았을뿐더러 대체할 사람을 찾느라 내 팀원들을 고생시키고 싶지 않았기 때문이었다.

주말이 끝나고 알렉사는 전화로 내 제안에 대해 거듭 고맙다고 말하면서도 그녀의 꿈을 도저히 포기할 수 없으니 양해 해달라고 대답했다. 그녀는 자신이 배우로 성공할 것이라는 사실을 믿어 의심치 않왔던 것이다. 겨우 스물 여섯 살의 나이에 사무실에 갇혀 좋은 세월을 허비할 수 없다는 것이었다. 게다가 그녀가 작업해 온 드라마 대본도 완성된 상태였다. 그녀는 그녀의 열정과 시간과 에너지를 모든 깨어 있는 순간에 바치고자 했다. 나는 약간 실망하긴 했지만 그녀가 자신의 열정을 포기하지 않은 것에 대해 한편으론 무척 자랑스러워 했던 것을 기억한다. 꿈에 대한 그녀의 아름다운 끈기에 나는 부러움과 설렘을 느꼈다.

'아마 알렉사 말이 맞을지도 몰라. 나는 지루한 미래에 내 인생을 이미 허비했고 내가 선택한 삶의 노예가 된 것일지도 몰라. 난 어릴 때부터 작가가 되고 싶었는데, 그 꿈은 어디로 간거지? 내가 결국 그 기회를 놓쳐 버린걸까?'

그 통화 직후 알렉사는 그녀의 직업적 소명을 더 빨리 달성하기 위해 브루클린에서 로스앤젤레스로 떠났다. 한편, 나는 월스트리트에 그대로 남아서 '학자금 대출로부터의 자유'라는 목표에 점점 더 가까워지고 있었다.

그들이 말하는 '선한 의도'로 가득 찬 세상이었다면 알렉사는 할리우드에서 성공할 수 있었을지도 모르겠다. 그것이 그녀가 가장 절실히 원한 것이기 때문이다. 사회주의자들이 그리는 완벽한 세상에서는 우리의 염원만으로 모든 것이 이루어진다. 이 사회주의 유토피아 속에서 안젤리나 졸리는 그녀의 연기력으로 얻은 모든 것들을 다른 모든 야심 있는 무명의 여배우들과 나누어야 한다. 왜냐하면 그것이 '공평'하기 때문이다. 사회주의 몽상적 세계에서 우리 모두는 같은 결과를 얻어야 마땅하다. 우리의 개인적인 관심사, 재능, 선택 등은 모두 무의미해진다. 투입한 열정이 적었든 많았든 상관없다. 오로지 똑같은 결과가 모두에게 보장되어야 한다.

하지만 이러한 이상 세계는 인간 영혼의 본능을 거스르는 것이기에 결코 존재할 수 없다. 이것은 불변의 진리다. 만약 이 유토피아가 옳았다면, 자유 시장이라는 것은 이미 옛날에 자연소멸 되고도 남았다.

때때로 사람들은 힘든 경험을 통해 이 진리를 깨우친다. 그리고 알렉사는 10년 동안 인생의 기회를 잡으려고 애쓴 끝에 그 진리를 배웠다.

나중에 알고 보니, 로스앤젤레스에서 대본을 팔려고 하는 사람은 그녀 한 명만이 아니었다. 그녀가 선택한 삶의 냉혹한 현실이 드러나기 시작하면서, 알렉사는 세상을 향한 좌익적 기만의 술수에 점점 더 이끌리기 시작했다. 이제 그녀는 자신이 성공하지 못한 이유는 할리우드에서 성공할 수 있는 확률이 엄청나게 희박해서가 아니라, 영화 산업 전반에 은밀히 내재된 외국인 혐오 때문이라고 내게 말한다. 그녀가 특정 역할을 맡지 못한 것은 그녀의 억양 때문이었고, 자랑스러운 페미니스트로서 도저히 견딜 수 없을 만큼 성차별적인 환경 때문이었다고 말한다. 오늘날 많은 좌익들이 그러하듯이, 알렉사는 이 끔찍한 버전의 미국이 진짜 미국이길 막연히 바랄 뿐 아니라, 정말 그래야만 하는 필요가 절실한 것이다. 만약 그녀가 틀렸다면 자신의 형편 없었던 선택들이 말해 주는 그 쓰라린 현실을 받아들여야만 하기 때문이다.

알렉사는 할리우드에서 유명해지기 위해 안정적으로 살 수 있었던 기회를 포기했고, 로스앤젤레스에서 실패하자 결국 고국으로 돌아갔다.

나의 좋은 친구였던 알렉사. 한때 그녀 앞에 펼쳐진 온 세상의 가능성을 가슴에 품었던 그 쾌활한 스물두 살의 아가씨는 이제 연락조차 닿기 힘든 서른두 살의 친구로 변했다.

이제 그녀가 말하는 거의 모든 문장에서는 미세한 분노가 느껴진다. 이것은 그녀가 자신의 결점을 덮기 위한 방식 중 하나다. 한 때 우리 둘 사이에 자유로운 대화가 오갔던 그 공간이, 이제는 정치적 올바름이라는 허영에 의해 분리되었다. 이제 나와 그녀 사이에는 솔직함이라는 것이 우리의 좋은 우정을 쓸데없이 파괴하지 않도록 하는 무언의 동의와 타협이 존재한다.

내가 알렉사의 이야기를 여러분과 나누는 이유는 내가 오늘날 우연히 만나는 많은 좌익들이 내게는 알렉사와 같기 때문이다. 그들은 그들 자신의 선택을 결코 정직하게 평가하지 않는 것 만큼이나 사회의 부당함을 드러내는데 최선을 다한다.

그들은 그들 자신의 상황에 대해 '깨어난woke' 것이 아니다. 그저 세상에 대해서만 '깨어난' 것이다.

성공한 삶은 곧 악한 삶이라는 명제를 좌익들이 믿어야만 하는 이유는 그것이 자신들의 실패를 합리화해 주기 때문이다. 할리우드는 언제나 포화 시장이라는 기본적인 현실을 받아들이는 것보다, 그 시장이 인종차별적이고 외국인과 여성을 혐오하는 곳이라고 말하는 것이 그들에게 더 쉽기 때문이다. 여배우 지망생들은 언제나 수백만 명에 달하지만, 블록버스터 영화나 성공하는 드라마는 손에 꼽을 만큼 적다. 만약 알렉사가 그 10년의 세월을 소아 신경외과 의사가 되기 위해 바쳤다면 지금처럼 차별적인 사회 구조에 대해 이야기하고 있지 않을지도 모른다.

또 다른 길

알렉사의 이야기를 벤 카슨 박사의 이야기와 비교해 보자. 그는 인종적 분쟁이 광범위하게 퍼져 있던 디트로이트에서 1960년대에 문맹 미혼모 밑에서 자랐다. 백인 학생들이 대부분인 초등학교와 중학교를 다닌 카슨은 '바보'로 유명했다. 아마 인종차별적인 지역 분위기도 원인이었겠지만, 그의 학업 성적은 실제로 '바보'라는 호칭이 어울릴 만큼 형편 없었다. 이혼 후 백인 가족의 가정부로 일하며 근근이 생계를 이어가던 카슨의 어머니는 카슨과 그의 형의 학교 성적이 좋지 않다는 걸 알았다. 아들들이 더 나은 삶을 살길 원했던 그녀는 교육만이 더 나은 미래를 향한 통로라는 것을 알았고, 아들들의 학업 발달에 최우선 순위를 둔 계획들을 실행에 옮겼다.

그녀는 가장 먼저 텔레비전 앞에서 보내는 시간을 제한했다. 아이들은 일주일에 2~3개의 프로그램만 시청할 수 있었고, 남는 시간에는 도서관에서 책을 빌려 읽은 후 매주 독후감을 써야 했다. 독후감 과제는 학교에 제출될 과제가 아니라 가정에서 주어지는 과제였다.

머지않아 카슨의 성적이 향상되었고, 그는 학급 1등으로 올라섰다. 그 당시 그의 담임이었던 백인 교사는 카슨의 놀라운 변화를 보면서, 흑인에 불과한 카슨이 백인인 너희들을 능가하도록 내버려 둔 것에 대해 부끄러워해야 한다고 백인 학생들을 꾸짖었다고 한다. 카슨은 이 인종차별주의자 교사로부터 수치심이나 분노를 느끼거나 좌절할 만한 모든 권리를 가지고 있었다. 그러나 그는 오히려 야망에 더 불을 지폈고, 그 교사의 모욕을 동기의 발판으로 삼았다. 그리고 그날, 그는 그가 노력하겠다고 마음먹은 것이라면 그게 무엇이든 그 누구보다 탁월하게 해낼 만큼 노력하겠다고 결심했다.

그리고 그는 정말 탁월하게 해냈다.

카슨은 전교 3등으로 고등학교를 졸업한 후 예일 대학교에서 학사 학위, 미시간 의과 대학교에서 의학 학위를 받았다. 그 후 그는 세계적으로 유명한 소아 신경외과의가 되었고 셀 수 없이 많은 영예와 상을 받았다. 나는 12살 때 그의 자서전《축복받은 손Gifted Hands》을 학교 과제로 읽었던 것을 기억한다. 이 책은 후에 영화로 만들어지기도 했다.

여기에 2013년, 국가 조찬 기도회 연설로 그는 정치권의 주목까지 한 몸에 받게 된다.

카슨은 수천 명의 사람들 앞에 서서 어린 시절의 놀라운 이야기, 오늘날의 자신을 만들어준 비극과 승리로 가득한 이야기를 들려주었다. 그는 그의 빛나는 성공을 어머니의 집념에 돌렸다. 24명의 형제자매들 중 하나로 태어나 13살에 결혼, 두 아들을 홀로 키우면서 심한 우울증과 싸워야 했고 초등학교 3학년 정도의 학력을 가진 채 그 다난한 역경을 헤치며 살아야 했던 카슨의 어머니는 자식들에게 다음과 같은 깊은 가르침을 선물했다. "나의 한계는 나의 믿음만이 제한한다."

"어머니는 단 한 번도 핑계 댄 적이 없었고, 우리의 핑계를 받아 준 적도 없었습니다. 만에 하나 우리가 어떤 핑곗거리를 생각해 내면 어머니는 항상 이렇게 말씀하셨죠. '너 뇌는 있는 놈이냐?'"

그는 계속 이어갔다.

"우리가 뇌가 있다고 대답하면 어머니는, 그렇다면 그게 어떤 문제든지 곰곰이 생각해서 해결할 수 있다고 말씀하셨습니다. '다른 누군가가 네게 한 말이나 행동은 전혀 중요하지 않다'라고요."

그는 그의 어머니가 자식들에게 해 준 가장 값진 일은, 바로 나 스스로에 대한 모든 책임을 질 수 있는 사람은 나 자신뿐이며 다른 이들이 뭐라고 말하고 행동하든 신경 쓰지 않는 것이라고 말해 주며 끊임없이 격려한 것이었다고 말했다.

"만약 우리가 핑계를 거부한다면, 사람들은 곧 핑계 대기를 멈추고 해결책을 찾기 시작할겁니다." 그는 덧붙였다. "이는 성공에 있어서 매우 중요한 문제입니다."

그녀의 친구들은 카슨의 어머니가 두 남자아이들을 집에 가두고 책을 읽히는 것에 대해 비난했다고 한다. "아이들이 엄마를 싫어하게 될 거야." 그러나 그녀는 소신껏 아들들을 계속 밀어붙였다. 처음 카슨은 이 독후감 과제를 정말 싫어했다고 한다. 소중한 오후 저녁 시간을 책 한 권과 함께 웅크린 채 보내고 싶지 않았기 때문이다. 물론 직접 해 보기 시작하자 곧 그 생각이 바뀌었지만.

"얼마 후 나는 책 읽는 것을 매우 즐기기 시작했습니다. 우리는 매우 가난했지만 책을 빌리는 것은 돈이 들지 않았어요. 그 책들 사이에서 저는 어디든지 갈 수 있었죠. 누구든지 될 수 있었고, 무엇이든 할 수 있었어요. 나는 위대한 업적을 남긴 사람들에 대해 읽기 시작했습니다. 얼마 지나지 않아 그 사람들의 이야기들 사이에 연결 고리가 보이기 시작하더군요. 나는 내 삶과 가장 많은 관련이 있는 사람도, 나에게 일어나는 모든 일들의 주인공도 바로 '나'라는 사실을 깨닫기 시작했습니다. 삶의 결정을 내리는 사람도, 그 결정의 열매를 위해 얼마나 에너지를 쏟을지 결정하는 사람도 나라는 사실을, 그리고 내 운명을 통제하는 사람도 바로 '나'라는 사실을 이해하게 되었습니다."

카슨의 이야기를 곰곰이 생각해 보니 이 생각이 떠오르지 않을 수 없었다. 만약 흑인 사회 전체가, 우리 삶을 주저앉힌다고 여겨지는 모든 이유들을 핑곗거리로 대지 않겠다고 결정한다면 어떻게 될까? 만약 우리가 세상을 억압적인 공간으로 보기보다 기회가 넘치는 곳으로 보기로 마음 먹는다면 어떻게 될까? 더 열심히 살고 더 잘 하기 위해 우리의 전력을 쏟는다면 어떤 일이 벌어질까? 우리의 조상들이 그토록 꿈꾸어 온 그 꿈의 상징이 바로 지금 우리 세대가 된다면 미국은 어떤 모습이 될까?

수치심: 변화를 향한 힘

서굿 마셜*, 오프라 윈프리, 타일러 페리, 르브론 제임스 등 성공한 모든 흑인들의 성공담은 공통의 지혜를 담고 있다. 그것은 바로 열심히 일하는 것을 대체할 수 있는 것은 없다는 것이다. 배우 겸 영화 배우인 타일러 페리는 검정 고시를 치른 것 외에는 정규 교육을 받아 본 적 없지만 매년 수억 달러의 돈을 번다. 그가 소유 및 운영하고 있

---

*   최초의 흑인 연방 대법관. 린든 존슨 대통령에 의해 지명된 1967년부터 1991년까지 직무를 수행했다.

는 영화 스튜디오는 애틀랜타 외곽의 330에이커 대지에 자리잡고 있는데, 규모는 캘리포니아 버뱅크에 위치한 그 유명한 워너 브라더스 스튜디오 면적의 거의 3배에 달한다. 페리는 외부의 도움 없이 이 모든 것들을 성취했다. 오히려 그의 사업적 성공은 피부색에 따라 좌우되지 않는 '인내'라고 하는 미덕에 의해 이루어졌다. 페리는 2019년 BET* 어워즈 수상 소감에서 "이제 흑인들은 핑곗거리를 그만 찾을 때가 되었다. 우리 스스로 미래를 개척할 필요가 있다."라고 역설했다.

"모두가 테이블의 자리를 놓고 다투면서 '아카데미 시상식은 너무 백인 중심적이야(#OscarsSoWhite)**'라고 투덜거리는 동안 나는, '너희는 평생 그렇게 살아. 너희들이 자리 하나 차지하겠다고 투닥거리는 동안 나는 애틀랜타에 내 자리를 직접 만들 거야.'라고 말했다."

타인의 행동과 말이 나를 상처 입혔다고 한탄하는 것은 성공에 거의 도움이 되지 못한다. 개인적 책임으로부터 자신을 배제하는 것 또한 마찬가지다. 요즘은 부끄러운 행동을 저질러도 비난받지 않는 것이 일종의 유행이 되었다. 우리는 우리가 어떤 나쁜 행동을 했을 때, 그 행동의 원인은 그 행동보다 크고 억압적인 시스템 때문이라고 배워왔다. 그로 인해 우리는 수치심이라는 것을 거의 느끼지 않는다. 내

---

*　BET Awards (Black Entertainment Television Awards), 블랙 엔터테인먼트 텔레비전 네트워크에서 매년 아프리카계 미국인 및 소수 민족을 대상으로 엔터테인먼트 분야에서 활동했던 스타들에게 수여하는 시상식이다.

**　#OscarsSoWhite는 아카데미상, 또는 오스카상의 다양성 결여, 특히 유색인종과 여성, LGBTQ 커뮤니티의 소외에 대해 비판할 때 소셜 미디어에서 사용되는 해시태그다.

가 전국을 돌며 젊은 학생들과 대화를 나눌 때마다 그들에게 요구하는 단 하나의 행동이 바로 이 수치심을 거부하지 않는 것이다. 수치심이란 감정은 우리의 행동을 교정하는데 꼭 필요한 감정이기 때문이다.

나는 필름이 끊길 때까지 과음을 한 후, 정신이 멀쩡했다면 절대 엮이지 않았을 사람들과 자고 난 뒤 후회했던 대학생 시절의 과거에 대해 강의에서 공유하곤 한다. 이 때는 미디어와 교육이 단순한 후회와 강간 사이의 경계를 모호하게 흐리기 시작하던 미투 시대 이전이었다. 나는 술에 취한 남자에게 이용당한 희생자로 나를 묘사하기 보다는, 상대와 똑같이 술에 취한 상태에서 이성적인 의사 결정을 하지 못한 나 자신에 대하여 반성했다. 그리고 그로 인한 수치심과 후회의 감정을 오롯이 스스로 감수했다. 나는 이미 스무 살의 성인이었고, 술이라는 것이 평소의 성격으로부터 벗어나게 해주는 마약이나 다름없다는 사실을 충분히 인지하고 있었다. 내가 아닌 다른 누군가가 나를 더 잘 보살펴 주리라 기대하는 것은 어리석은 일이다. 나는 나의 결정에 대해 수치심을 느껴야 했다. 그 후 나는 내 모든 행동에 대한 책임은 온전히 내 것임을 받아들였기 때문에, 미래에 똑같은 실수를 반복하지 않을 수 있었다. 많은 사람들은 내가 웬만한 상황을 제외하곤 술을 입에 대지 않는 것을 알고 있다. 그건 아침마다 올라오는 구역질을 싫어 하게 되면서 1년 뒤 내린 결정이었다. 이제 나를 개인적으로 아는 사람들은 나를 '고지식한 모범생straight-edge'으로 부른다. 오늘날 나를 구성하고 있는 캐릭터는 내가 단순히 실수를 저지른 것에서 그치지 않고, 후회와 수치심을 통해 실수가 주는 교훈을 받아들인 덕분에 만들어진 것이다. 그래서 나는 현재의 모습으로 성장할 수 있었고 지금 내 모습에 뿌듯함을 느낀다.

만일 내가 몇 년만 더 늦게 태어났더라면 상황은 크게 달라졌을지도 모른다. 나는 며칠 밤씩 폭음을 하고 어떤 남자와 사고를 친 뒤 경찰서로 향했을지도 모른다. 그러고는 술에 취했다는 사실을 숨기고 형사들에게는 내 정신이 멀쩡했다고 주장 했을지도 모른다. 그리고 나 자신의 의사 결정에 의해, 나의 잘못은 인정하지 않으면서, 나를 가부장적인 사회에서 억압받는 또 한 명의 피해 여성으로 만들었을 것이다.

인종차별과 성차별을 위시한 유행의 첨단을 걷는 주장들로 인해 사람들은 스스로 성장할 수 있는 기회를 놓치고 있다. 특히 불행에 대한 어떤 책임도 지지 않아도 된다고 세뇌당한 흑인들은 변화를 위한 가장 현실적 수단인 교육과 근면한 노동으로부터도 박탈 당하고 있다.

데이터를 깊이 파 보면 숨겨진 이야기가 나온다

나를 비난하는 사람들은 사회구조적 인종차별이 이 나라에 여전히 존재한다는 증거를 제시하기 위해 데이터를 왜곡한다. 언론의 끈질긴 노력에도 불구하고, 미국은 폭력적인 나라와는 거리가 멀다는 것을 모든 이들은 알고 있다. 그러나 좌익들은 제대로 된 근거도 없이 사람들로 하여금 그들이 얼마나 불공정한 대우를 받고 있는지 믿게 만드는 통계를 되풀이해서 제시한다.

빈곤선을 예로 들어보자. 미국 인구 조사국이 2018년 발표한 수입과 빈곤에 대한 보고서에 따르면, 흑인들(20.8%)이 백인들(10.1%)보다 빈곤선* 아래로 떨어질 가능성이 두 배 더 높은 것은 사실이다. 그러나 그들은 모든 인종 집단에서 미혼 여성(24.9%)과 미혼 남성(12.7%)이 결혼한 부부(4.7%)보다 빈곤하게 살 가능성이 훨씬 더 높다는 사실을 설명하지 못하고 있다. 최근 몇 년간 결혼율은 급격하게 떨어졌다. 우리가 2장에서 이미 다루었듯이, 미혼모 가정의 증가는 흑인 사회에 비극적인 영향을 끼쳐 왔다. 2006년에는 결혼한 흑인 가정의 빈곤율은 6.9%에 불과하지만, 결혼하지 않은 흑인 가정의 빈곤율은 무려 35.3%로, 5배나 높았다.

이와 마찬가지로, 그들은 흑인과 백인 간 수감 비율의 불균형이 곧 이 나라의 억압적 시스템을 뜻한다는 궤변을 늘어놓는다. 그런데 그들은 미국의 흑인들이 이 나라에 불균형한 수치의 범죄를 일으킨다는 불편한 사실은 이 악물고 외면한다. 2018년에 발생한 6,570건의 살인 사건 중 2,600건의 책임이 흑인들에게 있다. 흑인들은 미국 전체 인구의 13%를 차지하고 있지만, 전체 40%의 살인을 저지른다. 이 수치를 고려해 보면, 감옥에 간힌 흑인과 백인 간의 비율 불균형에 대해 놀란 척 연기 하기도 힘들 것 같다. 단지 흑인이라는 이유만으로, 살인범과 마약 거래상을 구금해선 안 된다는 미친 주장을 하는 사람은 없지 않겠는가?

---

* 각 국가에서 적절한 생활 수준을 수행하는 데 필요한 최소 소득 수준

해결할 수 없는 문제는 없다

조지 W. 부시 대통령이 임기 중 남긴 말들 중 유명하게 손꼽히는 말이 있다. "해결할 수 없는 문제는 없다." 이 표현보다 현대 사회에 필요한 말은 더 없을 것이다. 현대 사회는 이 모토를 내버렸을 뿐 아니라 쓸모 없는 단어들만 여기에 더 추가했다. 그들에겐 "해결책 없는 문제", "해결책도 없고 끝낼 수도 없는 문제에 대한 변명거리"만 있다. 그리고 최종적으로 이 문장을 "다른 사람들로부터 돈을 받아 내는 것이 문제를 더 좋게 해결할 수 있다"로 완성한다. 좌익적 사고 방식이라는 이름의 여러 토끼 굴 중 어느 토끼 굴에 빠지느냐에 따라 그들이 내거는 슬로건들의 문장 길이는 점점 더 길어지고 정교해진다. 내가 이 장을 통해 말하고자 했던 것은, 우리가 인생에서 성공하고 싶다면 부시 대통령의 슬로건대로 행동해야 한다는 것이다. 모든 문제는 해결할 수 있다는 마음가짐으로 맞서야 한다. 만약 그 해결책이 지금껏 존재한적 없었다면, 그 해결책을 만들어 내는 것이 우리가 할 일이다. 핑계를 대는 것은 문제를 해결하는데 아무 도움이 되지 못한다.

피해자 정신과 승리자 정신에 대해 생각해 보자. 이 세상의 승리자들이 자신들의 문제에 대한 핑곗거리들을 가지고 집에 돌아와 그저 침울해 하고 낙담한 것으로 자신들의 이야기를 끝냈다고 생각하는가? 시대를 막론하고 역사 속 모든 위대한 영웅들은 역경과 싸우고 그 역경을 극복해 냈다. 그리고 그들은 문제에 대한 해결책을 찾아냈다. 물론 우리 모두가 영웅 혹은 악당 둘 중 꼭 하나가 되어야 한다는 법은 없지만 우리 모두는 일상 속에서 각자만의 방식으로 도전을 받고 있다. 일상 속의 작은 도전들을 극복하는 것이 차곡차곡 쌓이다 보면, 궁극적으로 더 큰 도전을 극복하는 길을 만들어 준다. 이 길을 걷는 것은 결코 쉬운 일이 아니다. "더 책임지는 삶을 살아라", "실패에 대해 변명하지 마라"와 같은 구호를 내걸고 당선된 정치인이 한 명도 없다는 사실만 봐도 이 길이 얼마나 어려운 길인지 알 수 있다.

성공을 향한 한 개인의 여정은 영웅적인 업적들로 가득하지 않다. 나는 그저 매일 일어나서 지루하고 단조로운 일을 하러 갔을 뿐이다. 하지만 그 일은 학자금 대출을 조금씩 갚고 저축하는데 도움이 되는 일이었다. 카슨 박사는 초능력을 가지고 태어난 것이 아니다. 그는 그저 책을 읽었을 뿐이었다. 그러나 그는 주택 도시 개발부 장관이자 훌륭한 실력을 지닌 외과 의사 그리고 전 대통령 후보의 자리에까지 올랐다. 타일러 페리의 이야기는 또 어떠한가. 그는 자신의 사업을 성공 시키기 위해 "아카데미는 인종차별적이다!"와 같은 선동적인 슬로건에 얽매이지 않았다. 어려운 결정을 내리지 못한 것, 정직하게 살지 못한 것, 책임감을 갖지 못한 것에 대한 변명은 결국 꿈을 죽이는 것이 된다.

미국의 흑인들은 핑계라는 이름의 독을 여러 세대에 걸쳐 주입당했다. 일상의 핑계는 우리 사회를 둘러싼 모든 내러티브들을 오염시킨다. 인종차별주의자인 경찰관, 세대를 거쳐 내려온 노예 제도의 폐해, 임금의 격차 등 이 목록은 그들의 내러티브를 뒷받침하기 위해 왜곡된 데이터를 등에 업고 계속해서 늘어난다. 하지만 나는 지금 여기에 두 다리로 땅을 딛고 서 있다. 대출금을 갚기 위해 열심히 일했고,

몇 가지 좋은 아이디어를 가지고 유튜브 채널을 시작했으며, 지금은 전국 방방곡곡에서 강연 요청을 받을 뿐 아니라 미국의 대통령을 접견하기까지 했다. 여기, 어떤 경제적 수단도 없이 작은 아파트에서 살던 그 여자 아이가 말이다. 어떻게 그런 일이 가능했던 것일까? 그것은 내가 노스캐롤라이나주의 한 소작 농장에서 담배를 말리기 위해 아침 다섯 시에 일어나야 했던 한 남자의 손녀이기 때문이다. 그는 평생 열심히 일한 후 은퇴하면서 자신이 어린 시절 일했던 그 소작 농장을 구입했다. 그는 인종 분리 정책이 존재하던 시절, KKK의 물리적인 공격을 받으며 젊은 시절을 보냈음에도 불구하고 그 어떤 핑곗거리도 찾지 않았다. 내 할아버지가 그런 삶을 사셨는데, 내가 무슨 면목으로 핑계 대는 삶을 살 수 있겠는가? 우리의 조상들은 한 번도 변명한 적이 없었는데, 우리가 무슨 염치로 변명하는 삶을 살겠는가?

9

신앙에 대하여

ON FAITH

BLACKOUT

신앙에 대하여

나는 무신론자이면서 보수주의자인 사람들을 만나는 것에 흥미를 느낀다. 그들이 보존해야 한다고 믿는 것이 정확히 무엇인지 궁금하기 때문이다. 서양 문명이 유대-기독교 가치 위에 세워졌다는 것을 이해하기 위해 꼭 종교적일 필요가 있다는 말은 아니다. 그러나 서구 사회의 원칙은 곧 성경의 원칙과 여러 면에서 깊이 일치한다. 좌익세력이 이 땅에서 제거하려고 하는 것이 무엇인지 추적하다 보면 당신은 결국 신앙이라는 주제에 도달하게 될 것이다.

인간의 욕망은 크게 물질적 욕망과 영적인 욕망, 두 가지로 나뉜다. 물질적 욕망은 돈을 버는 행위와 돈을 기부하는 행위, 권력을 쟁취하는 행위와 타인에게 봉사하는 행위, 자신을 위해 야망을 충족시키는 행위와 타인을 위해 희생하는 행위와 같은 것들 사이를 숨 가쁘게 오간다. 이 모든 행위들은 세상에서 우리의 위치를 확보하기 위한 것들이다. 기부를 통해서 이타적인 사람으로 이름을 알리고 싶은 욕망이나 권력을 높이 쌓아 위대한 지도자로 세상에 알려지고자 하는 욕망 등이 여기에 속한다.

그러나 인류가 오랜 세월 동안 추구해 온 더 깊은 욕망은 따로 있다. 바로 영적인 욕망이다. 이 욕망은 남녀가 서로에 대한 순결을 지키겠다는 서약을 하게 만듦으로써 세속적 쾌락을 포기하도록 만드는 힘이다. 혹은 알지도 못하는 먼 나라로 선교 활동을 떠나게 만드는 힘이다. 그 과정에서 어떤 사람들은 목숨을 바치면서까지 자신들의 믿음에 헌신한다. 이 무형의 정신적 힘은 가장 기본적이고 유아적인 최초의 질문에서 시작되었다. "우리가 어디에서 왔지?", "우리는 어디로 가야 하지?", "우리가 죽으면 무슨 일이 벌어질까?" 그리고 이 질문들은 우리로 하여금 변화된 삶을 살고자 하는 영적 동기를 얻을 수 있게 해준다.

그리고 이 질문들에 대한 답은 '신앙'이라는 한 단어로 요약될 수 있다.

왜냐하면 모든 것을 믿든 아무것도 믿지 않든, 우리는 무언가를 믿고 있기 때문이다.[*]

누구에게나 믿음은 있다. 그것이 전통적 종교를 향한 믿음이든, 아무것도 믿지 않는다는 믿음이든, 사람들은 무형의 관념, 즉 자신들이

---

* 아무것도 믿지 않는다고 믿는 것도 결국 믿음의 영역에 포함된다는 뜻

가지고 있는 믿음에 전념한다. 우리의 매일 매 순간은 우리를 이끌어 줄 정치인에 대한 믿음, 우리에게 약을 처방해 주는 의사에 대한 믿음, 우리에게 뉴스를 보도해 주는 언론에 대한 믿음 등 여러 작은 믿음들로 구성된다. 각각의 상황에서 우리는 누군가를 혹은 무언가를 약간씩 믿고 있다. 믿음에 대한 확신이 생기면 그것은 곧 신념으로 바뀐다. 하지만 그 신념이 녹슬기 시작하면 사람들은 반드시 그 자리를 채워줄 다른 무언가를 찾게 된다. 새로운 리더십이나 새로운 이데올로기 같은, 외부의 사람이나 사물 같은 것들에 의존하게 된다.

그렇다면 이 믿음이야말로 흑인들의 역사에 있어서 심장과도 같은 자리를 차지하고 있다.

어메이징 그레이스 (나 같은 죄인 살리신)

〈어메이징 그레이스Amazing Grace〉는 교회 주일 예배에서 가장 사랑받는 찬송가 중 하나다. 이 아름다운 멜로디의 찬송가는 여러모로 '돌아온 탕자*'의 우화를 반영하고 있다. 그런데 이 찬송가를 작곡한 존 뉴턴의 이야기를 아는 사람은 드물다. 뉴턴은 원래 신앙이 전혀 없었던 영국 출신의 노예 무역 업자였다. 1748년, 아일랜드 해안을 벗어나자마자 거대한 폭풍을 만나게 된 그는 죽음이 코앞에 닥치자 하나님에게 필사적으로 자비를 구했다. 폭풍에서 살아남은 그는 그를 구해 준 분이 곧 하나님이라고 믿게 되었으며 이후 기독교인이 되었다. 6년

---

* 누가복음 15장 11절~32절

후, 신학 공부를 하기로 결정하면서 뉴턴은 노예 무역을 완전히 포기하게 된다.[*] 성공회 사제 서품을 받은 직후 그는 찬송가들을 쓰기 시작했는데 그 중 하나가 바로 〈어메이징 그레이스〉다. 이 찬송가는 그의 고국인 영국에서는 곧바로 주목받지 못했지만, 오히려 수십 년 후 미국 남부에서 개신교가 부흥하면서 크게 사랑받게 되었다. 곧 이 찬송가는 흑인 노예들의 영적인 음악이 되었다.

존 뉴턴의 이야기에서 우리는 깊은 아이러니를 발견할 수 있다. 한때 노예상이었던 사람이 노예들에게 계속 살아갈 수 있게 만드는 힘, 곧 신앙을 선사한 음악을 쓴 것이다.

> 그 은혜는 내 마음에 두려움도 알게 하셨고
> 그 은혜는 내 마음에 두려움을 덜어주었네.
> 그 은혜가 내게 나타난 것은 얼마나 소중한지.
> 내가 처음 믿기 시작한 그 순간.^{**}

이 가사를 따라가 보자. 우리는 당시 흑인 노예들이 이 노래를 부르는 동안 자신들을 뛰어넘는 더 거대한 무언가를 생각하면서 비참한 심정과 일상적으로 감당해야 했던 두려움으로부터 잠시나마 자유로웠으리라 상상할 수 있다. 이 찬양을 통해 그들이 속할 수 있었던 것은 믿음과 신앙, 곧 섭리^{providence}였다.

---

* 이후 그는 노예제 폐지 운동에 앞장서게 된다.

** 해당 찬송가는 원 가사와 한국어 가사가 상이하나, 존 뉴턴의 관점에서 쓰인 원 가사를 싣는 것이 맥락상 더 부합할 것으로 판단하여 원 가사를 그대로 번역하였다.

1619년 8월 20일, 영국 식민지 땅의 개척자들을 위한 노예들을 실은 최초의 배가 버니지아주에 도착했다. 거의 400년이 지난 2019년 8월 중순, 버지니아주의 젊은 흑인 여성이 결혼식을 준비하고 있다. 흰 웨딩드레스를 입은 그녀는 〈어메이징 그레이스〉를 부르는 사람들 사이에 놓여진 통로를 걸어가고 있다. 곧 그녀의 남편이 될 한 영국인 남자를 향해.

> 놀라운 은혜. 그 소리가 얼마나 감미로운지.
> 그 은혜가 저와 같은 죄인을 구원했습니다.
> 저는 한때 길을 잃었으나, 지금은 찾았고
> 눈이 먼 존재였지만, 지금은 볼 수 있습니다.

내 결혼식이 상징한 아이러니, 가사의 의미, 흑인과 백인 간의 역사 속에 얽힌 망을 통해 흐르던 그 전류. 그 모든 것들이 내 기억 속에 생생하다. 인종을 막론하고 하객들은 합창에 참여했고, 그 합창은 아주 잠깐의 시간 동안 우리보다 더 커다란 무언가로 우리를 인도해 주었다. 나는 내 조상들이 노래했던 모든 것, 어쩌면 그들이 붙들고자 했던 모든 것의 살아있는 화신이 바로 나 자신이라는 사실을 깨달았다. 그것은 '섭리'였다.

미국 노예 제도에 대해 긍정적으로 고려할 만한 부분은 많지 않다. 그러나 흑인 공동체에 깊이 뿌리내려 결코 흔들리지 않던 신앙과 믿음은 분명 노예 제도가 우리에게 선사한 긍정적인 열매 중 하나다. 그 열매는, 비록 노예일지라도 다음 세대를 위해 남겨줄 수 있는 유산이 되었고 미국의 흑인들은 다른 그 어떤 집단의 사람들보다도 더 풍부한 신앙의 이야기를 들려줄 수 있게 되었다.

약속된 땅

목사였던 마틴 루터 킹 주니어 박사는 이 연설을 통해 신앙에 대해 성찰했고 창조주 하나님에게 경의를 표했다.

나는 언젠가 모든 골짜기가 솟아오르고 주님의 영광이 드러나매 모든 육체가 함께 그 광경을 보게 될 날을 꿈꾼다. 이 믿음으로 우리는 듣기 괴로운 불협화음을 아름다운 교향곡으로 바꿀 수 있을 것이다. 이러한 믿음을 가지고 우리는 함께 일하고, 함께 기도하고, 함께 투쟁하고, 함께 감옥에 가고, 함께 자유를 지지할 수 있을 것이다. 언젠가 우리가 자유케될 것을 믿으면서….

하나님께 올리는 영광과 신앙에 대한 그의 호소에는 목적이 담겨 있었다. 그는 인종 분리 정책이 존재하는 이 물질 세계를 초월케 하고, 흑인들의 유산을 더욱 부유하게 만들 것이 신앙이라는 것을 알았다. 흑인들에 대한 새로운 방식의 탄압이 시작된 시대 전체를 통틀어 흑인들이 백인들을 상대로 승리를 거둔 유일한 순간이었다.

최근에 나는 할아버지께, 내 아버지를 포함한 그의 자녀들이 어쩌다가 할아버지, 할머니와 같은 삶의 틀에서 벗어나게 된 것인지 물었다. 내 조부모님은 청교도와 같은 삶을 사셨다. 그들은 절대 욕을 하지 않았고, 술을 마시지도 않았으며, 예배를 놓치는 법도 없었다. 그러나 그분들의 자녀들은 모두 이혼을 겪었고, 덜 종교적이었으며, 파티를 즐기는 삶을 살았다. 단지 한 번뿐인 젊은 시절, 허락되지 않은 일탈을 경험해 보고자 하는 욕망 때문이었을까?

할아버지께서 곧바로 토해 내듯 던지신 대답에 나는 당황했다.

"히피들이었다. 그들이 모든 걸 망쳐 버렸어."

히피들. 주류의 관습과 전통적 생활 방식을 거부한 1960년대 운동. 그들은 사랑, 마약, 로큰롤의 신조를 따랐던 '사회의 중퇴자'로 앞으로도 오래도록 기억될 것이다. 할아버지의 대답은 흥미로웠다. 왜냐하면 60년대 후반이야말로 인생에 대한 흑인들의 태도가 무책임한 태도로 바뀌기 시작한 시대였기 때문이다. 킹 목사의 평화주의 문화는 구식이 되었다. 더 크고, 더 공격적인 움직임이 '블랙 파워'라는 개념을 중심으로 구체화되기 시작했다. 셸비 스틸은 그의 책, 《백인 죄책감White Guilt》에서 킹 목사 세대에서 히피 세대로 옮겨가면서 변화하게 된 대중의 감성에 대해 다음과 같이 설명했다.

킹 목사 세대 지도자들에게 인종차별이란 흑인들이 자유롭게 사는 길을 가로막는 장벽이었으며 그들의 목표는 그 장벽을 없애는 것이었다. 그러나 이 새로운 세대의 흑인 지도자들에게 인종차별은 백인 죄책감이라고 하는 맥락 안에서 존재했다. … 60년대 중반에 이르러서 백인 죄책감은 킹과 같이 그릇이 넓은 사람들이 아니라, 오히려 그릇이 작은 사람들, 흥정꾼, 허풍쟁이, 목소리만 큰 사람들에 의해 좌우되었다. 도덕적인 사람들이 아니라, 잔꾀만 발달한 사람들이 이 백인 죄책감이라는 개념을 이용하기 시작한 것이다. 인종차별은 오랜 시간 고통받아 온 사람들에게 갑자기 이용할 만한 가치가 있는 도구로 전락했다.

그 당시 분노한 흑인 청년들 중 한 명이었던 셸비 스틸은 "당신의 의식을 높여라Raise your consciousness"와 같은 마르크스주의 문구를 계속해서 반복하게 했던 정치적 모임들에 대해 상세히 설명한다. 그는 인종차별이 조직적이며 사회구조적 및 제도적이라는 현재 흔하게 퍼진 주장의 시발점은 바로 조용히 숨 죽이고 있던 이 마르크스주의자들이 흑인 사회 운동에 침투하고 난 이후부터라고 말한다. 그는 또한 당시 흑인 인권 운동가들이 마르크스주의를 신앙의 근간으로 두고 있었음을 이 책에서 강조하고 있다. 다른 많은 사람들과 마찬가지로 셸비 스틸 역시 당시에는 그 사실을 몰랐지만 말이다. 흑인 인권 운동의 이념적 계보, 즉 억압에 대한 우리의 현대적 사상이 바로 공산주의의 창시자로부터 비롯되었다는 역사는 흑인들이 반드시 알아야만 하는 중요한 사실이다.

마르크스주의 교리의 배후에 있는 독일의 철학자이자 사회주의 혁명가인 카를 마르크스는 공산주의의 아버지다. 요즘 많은 사람들은 공산주의와 사회주의를 따로 떼 놓으려고 한다. 그러나 둘은 한 몸이나 다름없는 관계다. 카를 마르크스는 사회주의를 어떻게 구현해야 하는지에 관한 정치 논문인 그 악명높은 《공산당 선언》을 엥겔스와 공동 저술한 사회주의 혁명가였다. 버니 샌더스와 알렉산드리아 오카시오 코르테스와 같은 자들이 추구하는 사회주의가 이론이라면, 공산주의는 그 이론의 실행이다. 자유시장론은 이론이며 자유 시장 경제 체제는 그 이론의 실행인 것과 마찬가지다. 자유 시장을 찬성하는 사람이라면 누구나 공개적으로 자신이 자본주의자임을 인정한다. 그러나 반대로 본인이 공산주의자임을 인정하는 사회주의자를 찾기는 쉽지 않다. 5장에서 논의된 바와 같이 그것은 자신이 살인자임을 인정하는 것과 같기 때문이다. 작가 아인 랜드가*"공산주의와 사회주의 사이에는 아무 차이가 없다. 공산주의는 무력으로 인간을 노예화 하고 사회주의는 투표로 인간을 노예화 한다."라고 했던 말에서 그 사실이 잘 드러난다. 다시 말해, 자유로운 민주주의 사회 구성원들에겐 공산주의 정당에 투표할 수 있는 선택권이 있다. 이렇듯 자유 민주주의 사회는 사회주의 국가가 될 가능성을 언제나 내포하고 있다는 점에서 차이가 있다.

신실한 신앙으로 유명했던 흑인 사회가 마르크스 이론과 뒤섞이게 된 것은 괴이한 일이다. 마르크스가 종교를 "억압받는 인간의 한숨이자 인민의 아편"이라고 묘사한 것은 잘 알려져 있는 사실이다. 종교는 억압되어야 마땅하다는 그의 신념은 국가 전반에 무신론을 강요한 러시아의 블라디미르 레닌과 중국의 마오쩌둥이 자행한 학살의 근간이 되었다. 소련 정부는 사람들을 무신론으로 개종시키는 정책들을 추진했다. 교회 재산은 몰수당했고, 교인들은 괴롭힘당했으며 공개적으로 조롱당했다. 그런 역사가 있었음에도 불구하고 1960년대 중반, 충실한 기독교 신앙을 자랑했던 흑인 사회가 이 모든 범죄들의 이념적 기반을 형성한 공산주의자의 철학을 입 밖으로 선언하기 시작한 것이다.

---

* 객관주의 철학(Objectivism)의 창시자이며 자유시장경제를 옹호한 미국의 소설가, 경제철학자. 미국 주류 우파의 사상적 근간인 보수주의와 자유지상주의에 막대한 영향을 미친 그녀는 오늘날까지 미국 우파의 상징적 인물로 남아있다. 대표작으로는 《파운틴헤드》, 《움츠린 아틀라스》, 《이기심의 평등》 등이 있다.

이 뿐만이 아니다. 쿠바의 피델 카스트로는 마르크스주의 혁명을 일으키는 과정에서 모든 종교 행사를 금지했고 400여 개 가톨릭 학교를 폐쇄했으며 교회의 재산을 몰수하고 가톨릭 성직자들을 투옥하거나 추방한 뒤 쿠바를 무신론 국가로 선언했다. 사회주의자들에 의해 권력(이라고 하지만 사실상 영혼의 자살)의 자리에 추대된 후 2016년 사망할 때까지 그는 공산주의 독재자로 군림했다.

독재 정권을 잡으려는 세력이 사회주의를 권력을 쥐기 위한 도구로 삼는 것은 이렇듯 역사가 분명하게 말해 준다. 그런데 왜 하필 그 많은 것들 중에서 신앙을 없애는 것이 이들에게 이토록 중요한 걸까? 왜 카를 마르크스와 그를 추종했던 공산주의 지도자들은 신앙의 기둥을 파괴하는 것이 필수적이라고 생각했던 것일까?

어쩌다가 이토록 신앙을 증오하는 이데올로기가 미국 흑인들 사이에 퍼지게 된 것일까?

인종차별과 불평등이 어디에나 존재한다는 것을 인식하려는 노력 가운데, 흑인들은 "의식을 높여라"는 말을 듣게 되었다. 카를 마르크스는 노동자 계층의 추종자들이 그들이 당하고 있는 억압을 큰 그림에서 보기를, 보편적이고 영원한 것으로 보기를 원했다.

이것이 바로 흑인들이 사회주의 유토피아 세계관에 빠지게 된 이유다.

완전한 국가적 통제가 노동자 계급 혁명으로부터 시작될 수 있다는 것을 알았다는 점에서 사회주의 교리는 매우 영리했다. 권력을 추구하는 엘리트들은 대중의 분노를 이용해서 그 어떤 정부도 전복시킬 수 있다는 것을 잘 알고 있다. 그들은 그렇게 원래 있던 정부를 끌어내린 다음, 사람들의 남아있는 좌절감과 허탈감을 위로해 줄 것이라 기대되는 지도자를 사람들이 자신들의 손으로 직접 뽑도록 유도한다. 그렇게 해서 혁명이 일어나면 바로 그 자리에 자신을 뽑아준 그 사람들을 완전히 통제할 지도자를 앉힌다. 유능한 사회주의 지도자는 대중의 감정에 호소하는데 전문가인 사람, 딱 '혁명을 위한 폭동이 일어날 정도' 만큼의 분노를 정당화 해주는데 도가 튼 사람이어야 한다.

그리고 그 폭동은 흑인들에 의해 미국에서도 시작되었다.

1960년대 중반, 미국 전역 도시에서 인종 폭동이 일어났다. 유혈 사태, 방화, 약탈이 일상화되었다. 그 결과는 어떠했는가? 한때 번성했던 도시들을 휩쓸고 간, 수십 년 동안 지속된 흑인 사회의 경제 불황이 전부였다. '인종차별주의자'라는 죄목으로 사업주들을 도시에서 쫓아내어 실업이 발생했고, 그로 인해 오늘날 우리가 볼 수 있는 황량하고 빈곤한 도심 환경이 조성되었다.

그러나 주목할 만한 점은 이 폭동들이 모두 흑인이 미국인으로서 백인과 동등한 권리를 부여 받은 후에 일어난 폭동이라는 점이다.

본질적인 관점으로 보자. 흑인들은 더 이상 옛날처럼 억압당하지 않는다. 아니, 어쩌면 억압당하던 과거보다 더 심하다. 권력을 추구하는 교활한 자들을 위한 졸개로 전락했기 때문이다.

정부라는 이름의 신

오늘날 우리는 마르크스 사회주의 어젠다의 부활과 함께 기독교인들에 대한 일상적인 조롱을 목격하고 있다. 기독교 신앙에 대해 좌익 진영이 품은 혐오의 근본 원인은 기독교가 바로 원죄 사상을 설파한*다는 사실 때문이다. 기독교인들은 인간이 결코 완전해질 수 없다는 것을 이해한다. 성경은 우리 모두가 아담과 하와(이브) 이후부터 '타락'했다고 가르친다. 하나님의 말씀을 거스르고 저질렀던 최초의 불순종은 인류의 계속되는 반항적인 본성을 낳는다. 바로 이 본성에 대해 예수님은 마태복음 24장에서 다음과 같이 말씀하셨다.

> 아무도 너희를 미혹하지 못하도록 주의하라. 많은 사람이 내 이름으로 와서 '내가 그리스도라.'고 말하며 많은 사람을 미혹하리라. 또 너희는 전쟁과, 전쟁의 소문을 들을 것이라. ··· 민족이 민족을 대적하고, 나라가 나라를 대적하여 일어나겠으며, 기근과 역병과 지진이 여러 곳에서 있을 터인데 이 모든 것은 고통의 시작이니라. (마태복음 24:4~8)

영원한 세상이 올 때까지 인류는 항상 죄의 저주 아래 있을 것임을 그리스도께서 제자들에게 상기시켜 주신 부분이다.

반면에 사회주의는 정부에 대한 믿음이야말로 완벽한 세상으로 가는 통로라고 우리에게 가르친다. 이 가르침이 일반 종교의 교리였다고 상상해보자. 너무 우스꽝스러워서 사람들은 코웃음도 치지 않았을 것이다. 사회주의는 무신론이 빠르게 확산될수록 모든 문제를 정

---

* 기독교는 첫 인류가 하나님의 명령을 거역하면서 시작된 타락, 즉 원죄로 인해 모든 인간은 죄성을 가지고 태어난다고 본다. 따라서 기독교 보수주의자들은 인간은 결코 완전해질 수 없고, 인간의 이기적 본성을 인정하는 사회시스템(자유 시장 경제 시스템)을 유지하는 것이 최선이라고 본다.

부가 더 빨리 해결해 줄 것이라고 본다.

미국의 흑인들은 여전히 신앙에 있어서만큼은 미국의 다른 인종 그룹을 앞지르고 있다. 퓨 리서치에 따르면, 흑인들은 백인이나 히스패닉계 미국인들보다 자신들의 신앙에 대해 훨씬 더 큰 확신을 가지고 있으며 하나님을 더욱 진지하게 믿는다고 한다.("U.S. Religious Landscape Study", 2014) 또한 하나님에 대한 절대적인 확신을 가진다고 대답한 흑인들의 비율은 히스패닉계에 비해 24%, 백인에 비해 22%나 더 높았다. 이것이 아마도 미국에서는 다소 이례적으로, 특정 인종 그룹의 이름을 딴 교회가 존재하는 이유일 것이다. '흑인 교회 Black Church'와 같은 개념은 대부분의 다른 인종 사회에서는 꽤 낯선 개념이다. 다른 인종 그룹에도 물론 민족적, 언어적 집단 정체성과 함께하는 교회가 존재한다. 그러나 특히 흑인 사회에서 '흑인 교회'들이 탄생되었고 오늘날까지 이어져온 이유는, 남북전쟁과 인종 분리 정책의 시대로부터 민권 운동 및 인종 불평등의 시대에 이르기까지, 이 고난의 세월을 넘어 발아한 깊은 영적 유산으로부터 흑인들의 신앙이 열매 맺어왔기 때문이다.

그러나 부인할 수 없는 사실은 좌익들이 이 신앙의 영토까지 장악해 나가고 있다는 사실이다. 기독교 신앙의 최근 경향성을 보면 좌익 진영의 목표가 어느 정도 성공을 거두고 있음을 알려주는 몇 가지 분명한 경고 신호가 있다.

갤럽 여론 조사에서 "인생에서 종교가 얼마나 중요한가"라는 질문에 2000년에는 응답자의 12%가 "중요하지 않다"라고 답했는데, 2019년에는 무려 25%가 "중요하지 않다"라고 답했다. 같은 여론 조사에서 신앙이 없다고 말하는 사람들의 수는 거의 세 배가 늘어났고, 특히 기독교 신앙을 가지고 있다고 답한 사람들은 82%에서 67%로 떨어졌다. 또 다른 퓨 리서치의 조사에 따르면, "한 달에 교회를 1~2회 출석한다"는 "일 년에 1~2회 출석한다"로 바뀌고 있다. 한 달에 한 번 교회를 간다고 응답한 사람들은 2007년 54%에서 2019년 45%로 줄어든 반면, 일 년에 한 두 번 출석한다고 응답한 사람들은 같은 12년 동안 정확히 반대로 (45% → 54%) 늘어났다.

흑인 교회에 대해서도 역시 동일한 현상을 관찰할 수 있다. 퓨 리서치는 2007년에서 2014년까지 흑인들의 주 1회 교회 출석률이 53%에서 47%로, 하나님에 대한 믿음은 88%에서 83%로 떨어졌다는 결과를 내놨다. 놀라울 만큼의 하락치는 아닐지도 모르겠다. 그러나 이 수치는 겨우 7년이라는 시간 동안 하나님에 대한 미국인들의 신앙이 내리막길을 걷고 있는 상황에서 흑인들이라고 예외가 아니라는 점을 보여 준다.

이 자료들은 흑인, 백인을 막론하고 모든 미국인들에게 확고한 진실을 보여 준다. 우리는 기독교적 가치 체계의 기반을 잃고 있다. 우리 서구 문명을 지탱해 온 기독교의 뼈대가, 불성실한 신앙으로 인해 20년도 채 안 되는 세월 동안 이렇게 무너지고 있다.

앞서 말했듯이, 사람들은 단순히 신앙을 '잃고' 있는 것이 아니다. 신앙의 자리를 대신 채워 주는 대체재를 '얻고' 있는 것이다. 좌익들은 신앙을 대체하고 변형시키려고 노력하고 있다. 그들은 흑인들의 신앙을 정부에 대한 믿음과 도덕적 선에 대한 추구로 대체하려 한다. 이렇게 해서 결국 그들은 흑인들을 하나님으로부터 떨어뜨려 놓고자 한다. 이 모든 것은 우리는 선천적으로 이타적이고 선한 존재며, 우리가 불완전한 존재라는 사실에 대해선 그 가능성의 여지조차 남겨 두지 않는 전제에서 형성된 결과다.

우리가 또한 주목해야 할 점은 종교와 정치적 경향에 대한 연구다.

갤럽 여론조사에 따르면, 가장 빨리 교회를 떠난 사람들은 대부분 민주당을 지지하는 것으로 드러났다. 1998년에서 2000년 사이에는 민주당을 지지하는 전체 인구 중 71%가 교회에 다녔지만, 2016년에서 2018년 사이에는 겨우 48%에 그쳤다. 이는 연령, 교육수준, 혼인 여부, 성별, 거주지역 등 다른 그 어떤 조건보다도 23%나 낮은 수치였다.

21세기에 접어들면서, 우리 국가 공동체가 처한 신앙에 대한 위협은 그 어느 때보다 커지고 있다. 이에 따라 세속화 추세가 점점 더 심해짐과 동시에 미국을 탄생시킨 바로 그 헌법들이 위협받고 있다.

2019년에 샌프란시스코에서 열린 민주당 전국 위원회Democratic National Committee; DNC 회의에서 민주당은 다음과 같은 내용의 결의안을 만장일치로 채택했다.

하나, 종교에 속하지 않은 미국인들은 압도적으로 민주당의 가치를 공유한다. 2018년에 무(無)종교인의 70%가 민주당에 투표했으며, 80%가 동성 결혼에 찬성했고, 61%가 이민자들이 미국을 더 강하게 만든다고 답했다.

하나, 종교를 기준으로 보면, 민주당을 지지하는 인구 통계 내에서 가장 큰 비율을 차지하고 있는 집단은 무종교인이다. 2007년, 이들은 19%를 차지했으나 이젠 민주당 지지자 3명 중 1명이 무종교인이다.

하나, 무종교인들은 또한 기독교 신앙을 기본 전제로 하는 미국 사회에서, 특히 정치계 및 정책 결정 부문에서 불공평한 차별 및 배제를 당해 왔다.

해당 결의안에 이어 DNC는 "무종교인 미국인들은 건전한 과학 및 보편 타당한 인본주의적 가치에 기반한 합리적인 공공정책을 옹호한다. 이들이 곧 민주당을 대표하는 인구 집단이자 민주당에 의해 포용되어야 할 집단이며, 민주당은 이 집단의 주장에 귀 기울임이 마땅하다."라고 밝혔다.

위의 결의안을 읽다가 떠오른 생각이 두 가지가 있었다. 첫 번째는, 민주당이 점점 더 세속적인 가치와 영합하고 있다는 것이고, 두 번째는 그들이 '보편타당한 인본주의적 가치'를 추구하고 있다는 것이다. 가장 먼저, 하나님이 인간에게 '양도할 수 없는 특별한 권리'를 부여하셨으며 하나님만이 '세상의 대법관'이라고 명명한 독립 선언서 및 하나님의 진리 위에 입각하여 세워진 이 나라의 두 주요 정당 중 하나가 세속적인 방향성까지 포용해야 한다고 주장하는 것은 우리에게 경종을 울린다. 이는 미국이라는 나라의 기독교 건국 이념과 상반되기 때문이다. 두 번째로 걱정되는 것은, 그들이 '보편타당한 인본주의적 가치'라는 것을 곧 '도덕'이라는 개념으로 교묘히 옮기고 싶어 한다는 점이다. 결국 이것은 오래도록 찌든 상대주의의 문제를 슬금슬금 다시 들여오겠다는 뜻이다. 도대체 누가 이 인본주의적 가치들이 정의로운 것인지 아닌지 결정할 수 있단 말인가? 인류는 영원한 영적 가치를 대체할 수 있는 것을 찾기 위해 끊임없이 노력해왔다. 그러나 시간이 지나서 돌아봤을 때, 그 모든 것들은 결국 세월에 따라 낡아질 수 밖에 없는 물질적 가치였다는 것을 우리는 배우게 된다. 그리고 여기서부터 "왜 헌법이 매 세대 바뀌어서 최신 버전의 도덕을 반영하도록 갱신되지 않으면 안되는가?"와 같은 논쟁이 시작된다. 그리고 이미 모든 사회는 그 역사를 목도한 바 있다. 이미 각 세대의 도덕적 가치는 시간이 지남에 따라 변한다는 것을 우리는 미디어를 통해 알 수 있다. 만약 우리가 이 땅을 탄생시킨 독립선언서를 토대로 건국의 아버지들이 쌓아 올린 하나님이 주신 가치와 열망을 제거한다면, 미국인들에게 더 이상 무엇이 의미 있는 것이 될지 생각해보라.

신앙에 대한 좌익진영의 계속되는 공격은 2018년 중간 선거 이후 민주당이 장악한 하원 위원회의 여러 선서식에서 "하나님이시여, 우리를 도우소서"라는 문구가 삭제 되었을 때에도 분명하게 드러났다. 테네시주 출신의 오랜 민주당 의원, 스티브 코언은 《뉴욕 타임스》에서 다음과 같이 말했다. "나는 신이 어떤 종교 기관, 즉, 교회, 성당, 모스크에만 존재한다고 생각한다. 그는 의회에 존재하지 않는다." 또한 그는, "신 본인도 우리의 정치판에 이용되길 원하지 않으실 것이다"라고 못 박았다. 후자의 말은 전능자와 스티브 코언을 잇고 있던 연결고리를 코언 스스로 끊어내는 발언이었다.

이와 같은 작은 변화들은, 결국 우리 사회 내에서 하나님을 완전히 끊어 버리게 될 세속주의로 향하는 첫 걸음에 불과하다. 좌익들은 지금까지 정치적인 이득을 위해서 신을 찾는 시늉을, 설령 가식일지언정 최소한의 성의라도 보여주었다. 그러나 이제 그들은 대놓고 신을 거부한다. 앞 장에서 언급한 것처럼, 그 어느 사회주의 국가를 보아도 무신론은 그들이 반드시 완수해야 할 게임의 또 다른 이름이라는 것을 알 수 있다.

심판의 날

그럼 지금까지 이야기한 이 모든 것들이 신앙에 대하여 무엇을 알려줄 수 있을까? 아주 간단히 말해서, 좌익은 각 개인과 가정의 관계를 분열시키는 것과 똑같은 방식으로 사람들과 하나님 사이를 이간질 한다. 좌익은 정부가 만능의 상태로까지 비대해지기 위해서는 사람들이 개인의 가치와 믿음을 두는 곳이 정부 외에는 어디에도 없어야 한다고 보기 때문이다.

나는 우리 인류가 완전해질 수 없다는 사실을 이미 앞서 여러 번 언급했다. 그러나 다른 주제보다 특히 신앙을 주제로 한 논의를 통해 내가 이전에 펼친 주장들의 본질적 맥락을 찾을 수 있다. 미국에서 리버럴 어젠다를 주도하는 대부분의 토대인, '모든 인간은 평등하게 태어났다'는 것보다 더 거대한 이념이 그들 뒤에 도사리고 있다는 것이 그것이다. 그리고 그 이념은 곧 '모든 인간은 완전해질 수 있다'는 좌익적 신앙으로 이어진다. 이것은 비단 미국에서만 일어나는 현상이 아니다. 전 세계 곳곳에서 각 나라의 좌익세력들은 이 새빨간 거짓말을 통해 절대 실현 불가능한 정부 숭배 신앙을 국민들에게 주입하고 있다.

여기에서 재밌는 점은, 종교적 신앙을 파괴하기 위해 그들이 파괴하고자 하는 것과 동일한 것, 즉 신앙이라는 것을 또다시 필요로 한다는 역설이 이 지점에서 발생한다는 것이다. 그러나 여기서 말하는 신앙은 종교적 신앙이 아닌 자신들의 비전, 원칙, 이상에 대한 신앙이다. 그러나 그 신앙은 교만한 자부심에서 비롯된 야망에 불과하다. 좌익들이 무엇보다 중요하게 여기는 것은 바로 '자기 자신에 대한 신앙'이다. 놀랍게도 그것은 사람의 정신을 하나님의 위치로 끌어올리려는 욕망이다. 하지만 "너 스스로 하나님이 되려 하지 말라"는 말이 유명한 데는 다 이유가 있다. 왜냐하면 그것은 절대 실현될 수 없기 때문이다.

성경은 인간의 교만에 대해 폭넓게 이야기하며, 종종 교만을 하나님에 대한 인간의 가장 큰 죄 중 하나라고 말한다. 좌익과 무신론의 불경한 동맹과 세속주의에 대한 우리의 열망은 틀림없이 재앙을 가져올 것이다. 교만한 사회, 거드름 피우는 사회, 세상의 것을 믿으며 하나님을 믿지 않는 사회는 곧 필연적으로 하나님의 진노로 얼룩진 사회가 된다.

이는 만군의 주의 날이 교만하고 거만한 모든 자들 위에와 자고한 자들 위에 임하여 그들을 낮추실 것임이니 (이사야 2:12)

다툼은 교만으로만 오나, 권면을 잘 받아들이는 자에게는 지혜가 있느니라. (잠언 13:10)

나는 우리나라의 미래를 둘러싼 국가적 논쟁의 핵심에는 신앙의 문제가 자리하고 있다고 생각한다. 그리고 나는 이 나라의 미래가 흑인들에 의해 결정될 것이며, 그 많은 역사적 고난들을 통과하는 동안 우리를 지켜봐 온 절대자에 대한 우리들의 신앙이 얼마나 변치 않는가에 달려있다고 믿는다.

바울은 갈라디아인들에게 보낸 편지에 "그리스도께서 우리를 자유케 하신 그 자유 안에 굳게 서서 다시는 종의 멍에를 메지 말라"고 했다. 하나님을 정부로 대체하자는 주장에 흑인 사회가 유혹당하고 있는 지금, 바울이 준 이 메시지가 우리에게 얼마나 중요한가. 타락한 인류를 구원하는 그리스도를 예표하는 성경의 위대한 역사는 흑인 사회에 더욱 큰 의미를 안겨 준다. 첫째, 우리는 노예 시대를 거쳐 왔으며, 둘째, 짐 크로 시대를 거쳐왔다. 그리고 셋째, 불행하게도 민주당이 우리를 그들의 복지의 신과 가난의 신, 그리고 절망의 신으로 끌어당기고 있다. 다시 한번 구원이 필요한 때가 왔다.

미국의 흑인들은 구약에 등장하는 히브리 민족처럼 노예 상태로부터 해방되었다. 그러나 웬일인지 우리는 민주당의 거짓 선지자들에 의해 다시 광야로 이끌려 돌아왔다.

성경에는 거짓 선지자들과 위선자들에 대한 많은 이야기가 담겨 있다. 예레미야 애가서에서 예언자 예레미야는 이렇게 말한다.

네 선지자들이 너를 위하여 헛되고 어리석은 것들을 보았으므로 그들은 네 죄악을 찾아내지도 너의 사로잡힘을 돌이키지도 못하고, 다만

거짓 경고들과 추방의 명분만을 너를 위해 보았도다. * (예레미야 애가 서 2:14)

오늘날 흑인 지도자들에 대한 이보다 더 훌륭한 묘사가 있을 수 있을까?

앨 샤프턴이나 제시 잭슨 (둘 다 목사) 같은 지도자들에 의해 제공된 미국 흑인들에 대한 비전은 우리의 운명을 회복시키기 위한 것이 아니라 우리를 기만하기 위한 것이다.

마태복음 7장 15절에 예수님은 우리에게 경고하신다. "거짓 예언자들은 양의 옷을 입고 너희에게 올 것이나 그 속은 굶주린 늑대들이다." 이들은 킹 박사의 꿈이 실현된 이후 인종을 미끼로 기회를 엿보는 사기꾼들이다. 이 사람들은 오로지 자신들의 허영과 성공을 위해 인종 간 증오와 분노를 불러 일으키는 사람들이다. 흑인들의 구원을 위해 일해야 하는 사람들, 우리 미국 국민들이 진정한 선을 행하도록 지도해야 하는 그 사람들은 대신 자신들의 그 이기적인 야망을 채우기 위해 이 기회를 이용했다. 그러나 실제로 예수님은 히브리 공동체의 당시 지도자들이라고 할 수 있었던 서기관들과 바리새인들에게 가장 가혹한 말씀을 남기셨다.

위선자인 서기관들과 바리새인들아, 너희에게 화 있으리라! 이는 너

---

* "네 예언자들이 너에 관한 환상을 보았으나 헛되고 거짓될 뿐이다. 그들이 네 죄를 드러내지 못하여 네가 사로잡혀 가는 것을 막지 못했으니, 그들의 예언은 헛된 것뿐이었다. 그들이 너를 속였다." (아가페 쉬운성경, 예레미야 애가서 2장 14절)

희가 잔과 접시의 겉은 깨끗하게 하나 속은 약탈과 방탕으로 가득 차 있기 때문이라. 너 눈먼 바리새인아, … 겉으로는 아름답게 보이나 안에는 죽은 사람의 뼈와 모든 더러운 것으로 가득 차 있도다. … 이와 같이 너희도 겉으로는 사람들에게 의롭게 보이나 속에는 위선과 불법으로 가득 차 있도다. … 너희 뱀들아, 독사의 세대야, 어떻게 너희가 지옥의 저주에서 피할 수 있겠느냐? 보라, 이 때문에 내가 선지자들과 지혜 있는 자들과 서기관들을 너희에게 보내노라. 그러면 너희가 그 중에서 더러는 죽이고, 십자가에 못박을 것이며, 더러는 너희의 회당에서 채찍질하고, 이 성읍에서 저 성읍으로 쫓아다니며 박해하리라. (마태복음 23:25-34)

가장 가혹한 심판이, 입으로는 미덕을 주장하면서 그와는 정반대의 삶을 사는 거짓 지도자들에게 임할 것이라는 점을 생각하면 기분이 나아진다. 자기의 의와 교만으로 가득 차서 '완벽함'에 대한 설교에 몰두하는 사람들에게는 그들을 위한 심판의 날이 반드시 올 것이다. 오늘날 우리는 부자에 맞서라고 설교하는 백만장자들, 환경에 대해 열변을 토하면서 정작 본인들은 개인 비행기를 타고 다니는 사람들, 우리에게 총을 소유할 권리를 포기하라고 하면서 정작 자신들은 무장 경비원들에게 둘러 쌓인 사람들을 볼 수 있다. 위선이야말로 좌익의 민낯이다.

흑인들의 이야기는 곧 신앙의 이야기다. 역사상 가장 어두운 시절에도 우리의 희망은 항상 미래를 향해 있었다. 우리는 이집트 땅에 노예로 붙잡혀 있던 히브리 민족과 마찬가지로 구원을 향한 위대한 여정을 걸어왔다. 흑인이든 백인이든 우리 모두는 미국의 심장에 다시 하나님에 대한 신앙을 되돌려 놓아야 한다. 미국을 구한다는 것은 곧 이 국가를 떠받치고 있는 유대-기독교 원칙을 구한다는 것을 의미한다. 세속주의가 점차 확산되는 것은 곧 도덕 규범과 가치관이 하나님의 모습보다 인간의 모습으로 다시 쓰여지는 위험한 선례를 남기는 것이다.

그 어느 때보다도 마틴 루터 킹의 말이 절실하게 들린다.

저는 그저 하나님의 뜻을 행하기 원할 뿐입니다. 그 분은 저를 산 위로 데려 가셨습니다. 저는 그곳에서 세상을 내려 보았습니다. 그리고 약속의 땅을 보았습니다. 저는 아마 여러분과 같이 그 땅에 들어 갈 수는 없을 것 같습니다. 그러나 오늘 밤 우리가 하나님의 백성으로서 약속의 땅에 들어가게 될 것임을 여러분이 알기를 바랍니다. 전 오늘 밤 행복합니다. 아무 걱정도 하지 않습니다. 저는 그 어떤 사람도 두렵지 않습니다. 제 눈이 주님 재림의 영광을 보았기 때문입니다.

다시 한번 신앙으로 돌아갈 때가 되었다.

10

문화에 대하여

ON CULTURE

BLACKOUT

문화에 대하여

항상 카라가 달린 단정한 카키색의 옷을 입는 나의 할아버지께서 요즘 젊은 흑인들 사이에서 유행하는 인기곡을 들으신다면 놀라서 기절하실지도 모르겠다.

기원 전 551년에서 479년 사이에 살았던 중국의 철학자 공자는 "한 나라의 통치 수준과 도덕 수준을 알고 싶다면 그 나라의 음악 수준을 보면 된다"라는 말을 남겼다.

흑인 소유의 음반사, 모타운 레코드는 주로 사랑과 가족을 주제로 노래한 소울 가수들을 키운 것으로 유명했다. 할아버지는 청년 시절, 이 가수들의 음악을 들었다. 그가 가장 좋아했던 그룹은 디트로이트 출신의 흑인 남성 5인조 그룹 '템테이션'으로, 그들은 공연할 때 항상 정장을 입었다. 할아버지는 어린 시절, 연례 행사처럼 치뤄지곤 했던 '오웬스 가족 탤런트 쇼'에서 여덟 형제들과 함께 〈Just My Imagination〉이나 〈My Girl〉과 같은 템테이션의 명곡들에 맞춰 춤을 추었다.

> 구름 낀 날에도 햇살을 느끼고
> 밖이 추워도 5월의 따스함을 느낄 수 있어

이런 가사를 감상하다 보면 내가 살아본 적 없는 시대에 대한 향수가 느껴진다. 흑인 공동체의 정신과 문화, 내 할아버지가 살았던 흑인들의 미국에 대한 향수가.

공자가 음악에 대해 말했던 것이 사실이라면 요즘 흑인 사회의 상황은 그리 놀랄 일도 아닌 것 같다. 내가 지금 이 글을 쓰고 있는 시점을 기준으로 현재 빌보드 힙합 차트 1위 곡은 메건 디 스탤리언과 비욘세가 부른 〈Savage〉다.

> 내가 바로 그 년이야. (그래) 그런 년이었고 지금도 그런 년이야.

템테이션을 빌보드 차트 1위로 끌어올렸던 과거의 흑인 사회가 오늘 메건 디 스탤리언을 1위로 끌어올린 사회와 동일한 가치관과 신념을 가지고 있었다고 보는게 과연 옳을까? 아닐 것이다. 이런 비교를 통해 우리는 알 수 있다. 불과 몇십 년 사이에 흑인들의 문화는 단순히 변한 것이 아니라 퇴보한 것이라는 걸.

오늘날 우리의 문화는 도덕의 느린 부패를 통해 '쿨cool한' 지위를 얻는 것에 과하게 집착하는 문화로 변질됐다. 옷은 거의 벗다시피 하고, 욕설이 언어의 절반이 되었으며, 교육 수준은 낮아졌다. 우리의 문화는 기본적으로 반체제적이며 반항적이다. 가족과 사랑에 대해 노래하는 아티스트가 1위를 차지하는 것은 이제 힘들어졌다. 그런 시절은 흑인 사회에서 오래 전에 사라졌다.

물론 이 사실을 민주당은 잘 알고 있다. 그들은 선거가 다가올 때마다 표를 얻기 위해 흑인들의 문화를 정치적 수단으로 이용한다. 민주당 후보들은 만약 그들이 '흑인스러운' 행동, 즉 엉터리 영어를 구사하고 흑인들의 유행어를 쓴다면, 흑인 사회로부터 인기(그리고 투표도!)를 얻는 것은 일도 아니라는 믿음을 가지고 있다. 그리고 수많은 사례들을 통해 그들의 이 믿음이 진짜라는 것이 판명되었다.

2016년 당시, 대선 후보였던 힐러리 클린턴이 힙합 라디오 1위 프로그램인 '조찬 클럽Breakfast Club'에 방문했을 때, 손발이 오그라들 만큼 낯뜨거운 시나리오가 펼쳐졌다. 그녀의 목표는 고통스러울 정도로 분명했다. '이 흑인들이 나를 쿨 하다고 믿게 만들어야 돼. 그래야 날 뽑아줄 거야.' 참고로 당시 비욘세는 "나는 자랑스럽게 가방 속에 핫소스를 넣어 가지고 다니지, 스웨그Swag!"라는 가사가 담긴 인기곡, 〈Formation〉으로 폭발적인 인기를 누리고 있었다.

인터뷰에 들어가기 직전 클린턴은, 어쩌다가 스탭들로부터 '핫소

---

* '가방 속의 핫소스' 밈(meme)의 기원은 짐 크로 법으로 인해 흑인들이 식당에서 식사를 하지 못하고 테이크아웃만 가능한 상황에서 식당에 비치된 소스를 이용할 수 없었을 때 항상 가방 속에 핫소스를 소지하고 다니던 관습이 현재까지 이어져 온 것으로 추측된다. 흑인들의 하위 문화로만 여겨졌던 '가방 속 핫소스'는 랩, 힙합과 같은 문화와 마찬가지로 주류 문화에 대한 반격을 상징하는 지배적인 멋, 즉 '스웨그(swag)'로 자리 잡아 가고 있다.

스' 유행어에 대해 듣게 된 모양이다. 자신의 문화적 세련미를 드러내기를 얼마나 간절히 원했는지, 쇼 진행자들이 항상 핸드백에 넣고 다니는 한 가지 물건을 대라고 하자, 이 민주당 대선 후보자는 기다렸다는 듯 신나는 목소리로 '핫소스!'라고 또박또박 대답했다.

진행자들은 누워서 떡 먹기라고 할 만한 질문에 너무 의도성이 짙은 대답을 듣게 되자 당황스러웠는지 마지못해 긴장 섞인 웃음을 터뜨렸다. 진행자 중 한 명은 "사람들이 이걸 듣고 '아, 흑인 문화를 이용해서 우리한테 아부하려고 하는구나'라고 생각할 수도 있다는 것을 알았으면 좋겠다"라고 말하며 애써 상황을 수습하려고 클린턴에게 대놓고 핀잔을 줬다. 이쯤 되면 클린턴은 상황을 눈치채고 얼른 농담이었다고 둘러 대거나 다른 진지한 대답을 내놨어야 했다. 그러나 클린턴은 이 절호의 기회를 놓쳤다. 대신 그녀는 진행자에게 이렇게 물었다. "그래서, 효과가 있었나요?"

흑인에 대해 좌익 정치인들이 가지고 있는 그 저급한 인식의 밑바닥 끝을 보여준, 그야말로 파렴치한 순간이었다. 돌이켜 보면 이 사건은 힐러리가 흑인들의 지지를 얻기 위한 선거 운동을 앞으로 어떻게 전개할지 보여 주는 일종의 예고편이었다. 그녀는 흑인들을 위한 정책에 대해 단 한번도 논의하지 않았다. 도심 지역을 어떻게 개선할지 논의 하지도 않았다. 그저 대선이 있기 불과 나흘 전인 11월 8일, 비욘세와 제이지를 그녀의 선거 유세 행사장에 초대한 것이 전부였다. 그녀는 흑인 문화의 아이콘과 같은 이 두 유명 인사들의 충실한 지지를 받았고, 이정도면 흑인들이 자신에게 충분히 투표해 줄 것이라 기대했다.

그리고 4년이 흐른 지금 2020년, 민주당 대선 후보 조 바이든은 힐러리 클린턴이 떠난 바로 그 자리에서 클린턴과 똑같은 행동들을 답습하고 있다.

같은 힙합 라디오 쇼의 화상 인터뷰에서 조 바이든은, 전국적인 라디오 토크쇼의 진행자이자 《뉴욕 타임스》 베스트셀러 작가인 샬라마뉴 더 갓과 두 차례에 걸쳐 인터뷰를 진행했다. 샬라마뉴는 흑인 사회에서 매우 존경받는 리더 중 한 명으로, 민주당 후보들에게 어려운 질문을 던지는 것을 두려워하지 않는 사람이다. 바이든은 겨우 15분간의 논쟁도 견디지 못하고 더 이상 시간이 없다며 인터뷰를 중단했다. 샬라마뉴는 이 대선 후보에게 아직 더 질문할 것들이 많이 남았다며 앞으로는 더 긴 시간을 할애하여 대면 인터뷰에 응해 주길 요구했다.

이에 조 바이든은 카메라를 똑바로 바라보며 공표라도 하듯 이렇게 말했다.

"당신이 나를 지지해야 하는지 트럼프를 지지해야 하는지 헷갈려 한다면 당신은 흑인도 아냐."

당신은 흑인이 아니라고 했다You ain't black. 바로 이렇게.

민주당 정치인이 정직한 모습을 보여준 최초의 순간이었다. 흑인들이 던지는 정치적 질문에 민주당 정치인들이 성의 있게 대답할 필요를 못 느낀다는 사실을 대부분의 보수주의자들은 이미 잘 알고 있었다. 그러나 적어도 그렇게까지 공개적으로 흑인들에 대한 자신의 감정을 솔직하게 드러내는 위험을 무릅 쓴 민주당 정치인은 지금까지 없었다.

바이든 전 부통령의 선언은, 그들이 민주당에 던지는 흑인들의 투표지를 단순한 '기대'가 아니라 흑인 됨의 '조건'으로 인식하고 있다는 점을 분명히 했다. 좌익 후보들은 흑인들의 생각이나 경험이 다양하지 않다고 확신하고 있기 때문에 우리가 현상 유지에 이의를 제기라도 하는 즉시 우리의 흑인으로서의 정체성을 공개적으로 박탈시켜 버리는 것을 전혀 꺼리지 않는다.

샬라마뉴는 바이든이 상원 의원으로 재임하는 동안 인종차별 이슈를 두고 했던 문제적 발언들에 대해 몇 가지 의문을 가지고 있었다. 그는 특히 인종 분리 정책에 대하여 질문하고 싶어했다. 실제로 바이든은 인종 통합 학교 의무화 정책에 크게 반대했던 사람이다. 그는 인종 통합 학교야 말로 "사람이 생각해 낼 수 있는 가장 인종차별적인 개념"이라고 발언 했으며, 무려 2007년에 쓰여진 회고록에까지 "인종 통합 학교는 얼토당토 않은 개념"이라고 주장했다. 상원 의원으로 재직하던 당시 바이든은, 흑인들이 인종 분리 정책을 선호하기 때문에 그 정책을 유지하는 것이 낫다고 주장한 적도 있었다.

아마 가장 두드러지게 악독했던 그의 업적은 그 악명 높은 1994년 〈범죄법 법안Crime Bill〉의 공동 발의인으로서 이 법안이 통과되는데 주도적인 역할을 했던 것이다. 피고인에게 더욱 긴 징역형을 부과하는 이 법안은 흑인 남성들이 더 불리한 판결을 받게 만들었다.

그런데도 이 사람은 2020년 현재, 뻔뻔스럽게도 우리 앞에 나타나 그의 과거 행적에 대한 질문에 답하기를 애써 피하고 있다. 거기다 흑인들에게 민주당에 투표하라며, 기본적인 지시 이상의 행동을 하고 있다.

특히 내가 가장 마음에 걸리는 부분은 바이든이 "ain't*"라는 단어를 사용했다는 점이다. 나는 그가 백인들과 대화할 때 그 단어를 사용하는 영상을 찾아 헤맸으나 결국 실패했다. 힐러리 클린턴이 흑인들의 호응을 얻기 위해 핫소스를 핸드백에 넣어 다닌다고 했던 것처럼 바이든 역시 엉터리 영어를 구사한 것이다.

이러한 무례한 행동들이 의미하는 것은 무엇일까? 우리는 그들이 우리에게 보인 무례에 그냥 분노하고 말면 되는 걸까? 그럼 여기서 더 나은 질문을 던져 보겠다. 우리는 과연 존중받을 만하게 처신하고 있는가?

민주당 정치인들은 우리가 멍청하다고 생각한다. 그들은 품격이 결여된 흑인 문화를 흑인종의 타고난 열등함 때문이라고 본다. 그러나 내 생각은 다르다. 흑인 문화의 수준이 이렇게까지 저급해진 것은 민주당이 오랜 시간 걸쳐 공들여온 전략적인 정책들 때문이다. 이 정책들은 흑인 남녀와 가정의 품위를 떨어뜨렸다. 우리의 세계를 망가뜨렸고, 우리의 음악을 타락시켰다.

흑인 리버럴들은 "캔디스는 흑인 집단 전체를 대표하지 않는다"라고 주장한다. 그리고 이에 대해 나는 항상 "그건 당신들도 마찬가지"라고 답한다. 현대 흑인 문화 특유의 방탕함에 일조하는 흑인들은 우리 조상들의 영광을 대표하지 않는다. 나는 흑인들의 방탕한 문화를 대표하는 사람이 되고 싶었던 적이 단 한 번도 없다. 나는 정반대의

---

* Ain't는 am, are, is not, has, have not 등의 축약형. 문법적으로 올바르지 않은 비표준 영어라고 여겨진다. "You are not black."이라고 할 수 있었을 것을, 굳이 흑인 인터뷰어에게 "You ain't black."이라고 말했다는 점을 작가가 지적하고 있다.

흑인 문화를 대표하는 사람이 되고 싶다.

민주당은 흑인 사회를 문화에만 과도하게 투자한 저학력 인구로 구성된 사회로 본다. 이 관점을 기반으로 그들은 흑인들의 지지율을 유지하기 위한 수단으로 문화에 대한 통제권을 쥐려고 한다. 할리우드에서 보수적 성향을 드러내는 것이 곧 커리어 자살 골을 넣는 것이나 다름 없다는 사실은 익히 알려진 사실이다. 만약 할리우드의 누군가가 리버럴리즘의 교리에서 조금이라도 벗어난 견해를 공유한다면 그 사람은 곧바로 인종차별주의자로 비난 받고 '나치'라는 낙인이 찍히게 된다. 그리고 그 누군가가 흑인이라면 그 사람은 거의 정신이상자로 취급된다. 좌익들은 흑인들을 단일의식체로 취급할 뿐만 아니라 우리가 똑같이 생각하고 똑같이 투표해야 한다고 믿게 만들기 위해 문화를 이용한다. 더 정확히는 가수, 여배우, 래퍼들을 이용한다.

그럼 이 연예인이라는 직업은 어떠한가? 성경은 우상숭배의 죄에 대해 거듭 경고한다.

"어린 아이들을 우상으로부터 지켜라."
"우상에게 의지하거나 스스로 금속상을 만들지 말라."
"다른 신을 좇는 자들의 슬픔은 더욱 커질 것이다."

나 역시 많은 연예인들을 우상처럼 섬겼었다. 그러나 이젠 아무도 섬기고 있지 않다. 나는 흑인 사회가 이 '아이돌'들에게 꾀여 자기 파괴적인 행동으로 이어지는 것을 여러 번 목격했다. 이것은 할리우드의 악이다. 테일러 스위프트, 비욘세 그리고 수많은 음악 차트 톱 순위에 오르는 유명 인사들은, 자신들의 존재만으로도 자기들이 선호하는 정당에 팬들이 투표하게 하고, 그들의 변덕에 따라 팬들이 행동하도록 명령할 수 있을 정도의 신성함을 지녔다고 생각한다. 흑인 문화는 바로 이러한 우상 숭배에 의해 썩어가고 있다. 그리고 그 우상 숭배의 고삐를 쥐고 있는 건 민주당이다.

최근 미네소타에서 발생한 조지 플로이드 사건에 대해 살펴보자. 조지 플로이드는 체포 과정에서 경찰관들에 의해 살해당한 흑인 남성이다. 이 사건이 발생하기 4년 전인 2016년, 당시 대통령 선거 및 미국 상·하원 의원 선거를 기점으로 미디어의 '경찰의 잔혹성'에 대한 집착이 극에 달하던 때부터 지금까지 나는 쉬지 않고 흑인 사회에 경고해 왔다. 분명히 대선을 앞둔 2020년 어느 시점이 되면 흑인에 대한 살인 사건이 난데없이 전국적인 이슈로 떠오를 것이며, 그 즉시 해당 사건이 정치적으로 이용될 것이라고. 하지만 경찰관의 무릎에 목이 눌려 조지 플로이드가 죽어가는 영상이 인터넷에 퍼졌을 때, 나조차도 전 세계적인 반응이 이 정도일 줄 몰랐다.

내가 이 글을 쓰고 있는 현재, 조지 플로이드 사건으로 인해 미국을 휩쓸고 있는 악몽과도 같은 몇 주의 시간이 흐르고 있다. 우리는 여전히 조지 플로이드가 사망한 그날 있었던 일의 전체 장면을 보지 못했다. 우리가 아는 것이라곤 2020년 5월 25일, 조지 플로이드가 위조 지폐를 사용하려고 하자 가게 점원의 신고로 경찰관들이 현장에 출동했다는 것뿐이다. 신고자는 조지 플로이드가 잔뜩 취해 있었다고 밝혔다. "그는 지독하게 술에 취한 상태였고, 스스로를 도저히 통제할 수 없어서 자신의 차 안에 앉아 있었다."

스마트폰으로 녹화되어 인터넷에 퍼진 체포 동영상에는 조지 플로이드가 경찰관에 의해 무릎으로 목이 졸리는 장면이 담겨 있다. 그는 경찰관에게 "숨이 안 쉬어 져요"라고 여러 번 말했다. 5분간의 상황이 담긴 이 영상 속에서 플로이드는 의식을 잃어 가고 있었다. 몇 분 후 그는 앰뷸런스로 병원에 이송되었지만 결국 사망했다.

문제의 경찰관인 데릭 쇼빈이 살인범이라는 국민적 합의가 즉각 이루어졌다. 전 국민이 정치적으로 하나가 된 이 보기 드문 순간, 양당의 전문가 및 지도자들은 이 경찰관의 즉각적인 체포를 요구했다. 데릭 쇼빈은 이 사건에 대해 아주 형식적이고 간략한 내부 조사만을 받고 겨우 나흘 뒤인 5월 29일, 3급 및 2급 살인죄로 체포되었다. 이 모든 과정은 아무리 합리적으로 생각해 보아도 지나치게 신속한 조치였으며 의아할 정도로 모든 사람들의 의견이 합일된 순간이었다.

그러나 대선을 앞둔 해에 합리적으로 우연히 일어나는 사건 따위는 없다.

BLM과 안티파^{Antifa}운동 단체는 이 순간이 오기를 기다리기라도 한 듯, 그 즉시 엔진에 시동을 걸었다. 며칠 지나지 않아 조지 플로이드 사건이 발생한 미니애폴리스가 불길에 휩싸였다. 폭도들은 사람들에게 자신들처럼 폭동을 일으켜서 얼른 전국적인 규모로 이 시위를 확대하자고 고함을 질러대며 상점과 회사들을 불태우고 약탈했다.

유명 연예인들은 즉각적으로 폭동 시위대를 지지했고, 체포된 폭도들을 구제하기 위해 기금을 모으자고 선동했다. 민주당이 집권하

---

* Anti-Fascist Action의 줄임말로, 대표적인 좌익 민주당 성격(Left of Democrats)의 테러 단체 중 하나. 파시즘에 반대한다는 슬로건을 내걸고 있으나 그 슬로건에 모순되는 전체주의성 및 그 폭력성으로 인해 극단주의 좌익으로 분류되고 있다.

고 있는 도시인 로스앤젤레스, 워싱턴 D.C., 미니애폴리스, 애틀랜타, 뉴욕 등이 불에 탔다. 흑인 상점주들은 그들이 평생 일궈 놓은 모든 것들이 하룻밤 사이에 잿더미로 무너지는 것을 지켜 보며 제발 이 광기를 멈춰 달라고 울부짖었다. 폭도들은 미국 성조기를 불태웠으며 경찰관들을 불태워 죽였다. 프린스턴 로스쿨 출신의 법인 소속 변호사 1명과, 포드햄 로스쿨 졸업자 1명은 뉴욕시 경찰차에 화염병을 투척한 혐의로 체포되었다. 전국의 경찰관들은 폭도들의 무자비한 공격을 받아야 했다.

내가 이 글을 쓰고 있는 동안만 해도, 14명의 흑인들이 폭동으로 인해 사망했다. 흑인 사망률을 빠르게 증가시키고 있고 흑인 사회를 무너뜨리고 있는 장본인들이 바로 폭도들 자신이라는 이 자기모순적 상황이 그들의 눈에는 들어오지 않는 모양이다. 조지 플로이드에게 바쳐지는 아름다운 헌사들이 방방곡곡에서 쏟아졌다. 조 바이든은 그의 장례식 연설을 미리 녹음하기까지 했다. 전국에 플로이드의 벽화가 그려졌고 기자들은 그를 '신사적인 거인'으로 칭송하기 위해 달려들었다. 유명 인사와 가수들, 정치인들이 조지 플로이드의 황금 관 앞에 모인 가운데 악명 높은 사기꾼이자 선동가인 앨 샤프턴 목사가 강력한 헌사를 바쳤다. 그는 이 헌사에서, 어쩐 일인지 생뚱 맞게도 이 사건의 모든 책임을 떠안게 된 트럼프 대통령에게 비난을 쏟아 냈다.

"조지 플로이드의 이야기는 모든 흑인들의 이야기입니다. 우리가 꿈꿔왔던 사람이 될 수 없었던 것은 바로 당신들이 401년 전부터 우리의 목에 무릎을 누르고 있기 때문입니다." 앨 샤프턴 목사는 이렇게 말했다. "조지 플로이드에게 일어난 일은 지금 이 순간도 이 나라의 어딘가에서 일어나고 있습니다. 이제 우리는 조지의 이름으로 다함께 일어나 '내 목에서 그 무릎을 떼라'라고 말해야 합니다."

6일 동안 3개의 도시에서 TV로 중계되는 추모 행사가 기획됐다. 플로이드의 유가족을 위한 수백만 달러의 조의금이 쏟아졌다. 며칠만에 조지 플로이드는 미국의 흑인들을 위한 순교자로 변모했다. 그는 이 인종차별적인 나라에 내재된 억압의 상징과도 같은 존재가 되었다.

조지 플로이드와 BLM 운동에 헌사를 바치지 않는 사람들은 그 즉시 인종차별주의자로 낙인 찍혔다. 우리의 문화가 조지 플로이드에게 헌사를 바치는 행위를 올바른 행동이라고 규정했기 때문이다. 그리고 그 규정을 거부하는 사람들은 공개적으로 손가락질 당했다.

나는 일주일 동안 침묵을 지켰다. 소셜 미디어 세계에서 일주일이란 영원이라고 할 만큼 긴 시간이었다. 나는 이 모든 예측 가능한 거짓말들이 할리우드를 등에 업고 아주 촘촘하고 섬세하게 짜여지는 것을 지켜보았다. 나는 플로이드 유가족들의 슬픔이 추슬러질 때까지 침묵을 지키는 것이 옳다고 생각했기 때문에 현 상황에 대한 코멘트 요청을 거부했다. 도저히 침묵을 지킬 수 없는 지경에 이르면 그때 내 논평을 공개하기로 했다.

여기에서 데이비드 돈의 죽음은 나에게 최후의 결정타였다. 세인트루이스에 거주 중이던 77세의 은퇴한 전 경찰 대장이자 흑인 남성인 데이비드 돈은 폭동이 일어나는 동안 그가 경비로 일하고 있던 한 전당포의 신고로 출동했다. 현장에 도착한 돈은, 그 때 상점을 약탈하고 있던 24세의 또다른 흑인 남성에게 총을 맞고 사망했다. 그의 죽음은 영상에 녹화되었다. 나는 무고한 한 흑인 노인이 콘크리트 바닥에서 피를 흘리며 죽어가는 것을 영상으로 보았다. 그 모든 상황의 뿌리에는 인종차별에 대한 경종을 울렸던 '문화'가 있었다. 그러나 유명 인사나 민주당 정치인 중 그 누구 한 명도 돈의 죽음에 대해 언급하지 않았다. 플로이드의 죽음에 바쳐졌던 수준의 헌사나 그의 이름으로 궐기하며 전국에서 조직적으로 일어난 시위 같은 것도 없었다. 데이비드 돈은 다른 흑인 피해자들의 94%와 같이, 같은 흑인에 의해 살해당했다.

그들이 원하는 그림이 나오지 않는 살인이라고 생각되면, 데이비드 돈과 비슷한 훨씬 더 많은 죽음들은 아주 간단히 무시된다. 그 대신, 아주 가끔 드물게 일어나는 예외적인 상황, 즉 경찰관이 무장하지 않은 흑인을 살해하는 상황에만 모든 관심이 집중된다. 무장하지 않은 흑인이 경찰 손에 의해 살해될 확률은 벼락에 맞아 죽을 확률보다 더 낮다. 2019년 한 해 동안 일어난 약 1000만 건의 체포 과정 중, 비무장 흑인 용의자가 살해된 경우는 9건에 불과한 반면, 비무장 백인 용의자가 살해된 경우는 19건이었다. 백인이 경찰관에 의해 폭력적으로 살해될 가능성이 흑인보다 25%나 더 높은 것이다.

나는 더 이상 조용히 앉아 있을 수 없었다. 나는 내 페이스북 페이지에 이러한 사실들에 대해 논평하는 영상을 올렸다. 나는 조지 플로이드가 당시 현행범이었음에도 불구하고 절대 죽어서는 안 됐다고 분명히 밝혔다. 그러나 그게 내 논평의 주제는 아니었다. 그는 오히려 제대로 체포되어 기소되었어야 했다. 하지만 조지 플로이드가 '신사적인 거인'이었다는 언론 매체의 기만만큼은 참을 수 없었다. 기자들은 조지 플로이드라는 사람에 대해 깊이 파고드는 것을 거부했다. 그러나 사실 플로이드 자신은 마약과 폭력으로 점철된 삶을 살았던, 흑인 사회를 공포에 떨게 만든 범죄자였다.

그는 1990년대 초, 절도죄 및 규제 약물 인도죄로 인해 두 번 유죄 판결을 받은 바 있다. 그 후 그는 1998년 총기를 소지한 채 절도한 죄로 10개월간 복역했다. 2002년에는 불법 침입 혐의로 체포되어 카운티 교도소에서 10개월을 추가로 복역했다. 2002년 말, 그는 코카인 남용죄로 8개월 형을 선고받았고 2004년에는 또다른 코카인 남용죄로 10개월 형을 선고받았다. 2005년에는 코카인을 4그램 이상 소지한 것이 발각되어 마약 소지 혐의로 10개월 동안 주 정부 교도소에서 복역했다. 그가 저질렀던 범죄 중 가장 질 나쁜 범죄는 2009년 선고받았던 것으로, 2007년 다른 다섯 명의 남자들과 함께 수도 관리청 직원으로 위장하고 한 여성의 집에 침입한 것이다. 그 집엔 갓난아이도 함께 있었다. 그는 장전된 총구를 피해자 여성의 복부에 대고 눌렀고 그와 함께 침입한 다른 남자는 권총으로 그녀의 옆구리를 타격했다. 그들은 그녀의 집에서 보석과 핸드폰을 훔쳤으나 원래 목적은 마약을 훔치는 것이었다. 플로이드는 혐의를 인정했고 5년 뒤인 2012년 석방됐다.

그가 사망한 후 주류 언론에서는 이와 같은 사실들을 전혀 언급하지 않았다. 거듭하는 이야기라곤, 플로이드가 새로운 인생을 시작하기 위해 미니애폴리스로 이사 왔고, 석방된 이후 모범적인 시민이자 지역 사회의 지도자로 일생을 살아왔다는 것이다. 그러나 부검 뒤 그의 독극물 관련 보고서가 검시관을 통해 밝혀지자 이 이야기는 흐트러졌고, 최초로 그를 신고한 사람의 주장이 옳았던 것으로 드러났다. 플로이드는 모르핀보다 50배에서 100배 더 강력한, 치명적이고 위험한 마취제인 펜타닐에 취해 있었다. 뿐만 아니라 그는 필로폰에도 취해 있었다. 경찰관이 그를 땅에 눕히고 무릎을 목에 대기도 전에 그가 "숨이 안 쉬어져요"라고 말한 것도 설명이 되는 부분이다. 이 영상에서 그는 똑바로 서있는 상태에서도 "나에겐 밀실 공포증이 있으며 지금 숨이 쉬어지지 않는다"라고 말했다.

그럼에도 플로이드는 미국 흑인들의 영웅으로 등극했고, 일평생을 훌륭하게 살아온 데이비드 돈은 외면당했다. 나는 이 불의의 뿌리에 정치가 있고, 그 뿌리에 물을 주는 것이 유해한 문화라는 것을 간파하고 있었기 때문에 역겨운 기분이 들었다.

내 반박이 담긴 영상은 세상을 놀라게 했다. 4일 만에 조회수가 1억 건이 넘었고 전 세계 사람들이 내게 동의했다. 수천 명의 사람들은 내가 그들의 영웅을 모욕했다며 비난을 퍼부었지만, 그보다 더 많은 사람들은 내게 용기를 내어 진실을 말해 준 것에 감사를 표했다. 그들은 경찰관이 흑인 남성에게 살해당할 확률이 그 반대보다 18.5배 더 높다는 실제 통계를 제공해 준 것에 대해 고마워했다. 미국에는 '경찰의 잔혹성police brutality' 같은 것은 존재하지 않으며, 오로지 '흑인 대 흑인의 잔혹성black-on-black brutality'만이 존재하고 있음을, 그리고 조지 플로이드와 같은 사람들이 명예로운 영웅으로 치켜세워지면 이 문제는 걷잡을 수 없는 문제가 될 것이라고 말한 것에 대해 고마워했다.

현재 도심의 민주당 지도자들은 경찰력에 대한 예산 삭감을 요구하고 있다. 엎친데 덮친 격으로 유명 연예인들은 이 주장에 동조하고 있다. 할리우드의 아이돌들이나 부유한 정치인들이야 높은 벽으로 둘러 쌓인 부유한 저택에서 생활하며 개인 경호비를 쓸 만한 여유가 있기 때문에 경찰 삭감을 주장할 수 있을지도 모르겠다. 하지만 도심에 거주하는 일반 주민들은 과연 예산 삭감으로 인한 결과를 감당할 수 있을까? 가난한 사람들은? 자신의 집에서 다섯 명의 무장한 남자들에게 급습을 당하여 총으로 배가 눌린 어떤 흑인 여성은 삭감된 경찰력으로 이 세상에서 살아남을 수 있을까?

한때 흑인들의 문화는 자랑스러운 것이었다. 그러나 이제는 더 이상 자랑스럽지 않다. 우리의 문화는 거짓말과 게으름으로 인해 산산조각 났다. 이것이 우리가 앓고 있는 병에 대해 내릴 수 있는 가장 정확한 진단이다. 그리고 이 병은 우리가 '진실'이라는 이름의 약을 거부함으로 인해 지속된다.

받아들이기 어려운 진실이 하나 더 있다. 오늘날 흑인 사회에 존재하는 모든 문제들은 완전히 우리의 선택이라는 것이다. 우리는 우리 사회를 파멸시키는 것 외에는 아무것도 하지 않는 악독한 정치인들과 유명 연예인들과 결별할 수 있다. 우리는 우리의 파멸을 기념하는 문화로부터 우리를 해방시킬 수 있다.

공자가 남긴 명언이 하나 더 있다.

진짜 지식은 자신의 무지의 정도를 아는 것이다.

이 명언에서 당신이 무엇을 해야 할지 선택하라.

11

노예 제도에 대하여

ON SLAVERY

BLACKOUT

노예 제도에 대하여

현재 미국 사회의 끝이 보이지 않는 정치적 논쟁의 원천은, "노예 제도가 남긴 부정적 유산이 (믿기 힘들지만) 400년이 지난 지금까지도 우리들을 괴롭히고 있다"라는 주장에서 시작한다. 그리고 이 주제를 가지고 떠들어대길 가장 좋아하는 자들은 권력에 대한 욕심으로 머릿속이 그득한 백인 리버럴들이다. 매사추세츠주 출신의 백인 백만장자 상원 의원인 엘리자베스 워런은 2020년 대선 후보 출마를 선언하면서 로이터 통신에 보낸 성명을 통해 노예 배상금에 대한 지지를 표명했다. 그녀는 "우리는 노예 제도의 어두운 역사와 정부의 이름으로 승인했던 차별의 역사에 맞서야 한다"라며, "이 역사는 흑인 가정들이 대대로 부를 쌓을 수 있는 능력을 약화시켰다"라고 주장했다.

텍사스주 출신의 또다른 백인 백만장자 상원 의원인 프랜시스 베토 오로크 역시, 앨 샤프턴 목사가 설립한 시민권 단체인 내셔널 액션 네트워크National Action Network에 초대받은 자리에서 노예 보상 위원회 설립을 위한 하원 법안 지지를 선언했다.

버몬트주 출신의 영원한 대통령 꿈나무이자 또다른 백인 백만장자 상원 의원인 버니 샌더슨은 CNN 타운 홀 연설에서 비록 '배상금'이라는 단어를 사용하지 않으려고 조심하긴 했지만, 만일 대통령으로 당선된다면 고통받는 지역 사회에 자원을 투입하고 노예 제도로 인해 상처 입은 사람들의 삶을 개선하기 위해서 할 수 있는 모든 일을 할 것임을 선언했다.

여기서 언급된 사람들이 말하고자 하는 바는 명백하다. "우리 부유한 백인 리버럴 민주당 정치인들은 우리 조상들이 흑인들에게 가한 범죄에 대해 백인이라면 마땅히 느껴야할 죄책감을 느끼고 있다. 우리가 만약 대통령으로 선출될 경우 과거사에 대해 가능한 모든 조치를 취하겠다."

좌익들이 취하고 있는 대부분의 입장이 그렇지만, 특히 이 입장은 나를 매우 짜증나게 한다. 이 입장은 지적으로 파산하다시피 한 수준의 분석과 시대착오적인 도덕관이 아니라면 도저히 나올 수 없는 입장이기 때문이다.

현재 미국에서 일어나고 있는 모든 불의의 증거로서 미국의 과거 노예 제도를 들먹이는 사람들은 교육받지 못했거나 매우 교활 하거나 둘 중 하나다. 아니면 둘 다거나.

추잡하고, 야만적이며, 짧다

전국 대학교 캠퍼스 투어 강연을 하는 동안 나는 리버럴 성향의 학생들로부터 이상한 경향을 발견하기 시작했다. 강연이 끝나고 질의응답 시간이 됐을 때, 이 학생들은 노예 제도라는 주제에 지나칠 정도로 사로잡혀 있었다.

나는 이것이 이상한 경향성이라고 판단했다. 그것이 부도덕한 제도였다는 그들의 평가가 잘못됐다는 것이 아니라 그들이 이 죄악의 역사를 백인 남성들에게만 돌렸기 때문이다. 나는 다른 국가들에 비해 역사적인 죄를 훨씬 적게 지었을 수밖에 없는 비교적 젊은 국가인 미국에만 이 학생들의 세계관이 국한된 것이 아닌가 하는 의문이 들었고, 오늘날 많은 좌익들이 이 세상이 1619년에 시작된 것이 아니*라는 사실을 전혀 모르고 있다고 보는 것이 전적으로 타당하다는 결론에 이르게 되었다.

웃자고 하는 이야기가 아니다. 심오한 학문적 탐구보다 사회 이슈 탐구에 더 치중하고 있는 현재 교육 커리큘럼을 고려해봤을 때, 어린 학생들이 분별력을 기르는 학습에 대한 결핍 증상을 보이고 있는 것이 그리 놀라운 일은 아니다. 소셜 미디어와 해시 태그 트렌드로 이루어진 세계 속에 갇힌 이 아이들은 전 세계에서 일어나고 있는 사건들

---

* 미국 건국년 논쟁(1619프로젝트 vs 1776위원회): 독립선언서가 발표된 1776년이 아니라 흑인 노예가 미국에 처음 도착한 1619년을 미국이 건국된 해로 보는 것이 옳다는 관점에서 시작하여 미국사 전체를 재구성하는 것에 대해 교육계와 정치계 내에서 현재 진행 중인 역사 논쟁이다. 트럼프 대통령은 대통령 역사 자문기구인 1776위원회를 설립하여 1619프로젝트와의 전쟁을 선포했으나, 조 바이든은 취임식이 끝난 직후 1776위원회 및 관련 자료들을 전면 폐기했다.

보다도 유명 연예인들이 만들어 놓은 문화에 더 익숙해지고 있다.

2020년 초, 미국 정부가 이란 장군 가셈 솔레이마니에 대한 군사 작전을 승인했을 때 이러한 결핍 증상은 여실히 드러났다. 그의 사망 직후 소셜 미디어에는 그에 대한 암살이 제3차 세계 대전을 일으킬 수 있다는 의견으로 들끓기 시작했다. 특히 좌익들의 반응은 남달랐다. 그 긴 세월 동안 급진적 페미니즘과 미국 여성들에 대한 제도적 억압에 대해 줄기차게 목소리를 높여오던 그들은 갑자기 이란 정권을 열렬하게 변호하기 시작했다. 미투 운동의 초창기 멤버이자 가장 시끄러운 후원자 중 한 명인 여배우 로즈 맥고언은 다음과 같은 글을 트위터에 올렸다. "친애하는 이란이여, 미국은 당신의 나라, 국기, 국민들을 무시해 왔습니다. 52%의 미국 국민들은 이에 겸허히 사죄합니다. 우리는 여러분과 평화를 원합니다. 우리 미국인들은 테러리스트 정권(트럼프 행정부를 말한다-옮긴이)에 의해 인질로 잡혀 있지만 이곳으로부터 탈출하는 법을 모릅니다. 그러니 제발 우리를 죽이지 말아주세요."

중동 지역에 대한 최소한의 상식만 가지고 있어도 이란이 1979년 이슬람 혁명 이후 '여성의 목숨은 남성의 절반 가치'로 명시한 헌법을 채택한 나라라는 사실을 알 수 있다. 이란법에 따르면 여성들은 머리카락과 맨살 대부분을 덮는 히잡을 착용하지 않은 채 공공장소에서 적발될 경우 10년 이하의 징역형에 처해질 수 있다. 이외에도 여성을 억압하는 법은 셀 수 없이 많다. 여성들은 경기장에서 남성 스포츠를 관람하는 것이 허용되지 않으며, 차별에 항의하는 목소리를 높인다는 이유로 수시로 감옥에 갇힌다.

그러나 여성 인권에 대한 좌익들의 이 현기증 나는 이중 잣대에 대해 머리를 감싸 쥐기도 전에, 이미 사실이 아니라고 밝혀진 '경찰의 잔혹성'이라는 미신을 빌미로 '국기에 대한 맹세'를 반대하는 시위를 주도한 전 미식축구 쿼터백, 콜린 캐퍼닉은 이런 트윗을 올렸다. "미 제국주의 팽창을 위한 흑인과 중동인에 대한 공격은 전혀 새로운 일이 아니다. 미국은 국내외를 막론하고 항상 이들을 제재하고 포위해 왔다. 미 군국주의는 미 제국주의가 비(非)백인 세계에 대한 정책과 약탈을 강제하기 위해 휘두르는 무기다."

캐퍼닉은 제국주의의 정의를 아예 모르고 있거나 이란의 역사에 대해 완전히 무지한 사람만이 할 수 있는 말을 했다. 이란은 미국이 건국되기 훨씬 이전부터 존재했으며 1935년까지 페르시아라는 이름으로 알려진 '제국'이었다. 그리고 페르시아는 많은 것들로 유명했지만, 미 제국주의의 피해자로 알려진 적은 지금까지 단 한 번도 없었다. 사실 콜린에게는 안타까운 소식일 수 있겠으나 페르시아는 200년 동안(미국 전체 역사에 맞먹는 시간 동안!) 지속된 가장 악명 높은 제국 중 하나였다. 페르시아는 이집트에서 인도에 이르는 지역을 식민지화했다. 그들은 한때 세계에서 가장 강력한 제국이었다.

페르시아의 역사는 교과서에만 등장하지 않는다. 그들의 잔혹한 침략이 이루어지던 배경은 심지어 2006년 개봉한 블록버스터 영화 〈300〉에도 등장한다. 이 영화는 무자비한 페르시아의 '신(神)왕' 크세르크세스와 그의 군대가 그리스인들을 정복하려는 시도를 담은 영화다. 캐퍼닉은 정말 무지했거나 사악한 동기를 가졌거나 둘 중 하나였을 것이다. 그러나 인종 문제와 관련된 그의 옛날 트윗들을 더 읽어

보면 그의 동기는 아마 후자에 더 가까운 것 같다.

2019년 추수 감사절에 캐퍼닉은 아메리카 원주민의 '언 땡스기빙 데이Un-Thanksgiving day' 기념식에서 아침을 보냈다. 그는 트위터에 "미국 정부가 원주민들로부터 15억 에이커 이상의 땅을 훔쳤다. 나는 내 원주민 가족들에게 감사를 표하고 싶다. 나는 오늘도 앞으로도 항상 여러분과 함께 할 것"이라는 글과 함께 원주민 부족과 함께 기념하는 영상을 게재했다. 같은 맥락에서, 그 해 독립 기념일에 캐퍼닉은 프레더릭 더글러스의* (남북전쟁이 노예 제도를 종식시키기 전에 했던) 연설을 인용하여 "미국 노예들에게 7월 4일(미국 독립기념일)이 무엇을 의미하는가?"라는 트윗을 남겼다.

노예였던 프레더릭 더글러스는 그 당시 많은 노예 폐지론자들 중 한 명이었으며, 캐퍼닉이 인용한 같은 연설에서 '미국 제도의 천재성'에 대해 설파하기도 한 사람이었다. 더글러스의 그 연설은 미국이 노예 제도라는 끔찍한 관행을 제거하여 그가 믿는 본래의 영광스러운 나라로 진보하도록 격려한 연설이었다. 캐퍼닉이 더글러스를 잘못된 맥락에 잘못 인용한 것이다. 더글러스는 미국의 애국자였다. 노예제가 폐지되고 오랜 세월이 흐른 지금, 더글러스의 연설문에서 특정 문구만 뽑아서 맥락은 제거하고 자신의 입맛에 맞게 교묘하게 가위질해서 인용하는 것, 원작자가 말하고자 했던 목적과 정반대로 인용하

---

* 미국의 노예제 폐지론자, 여성 참정권 운동가, 공화당 정치인으로, 당대 가장 영향력 있는 아프리카계 미국인들 중 한명이었다. 그는 여성 참정권이 확정되지 않는다면 흑인으로서의 투표권을 받아드리지 않겠다고 주장하며 "권리는 성별에서 오지 않으며 진리는 인종에 연연하지 않는다"라는 말을 남기기도 했다.

는 것은 명백한 기만 행위다. '평등'이라는 개념에 대한 낡고 뒤떨어진 이해 수준을 가지고 사람들을 속이고 있는 좌익들의 행태와 매우 유사하다고 할 수 있겠다.

캐퍼닉이 트위터에 올린 글은 미국을 영원히 단죄한다. 그는 미국이라는 나라를 근본적으로 부도덕한 나라, 역사 초기 저지른 원죄를 결코 용서받지 못할 몹쓸 나라로 본다. 이런 관점은 미국의 수치스러운 과거사를 기필코 잊지 않고 끝까지 단죄하고야 말겠다고 주장하며 자신들이 특별한 사명을 부여 받았다고 생각하는 많은 좌익-리버럴들에 의해 영속된다.

그러나 노예 제도라는 것은 미국 식민지 시대 백인 유럽 남성들이 만들어 낸 제도가 아니다. 그렇기 때문에 좌익들이 느끼는 울분은 쓰레기나 다름없다. 노예 제도는 인류가 생겨난 이래 전 세계 어디에나 존재해 왔다. 그러므로 캐퍼닉의 논리대로 노예 제도가 영원히 수치스러워해야 마땅한 것이라고 한다면, 아메리카 원주민들과 함께 '언땡스기빙 데이' 같은 걸 기념해서는 안되었다. 그것은 노예 제도에 대해 그가 가지고 있는 관점의 일관성에 어긋나는 것이기 때문이다. 아메리카 원주민들도 노예 제도를 시행했었다. 불편한 진실이지만, 원주민 부족들은 좌익들이 믿고 싶어하는 것처럼 불을 피워 놓고 둘러서서 평화롭게 화합의 춤이나 추고 있지 않았다. 오히려 그들은 서로의 땅을 쟁탈하려고 노력 중이었다. 그들은 전쟁 포로를 노예로 삼아 강제 노역에 동원했으며, 많은 경우 종교 의식의 일부로서 노예들을 고문하기도 했는데, 이러한 행태는 시간이 지날수록 더더욱 잔인해졌다.

유럽인들이 아메리카 대륙에 상륙하기 전, 원주민들 사이에서 식인 행위는 일반적인 관행이었다. 그 중에서도 가장 악명 높은 부족은 바로 아즈텍 부족이었는데, 스페인에서 온 식민지 개척자들이 멕시코시티에 도착했을 때 그들은 신들에게 제물로 바쳐진 인간의 두개골 10만 개가 쌓인 더미를 발견하기도 했다.

한 고고학적 탐사에서는 비의 신에게 바쳐진 5세 전후의 어린이 42명의 유해를 발견하기도 했다. 특별한 의식에는 더 많은 희생이 필요했는데, 아즈텍의 대 신전이 완공되는 날에는 최소 2만 명에서 6만 명의 사람들이 희생되었다.

미국의 종교 사회학자 로드니 스타크는 자신의 저서, 《어떻게 서양이 승리했는가 How the West Won》에서 멕시코계 미국인인 하버드 대학교의 역사학자 데이비드 카라스코의 연구 내용을 참고하여 아즈텍의 의식을 다음과 같이 묘사했다.

> 의식은 군중 앞에서 거행되었다. 희생 제물로 바쳐진 성인 남자는 보통 피라미드 꼭대기에 위치한 제단 위에 묶인 채 산 채로 가슴이 갈라진다. 사제는 여전히 뛰고 있는 심장을 끄집어내 태양을 향해 높이 치켜든다. 이후 희생자의 머리는 대개 잘라진 뒤 선반 위에 놓인다. 이 두개골은 곧 의식을 위한 수집품에 추가된다. 그리고 나서 남은 시신을 신전 계단 아래로 굴린 뒤 계단 아래에서 그 시신의 가죽을 벗기고 토막 낸다. 희생자의 사체는 구경꾼들에게 배급되고, 사람들은 각자 토막 난 사체 일부를 집으로 가져가 먹는다.

초기 개척자들이 아메리카 원주민들의 이 야만적인 문화에 대해 여러 기록을 남겼음에도 그들의 글은 결국 정치적 올바름이라는 명목으로 외면당했다. 백인 유럽 남성들이 저지른 원주민 집단 학살을 정당화하기 위해서 원주민들을 최대한 야만적으로 묘사할 필요가 있었기 때문에, 유럽인들이 원주민들의 문화를 과장되게 묘사 한 것 뿐이라며 리버럴 사학계는 일축했다. 심지어 원주민들 스스로가 이 관습에 대해 거짓말을 했거나, 그들의 신성한 문헌을 후대 학자들이 잘못 해석하고 전달한 것이라는 추측까지 생겨났다.

그리고 이 눈물겨운 추측은 과학적 증거의 등장과 함께 사라졌다. 크리스토퍼 콜럼버스를 비롯한 많은 초기 식민지 개척자들이 처음 기록에 남겼던 그대로, 아메리카 원주민들의 식인 행위가 일상적 관행이었음이 인류학 연구를 통해 밝혀진 것이다. 이제 이 역사적 사실은 더 이상 논쟁거리 축에도 들지 못한다. 좌익 언론 매체인 《뉴욕 타임스》조차 마지못해 콜로라도 토착 원주민들의 식인 풍습에 대한 과학적 증거를 기사에 실었고, 스미스소니언 협회* 역시 북서부 원주민들이 노예 제도를 시행했다는 역사적 사실을 공식적으로 인정했다. 스탠다드 크로스 컬처 파일Standard Cross Cultural Files에 따르면, 적어도 39개의 토착 부족들이 당시 다른 지역의 사람들과 마찬가지로 잔인하고 비도덕적인 형태의 노예 제도를 시행했다. 그런데 어떤 이유에서인지 아메리카 원주민들의 노예 제도나 식인 풍습은 좌익들에게 전혀 문제가 되지 않는 것 같다. 적어도 백인들이 행했던 노예 제도를

---

* 미 정부가 1846년에 설립한 교육 재단으로 박물관, 미술관, 연구소, 도서관 등을 관리하는 문화 기관이다.

공격하는 것과 같은 수준으로 문제 삼지는 않는다. 대체 어떤 이유로 좌익들은 우리가 또 다른 역사적 관점을 가지길 원하지 않는 걸까? 다른 집단 내에서 횡행하던 제국주의, 식인 풍습, 살인, 노예 제도와 같은, 부인할 수 없는 죄악들은 모두 너그러이 용서하면서도, 백인 남성들이 저지른 죄는 같은 죄라 해도 왜 용서하지 못하는 걸까?

나는 여기서 아메리카 원주민들을 비난할 의도는 전혀 없다. 초기 식민지 개척자들이 저지른 죄를 정당화할 의도는 더더욱 없다. 나는 단순히 진실을 말하는 것이다. 그 진실이란, 인간의 역사란 원래 복잡한 것이며, 인간의 죄악은 피부색을 초월한다는 것이다.

그러나 우리는 페르시아 제국, 원주민들의 식인 풍습, 제국주의 국가였던 이집트 제국, 터키 제국, 이슬람의 아바스 왕조와 라시둔 칼리프 제국, 중국의 원나라와 명나라, 몽골 제국, 오스만 제국, 일본 제국주의 등이 저지른 악랄한 역사에 대해서는 거의 들어본 적 없다. 우리 미국 흑인들은 역사 속 인류가 저지른 죄악이 곧 백인 남성과 동의어이며 백인들의 역사는 혐오스러운 역사라고 배운다.

좌익들을 불편하게 할 만한 또다른 역사적 진실이 있다. 경멸 받아 마땅한 이 백인 남성들이 사실 노예 제도를 공식적으로 폐지한 최초의 사람들이었다는 사실이다. 1833년, 영국은 세계 역사상 최초로 노예 폐지법을 통과시켰다. 재빨리 그 뒤를 이어 프랑스가 여러 국가들을 식민지로 포용하기 위해 1848년, 노예 제도를 재폐지했다. 그리고 뒤이어 미국에서 수정 헌법 제 13조가 등장했다. 인류 문명사에서 수 세기 동안 이어져 내려온 노예 제도라는 이 혐오스러운 관행을 종식시키는데 전 세계를 이끌었던 것은 다름 아닌 백인 남성들이었다.

그러나 노예 제도가 어떻게 종결되었는가 대해 이와 같이 정직한 관점으로 이루어지는 역사적 논의는 거의 찾아보기 힘들다. 우리가 누리고 있는 풍요로운 현대 사회와는 거리가 먼 17세기의 세계와 관련된 유익한 논의도 거의 이루어지지 않는다. 1651년 기록된 토머스 홉스의 논문보다 그 시대를 더 잘 표현한 글도 없을 것이다. 홉스는 다음과 같은 세계를 묘사한다.

예술도 없고, 학문도 없고, 사회도 없다. 끊임없는 공포와 폭력에 의한 삶과 죽음의 갈림길에서 인간의 삶은 고독하고, 가난하고, 추잡하고, 야만적이며, 짧다.**

---

* 미국 수정 헌법 제13조(Thirteenth Amendment to the United States Constitution)는 공식적으로 노예 제도를 폐지하고, 비자발적인 예속을 금지시킨 미국 헌법 수정 조항 중 하나이다.

** 홉스는 정부와 국가가 없는 자연상태의 인간과 세계를 이렇게 묘사했다. 그는 이런 혼란스러운 공포 상태를 피하기 위해 개인은 일정 부분 자신의 권리를 국가에 양도하는 계약을 맺고 국가를 구성해야 한다고 생각했다. 그러나 이것은 어디까지나 개인의 생명, 재산 및 자유에 대한 보호를 위하는 것일 뿐이며 국가가 이를 보장하지 못하는 경우, 국가에 대해 복종할 개인의 의무는 더 이상 없다고 주장했다. 그의 이러한 철학은 자유 민주주의의 토대를 세우는데 기여했다. 오웬스는 국가가 존재하는 이유가 개인의 자유를 보호하기 위한 것이라는 생각이 서구문명에 의해 정립되기 이전 미국 뿐만 아니라 대부분의 세계가 어떤 모습을 띠고 있었는지 설명하기 위해 해당 문구를 인용했다.

아프리카로 돌아가자

나는 사악한 백인들이 우리를 아프리카에서 납치하면서 빼앗아 간 모든 것들에 대해 탄식하는 흑인 대학생들을 여럿 만나 왔다. 그러나 이 학생들 중 정확히 어느 아프리카 국가에서 살고 싶은지 구체적으로 이름을 댄 학생은 지금까지 단 한 명도 없었다. 그들은 인정하고 싶지 않겠지만, 우리의 조상들이 아무리 입에 차마 담을 수 없을 정도로 비참한 방법으로 미국 땅에 도착했다 하더라도, 오늘날 미국에서 살 수 있는 자유를 물려받은 것은 이성을 초월한 축복이라는 암묵적인 동의가 존재한다.

더 이상한 것은 우리가 마치 아프리카 왕국의 왕과 왕비의 후손이라도 됐을 것이라 생각하는 소수의 흑인 청년들이었다. 유럽인들이 아프리카인들의 낙원을 황폐화하기 전까지만 해도 모든 아프리카인들이 이집트의 파라오와 다름없는 삶을 누리고 있었다는 놀라운 주장을 우리는 종종 소셜 미디어에서 접할 수 있다.

아, 이게 사실이었다면 얼마나 좋을까. 사실이 그렇지 않을 뿐.

아프리카인들을 노예로 팔았던 사람들은 다름 아닌 같은 아프리카인들이었다는 것이 역사적 팩트다. 더 끔찍한 사실은, 술이나 거울 같은 기본적인 물건들과 사람들이 같이 거래되었다는 것이다. 우리의 아프리카 조상들은 사람의 목숨을 전혀 가치 있는 것으로 여기지 않았다. 그리고 그것은 지금까지도 이어져 오고 있다. 인신매매는 여전히 아프리카에서 버젓이 횡행하고 있다.

두 백인 부모에게 입양되어 자란 백인 혼혈 콜린 캐퍼닉은 아프리카인들의 피해의식을 착취할 절호의 기회를 놓치는 법이 결코 없다. 아마도 그것이 2019년 7월 4일 미국 독립 기념일에 그가 이런 트윗을 남긴 이유일 것이다. "오늘은 미국이 우리의 조상들을 고의적으로 약탈한 날인데 어떻게 이날의 독립을 축하할 수 있겠는가. 나는 나의 독립을 되찾기 위해 고향으로 돌아왔다." 물론 여기서 그가 말한 고향이란, 아프리카를 의미했다. 캐퍼닉은 가나로 여행을 떠나면서 "미국 땅으로 강제로 끌려오기 전까지 우리가 어떤 삶을 살았는지 보고 싶었다"라고 했다.

자, 여기서 다시 한번 정리해 보자. 콜린 캐퍼닉은 미국에서 독립 기념일을 기념하는 대신, 이 날을 즐길 만한 더 나은 이유를 찾겠답시고 돌연 아프리카로 떠났다. 독립에 대해 말하자면, 현재 아프리카에는 약 70만 명의 노예들이 살고 있는데 이들 대부분은 같은 아프리카인들에 의해 착취당하고 있다. 아동 병사와 인신매매, 강제 노동과 같은 비극이 바로 대서양 횡단 노예 무역이 시작된 바로 그 사하라 이남 지역에서 지금 이 순간에도 일어나고 있다. 아프리카인들은 그 옛날에 팔렸던 것처럼 지금도 팔리고 있지만, 그 어떤 백인 주류의 국가에서도 구매되고 있지 않다. 실제로 오늘날 노예 제도는 백인이 주류 인구가 아닌 국가들에서만 횡행하고 있다. 다시 말해, 백인 인구가 주류인 국가들 중 노예 제도를 제도화한 나라는 현재 단 한 곳도 없다. 유럽 식민주의가 전 세계에 미쳤던 입증 가능한 여러 긍정적 영향들을 열거하자면 끝도 없겠으나 그 주제는 다음 기회로 미루도록 하자.

가나는 현재 볼타 호의 어업에 착취되고 있는 2만여 명의 노예 아동들이 있는 나라이다. 미국 독립 기념일에 대한 정서적인 위로를 받겠답시고 가나 여행을 계획한 캐퍼닉은 모순 그 자체다. 좌익 뉴스 방송 매체 CNN이 이 비극을 2019년에 다룬 바 있다. 그들은 노예 상태에서 구조된 한 어린 소년에게 그가 겪었던 일에 대해 인터뷰했다. 그 아이는 "지쳐 쓰러질 때까지 일했으며 배고픔을 달래기 위해 작은 물고기라도 먹다가 들키면 죽기 직전까지 구타당했다. 우리는 세상에 태어난 것을 후회했다."고 말했다.

그렇다면 왜 콜린 캐퍼닉에게 가나는 위안이 되는 나라였을까? 그리고 흑인들에 대한 탄압 문제에 대해 목소리를 높이는 '용감한 지도자'로 알려진 이들 중 이와 같이 끔찍한 현재 아프리카 상황에 대해 언급하는 사람은 어째서 단 한 명도 없는 것일까? 현재까지 아프리카인들에게 강요되는 끔찍한 경제적·육체적 상황에 대해 아주 조금만 알아도 많은 흑인 청년들은 미국 땅에서 태어난 것이 얼마나 행운인지, 그들에게 주어진 자유가 얼마나 귀한 것인지 감사하게 여길 것이다. 그렇다면 앨 샤프턴이나 제시 잭슨 같은 소위 흑인 지도자들은 왜 그러한 애국심을 고취시키고 싶어 하지 않는 걸까?

대답은 간단하다. 얻을 수 있는 게 아무것도 없기 때문이다. 반면에 흑인 희생자 이야기는 이득이 된다. 그래야만 NAACP와 같이 인종차별을 폭로(라고 쓰고 악용이라고 읽는다)하기 위해 존재하는 기관에 기금을 조달해 줄 수 있는 정치인들을 싼값에 사들일 수 있기 때문이다. 흑인들은 이제 일시적 명분을 위해 동맹인 척 가식을 떨기만 해도 수백만 달러를 긁어모을 수 있는 여러 개인과 단체들로부터 갈취당하고 있다. 흑인들이 더 이상 자신들을 아메리칸 드림과 따로 떼어놓고 보지 않고 진정한 애국 정신을 구현하게 된다면 이 수많은 '인종

양아치'들은 폐업할 수밖에 없을 것이다.

민주당의 대농장

내가 좋아하는 놀라운 지혜가 담긴 성경 구절이 하나 있다.

> 이미 있었던 것이 앞으로 있을 것이며 이미 된 것이 앞으로도 될 것
> 이니, 해 아래 새 것이 없도다. (전도서 1:9)

2018년 1월, 《워싱턴 포스트》는 "어떻게 '민주당의 대농장'이 보수
주의자들이 가장 좋아하는 민주당에 대한 비방 중 하나가 되었는가"
라는 제목의, 나를 비판하는 칼럼 하나를 게재했다. 이 글에서 저자는
말한다. "노예를 재산처럼 소유했던 과거의 정치와 현재의 정치를 비
교하는 것은 심각한 결함이 있는 비교일 뿐만 아니라 현대 미국에 대
한 이해에도 거의 도움이 되지 않는다. … 그 옛날 노예들도 그랬지
만, 흑인 유권자들에겐 자유의지가 있으며 흑인들은 민주당 기계의
생각 없는 톱니 바퀴는 더더욱 아니다."

이 글의 저자는 내가 유행시킨 "민주당의 대농장Democrat Plantation"이
라는 단어가 모욕적이며 근거 없는 비교임을 넌지시 암시하고 있다.
그러나 저자가 이해하지 못하는 것은 내가 "민주당의 대농장"을 단순
한 유행어로 쓰려고 했다는 것이 절대 아니라는 점이다. 나는 문자 그
대로의 말을 의미한 것이다.

비전문가의 관점에서 미국의 노예 제도가 당시 이 땅으로 팔려온
아프리카인들에게 정확히 어떤 영향을 끼쳤는지 생각해보자.

남북전쟁이 발발하기 직전인 1860년, 4백만 명의 흑인들이 백인 민주당원들의 노예로 살고 있었다. 거의 대부분의 공화당원들은 노예를 단 한번도 소유해 본 적 없었다. 이 야만적인 관행은 백인 민주당원들에게 경제적인 혜택을 안겨주었다. 흑인들은 남부 농장에서 짐승처럼 일하도록 강요 받았다. 그들은 해가 뜰 때부터 해가 질 때까지 그들 자신에게 돌아오는 몫 한 푼 없이 일해야 했다.

앞서 논의한 바와 같이, 노예들은 경매에 부쳐지는 과정에서 사랑하는 사람들로부터 떨어지게 되었다. 이는 가정의 체계적 붕괴를 가져왔다.

노예들의 노동은 신체적 학대의 위협 아래 이루어졌다. 농장을 탈출하려 시도하다가 붙잡힌 노예들은 가혹한 형벌을 받아야 했다. 그들은 죽기 직전까지 채찍질을 당하기도 했고, 여러 번 탈출을 시도한 노예는 두번 다시 도망가지 못하도록 사지가 절단되기도 했다. 다른 노예들에게 경고의 본보기로서 죽임당하기도 했다.

각 주의 법은 노예들이 읽고 쓰는 법을 배우는 것을 불법이라고 규정했다. 노예들을 문맹 상태로 두는 것이 노예 제도를 유지하는데 매우 중요했기 때문에 혹여 백인 남성이라 해도 흑인들에게 글을 가르치다 적발되면 벌금을 내거나 투옥 되었다. 이 법의 목적은 명백했다. '교육받은 사람의 마음을 통제하는 것은 어렵다.' 노예 주인들은 글을 읽을 줄 아는 노예들이 당시 북부 지역에서 유통되던 노예 폐지론자들의 글을 접하게 될까 봐 두려워했다. 그들의 자유를 응원하는 국민들의 목소리가 점점 더 커져가고 있다는 사실을 깨닫게 되면 노예들이 반란을 일으킬 수도 있다고 생각했기 때문이다.

과거 미국의 노예 제도는 백인 민주당원들에 의해 운영되었고, 그들은 흑인들의 노동력에 의존했으며, 흑인들의 가정을 붕괴시켰고, 학대의 위협을 가했으며, 문맹 상태를 유지할 것을 요구했다.

그래서, 그때와 지금을 비교했을 때 도대체 무엇이 바뀌었다는 말인가? 아무것도 없다. 그들의 목적과 방향성은 바뀌지 않았다. 전략과 수단만이 바뀌었을 뿐이다.

오늘날 흑인 유권자들은 민주당을 유지시키는 중추적인 존재로 여겨지고 있다. 그럴 만한 이유 또한 충분하다. 2012년, 버락 오바마는 93%의 흑인 지지율을 얻었다. 2016년 대선 출구 조사 결과, 흑인 유권자의 88%가 힐러리 클린턴을 지지하는 것으로 나타났다. 오바마에서 클린턴으로 오는 동안 하락한 이 5%가 도널드 트럼프가 대통령이 되는데 결정적인 요인이 되었다. 그리고 2020년, 여기서 5%를 더 잃으면 민주당은 존립 위기를 맞게 된다. 공화당이 흑인 지지율 20%만 끌어올 수 있다면 민주당이 승리할 수 있는 길은 이제 더 이상 없다는 것을 부정하는 전문가는 단 한 명도 없다. 그러므로 민주당이 흑인들에게 의존하고 있다는 주장은 정확한 팩트다. 또한 노예 제도 시대와 마찬가지로, 우리가 그들을 위해 백날 일해줘 봤자 정작 우리에게 돌아오는 몫은 하나도 없다는 것 역시 사실이다. 그렇게 오랜 시간 열의를 다해 지지해 주었음에도, 흑인 사회의 범죄율은 증가하고 있으며 경제적으로 도덕적으로 더 이상 추락할 곳도 없을 정도로 바닥에 있기 때문이다.

또한 우리는 1960년대의 위대한 사회 프로그램이 어떻게 흑인 가정을 붕괴시켰는지 앞서 면밀히 확인했다. 논의되지 못한 한 가지가 있다면, 이 전염병과 같은 것이 우리 젊은이들의 정신에 어떻게 영향을 미치느냐는 부분이다. 과거 농장주들에게 흑인 가정을 무너뜨리는 것은, 단지 더 강한 노예들을 매수하고 가장 약한 노예들을 매도하는 것 이상의 경제적 이득을 가져다주었다. 가정의 붕괴가 노예에게 미치는 심리적 영향이 그들에게 값으로 따질 수 없는 이득을 가져다준 것이다. 프레더릭 더글러스의 자서전, 《프레더릭 더글러스의 인생 이야기Narrative of the Life of Frederick Douglass》에서 이 부분이 아주 상세히 묘사되어 있다.

> 어머니의 따뜻함과 부드럽고 상냥한 보살핌을 전혀 받아 본 경험이 없었던 나로서는, 나를 낳아 준 어머니가 죽었다는 소식을 들었을 때 낯선 사람의 죽음에서 느끼는 것과 같은 것을 느꼈다. … 보통 아이들을 가정에 묶어 두는 유대감이 내게는 없었다. 그렇기 때문에 나는 조금의 미련도 없이 집을 떠날 수 있었다. 내가 살던 집은 조금도 매력적인 공간이 아니었다. '내' 집이 아니었기 때문이었다. 그 집을 떠날 때 나는 내가 그 집에 머물러야 할 그 어떤 이유도 찾을 수 없었다.

어머니의 죽음을 알았을 때 그가 느꼈던 감정의 결핍과, 그가 평생 알았던 유일한 집을 떠났을 때 그가 느꼈던 감정의 결핍에 대해 생각해 보자. 이는 대단히 중요한 점을 우리에게 시사한다. 대부분의 사람들이 인생에 오래 남을 트라우마로 받아들일 만한 사건에 대해 이토록 지극히 비인간적인 반응을 보일 수 있게 만드는 것이 바로 가정 붕괴의 궁극적 결과다. 끊임없이 변화하는 상황 속에서도 노예들이 감정을 느끼지 못하게 하는 것, 노예로 태어나 노예로 자라서 노예로 살아갈 아이들이 인생의 초반부터 부모의 애정을 느끼지 못하게 하는 것은 노예 소유주들에게는 중요한 과제였다. 가정 시스템 붕괴를 통한 어린 아이들의 비인간화 전략이 어떻게 범죄와 부도덕의 문화로 이어지는지 여기서 더욱 명확해진다.

민주당 동굴의 우화

문맹에 대한 주제로 우리는 6장에서 공교육 제도가 흑인 학생들을 어떻게 낙제시키고 있는지에 대해 다루었으며, 부족한 교육이 어떻게 문화적으로 순한 양떼를 만들어 낼 수 있는지에 대해 다루었다. 그리고 그들이 좋아하는 래퍼와 가수들이 알려 주는 바에 따라 투표하고 생각하는 개인들에 대해 다루었다.

노예 제도를 유지하기 위해 필요했던 문맹 상태에 대해 생각해보면, 그리스 철학자 플라톤의 가장 유명한 저서,《국가The Republic》에서 그가 소개한 '동굴의 우화'가 떠오른다. 이 우화에는 태어났을 때부터 동굴에 갇힌 죄수 집단이 등장한다. 그들은 서로를 볼 수 없고 자신의 모습도 볼 수 없으며, 그들 앞에 놓인 벽 이상의 것을 보지 못하도록 묶여 있다. 죄수들 뒤에는 타오르는 불이 있어 죄수들 앞에 놓인 벽에 그림자를 드리운다. 그리고 죄수들 뒤의 사람들이 들고 있는 다양한 물건들이 각기 다른 형태의 그림자를 드리운다. 플라톤은 세월이 흐르면 그 그림자들이 곧 죄수들의 현실이 된다고 주장한다. 죄수들은 그들 앞에 놓인 동굴 안의 벽 외에 다른 존재를 알지 못하기 때문이다. 간단히 말해서, 우리의 현실은 우리가 어느 정도의 앎을 갖추었느냐에 따라 결정된다는 것이다.

하지만 플라톤은 죄수들 중 한 명이 풀려났을 때 어떤 일이 일어나게 될지 상상한다. 몇 년 동안 동굴 안의 현실 만을 전부라고 믿었던 죄수가 동굴 바깥의 빛을 향해 도망친다면 어떻게 될까? 플라톤은 그 죄수가 당연히 그 빛을 거부할 것이라고 생각했다. 햇빛은 죄수의 눈을 아프게 할 것이며, 그 통증으로 인해 죄수는 신음하다가 결국 눈이 멀게 되어 자연히 어두운 동굴이 선사하는 안락함 속으로 다시 물러나게 될 것이라고.

분노와 맹목. 이것은 마치 이성이라는 것을 내다 버린 것처럼 민주당의 동굴 안에서 안분지족하고 있는 수많은 흑인들의 상태를 완벽하게 묘사하고 있다. 사람들은 안락함과 친숙함에 더 끌리기 마련이다. 동굴 밖의 거대한 세상이 처음에는 위압적으로 보인다. 우리를 위해 이토록 치밀하게 구성된 '현실'이라는 거짓 이름의 동굴로 다시 숨어들어 가는 편이 어쩌면 더 쉬울지 모른다.

하지만 플라톤은 또 다른 시나리오를 가정한다. 만약 죄수가 강제로 끌려 나와 다시 안락한 동굴 속으로 들어가지 못한다면?

처음에는 태양이 죄수를 압도하고 눈을 멀게 할 것이나, 그 후 천천히 그 죄수의 눈은 태양 빛에 적응하게 될 것이다. 처음에 그는 오직 흐릿한 형태만 볼 수 있을 것이다. 그러나 차츰 그는 물 위에 비친 자신의 모습이나 사물의 형태를 분별할 수 있게 될 것이고, 나중에는 사람이나 사물을 정확하게 볼 수 있게 될 것이다. 그는 마침내 밤 하늘의 별과 달을 올려보게 될 것이다. 그리고 그는 그제서야 태양에 대해 생각하게 될 것이며, 그게 무엇인지 추론하게 될 것이다.

이제 동굴 밖의 세계에 대해, 보다 완전한 배움으로 무장한 죄수는 자유가 주는 축복에 압도될 것이며, 자연히 동굴 속에 남아 있는 다른 죄수들을 빛으로 데려오고 싶어 할 것이라고 플라톤은 생각했다.

그러나 말하기는 쉬워도 행하기는 어려운 법이다.

남은 죄수들은 진실을 마주하면 그 진실을 전달해 준 사람을 조롱할 것이다. 플라톤은 최초의 자유인의 눈이 오랜 시간 동안 빛에 노출되어 있었기 때문에 그의 눈이 동굴의 어둠에 다시 즉각적으로 익숙해지지 못할 것이라 추측했다. 남은 죄수들은 '저 사람은 여기서 나가긴 했지만 눈을 망쳐서 다시 동굴로 내려온 것이다. 그러므로 그를 따라서 올라가는 것은 득 될 것이 전혀 없을 것이다.'라고 판단하리라 생각했다. 그리고 죄수들은 눈부신 태양을 맞이하기 보다는, 그들을 쇠사슬에서 벗어나게 하려는 그 한 명의 사람을 죽일 것이라고 결론지었다.

이것은 시대를 초월한 진리가 담긴 놀라운 우화다. 이 글은 비록 기원전 514년에 써졌지만 약 1000년이라는 세월이 흐른 미국 노예 시대, 왜 노예주들이 노예들의 교육을 통제하려고 기를 썼는지 이해할 수 있게 해준다. 여기서 태양의 빛은 교육을 상징한다. 오늘날 미국에서 가장 리버럴한 주라고 할 수 있는 캘리포니아주에서는 흑인 남자 청소년의 75%가 캘리포니아주 표준 문해 능력 시험에 합격하지 못한다. 이미 빛을 마주한 바 있는 흑인 보수주의자들이 우리의 형제자매들을 새로운 빛으로 초대하려고 할 때, 읽고 쓰는 능력을 통제하는 것이 사회적 억압 수단으로 활용되고 있는 현 상황은 극복해야 할 또 하나의 장애물이다. 한 무리의 사람들을 통제하려고 한다면 그들이 접하는 이야기의 모든 측면이 지배되어야만 하기 때문에 흑인들은 문맹으로 계속 남아 있어야 한다. 민주당의 지배 아래서 흑인들은 이 세상에 또 다른 삶의 방식이 존재한다는 사실을 인식조차 하지 못한다. 알지 못하는 미지의 세계로 끌려 가느니 그 세계로 인도하려고 하는 한 명의 사람을 죽이는 편이 더 간단하고 쉬울 것이다.

현대적인 스타일의 인민 재판 MODERN LYNCHING

현대 흑인들의 무너진 가정과 교육 시스템이 노예제 시대를 연상시킨다는 것은 이미 많은 이들의 공감을 얻었다. 그러나 흑인들에 대한 현대적 방식의 인민재판, 즉 모던 린치Modern Lynching가 노예제 시대를 연상시킨다는 담론은 그리 눈에 띄지 않는다.

노예 제도의 폐지와 함께 흑인들을 육체적으로 벌할 법적 권리는 사라졌지만, 민주당 입장에서는 그저 좀 더 창의적인 방법을 구상하면 그만이었다. 긴 흰색 가운과 두건을 쓰고 등장한 KKK는 흑인들의 정치적·경제적 평등을 확립하려고 했던 공화당의 재건 시대 정책에 저항하는 것을 목표로 삼았다. 그들은 흑인 공화당원들과 백인 공화당원들을 상대로 다양한 위협적 수법들을 동원하였고, 마침내 이민자, 가톨릭교도, 유대인들도 공격하였다. 이 민주당 테러 단체는 백인 우월주의라는 '도덕적 선'을 유지한다는 명목으로 3,446명의 흑인 공화당원과 1,297명의 백인 공화당원들을 공개적으로 린치할 계획을 가지고 있었다. 이 모든 계획은 민권법의 통과로 인해 겨우 중단된 것으로 추측된다.

그러나 "태양 아래 새로운 것은 없다."

더 현대화되고 갱신되고 발전되었을 뿐. 다시 한번 민주당은 좀 더 창의적으로 업그레이드되었을 뿐이다.

자유란, 선택에 대한 처벌이 존재하지 않는 경우에만 비로소 자유라고 할 수 있다. 앞서 언급한《워싱턴 포스트》칼럼의 저자가 주장한 것 처럼, 흑인들이 민주당을 지지하는 것이 만약 자유로운 선택에 의한 것이라면, 다른 정당에 투표하기로 선택한 흑인들에 대한 처벌도 없어야 옳다.

안타깝게도 현실은 그렇지 못하다. 만약 어떤 흑인이 공개적으로 민주당을 떠나겠노라 선언하면서 그 이유를 설명한다면 주류 언론에 의해 가해질 잔혹한 처벌만이 그 사람을 기다리고 있을 것이다. 물론 그들의 대농장으로부터 탈출한 흑인들을 공개적으로 묶고 채찍질하는 행위까지는 차마 눈치가 보여서 못할 것이고, 대신 그보다는 덜 눈에 띄는 방식으로, 흑인 보수주의자들의 커리어 (혹은 개인적 삶까지도!)가 단 한 올도 남지 않을 때까지 온갖 비방과 명예 훼손이라는 이름의 도구로 엄벌에 처할 것이다.

나만큼 이것을 잘 아는 사람도 많지 않다.

내 이름을 구글 검색 창에 입력하면 약 1000만 개의 자료가 뜬다. 나는 흑인 보수주의자로 나를 표명한 이후 점점 괴상하고 극단적인 공개 재판을 받아 왔다. 기자들은 2017년에 내가 초청된 모든 행사에서 얼마나 많은 돈을 벌었는지 따지는 데 시간과 에너지를 쏟았다. 그리고 내가 흑인과 사귄 적이 있는지 의문을 표시하는 기사를 비롯하여 내 남편, 내 순자산 심지어는 나의 팔순 된 할아버지께서 나를 어떻게 생각할지에 대한 기사도 있었다.

나에 대해 인터넷에 올라온 그 모든 내용들을 읽다 보면, 저절로 캔디스 오웬스라는 사람은 흑인 사회의 투쟁과 고단한 현실을 이해하기에는 너무나 많은 특권을 가진 최상류층의 수구꼴통이라는 생각이 무의식적으로 머릿속에 장착된다. 최악의 경우, 흑인이면서 백인 우월주의자인 어떤 괴물을 상상하게 만든다. 이러한 결론에 확신을 가지고 도달할 때까지 밟아야만 하는 엄청난 이념적 비약에도 불구하고.

나에 대한 기사를 쓰기 위해 직접 발로 뛰며 취재하는 기자는 일단 좌익 성향 언론인들 중엔 없는 것 같다. 그 후 나는 좌익들이, "흑인이면서 보수주의자인 사람도 있을 수 있겠구나" 같은 논리적 귀결을 선택하기보다, "흑인이면서 백인 우월주의를 지지하는 괴물이 존재하다니!" 같은 결론을 더 빨리 선택한다는 사실을 알게 됐다. 이와 같은 맥락에서, (말 그대로 '뇌'를 수술하는) 신경외과 의사인 벤 카슨을 두고 어떻게든 "멍청하다"는 비난을 쥐어짜는 좌익 비평가들을 보면, 이들은 어떤 사람이 흑인이면서 동시에 공화당원일수도 있다는, 이전혀 복잡하지 않은 사실을 곧 죽어도 받아들이지 못한다는 것을 알 수 있다.

실제로 잘못된 미디어 내러티브 때문에 우리 시대의 가장 뛰어난 흑인 남성과 여성들인 콘돌리자 라이스 박사[*], 토머스 소웰 박사, 클

---

[*] 인종차별이 심한 앨라배마주 출신의 공화당 소속 정치인. 조지 W. 부시 행정부에서 국무장관을 지냈으며 아프리카계 미국인으로선 콜린 파월에 이어 두 번째, 여성으로선 매들린 올브라이트에 이어 두 번째, 아프리카계 미국인 여성으로선 최초의 국무장관이었다.

래런스 토머스 대법관, 변호사 래리 엘더 같은 사람들은 자신의 피부색을 혐오하는 흑인이라며 쉬지 않고 비난받는다. 이것은 오늘날 우리 사회가 착수한, 보다 더 도덕적인 방식으로 흑인들을 파괴하기 위해 선호되는 전략 중 하나다. 흑인 공화당원들은 여전히 위협으로 공포에 떨고 있지만, 과거처럼 눈에 띄는 방식으로 위협을 당하고 있는 것이 아닐 뿐이다.

좌익 저널리즘의 주요 역할은 사실상 흑인 공화당원들을 위협하는 것이다. 좌익 기자들은 흑인 보수주의자라는 이유 하나만으로 그들에게 일상적인 공격을 가하며, 비인간적인 방식으로 그들을 취재한다. 혹은 대중 앞에 세워 두고 수치심을 주거나, 아예 배척해 버리거나, 흑인 공화당원이라고 한다면 마땅히 감수해야 한다고 여겨지는 여타 다른 무수한 방식들을 통해 집단으로 우르르 몰려들어 그들을 구타한다. 그러나 어쩐 일인지 기자들에게는 무조건적인 사회적 관용이 부여된다. 그리고 민주당에 굽히지 않는 흑인들을 악랄하게 쫓는 것이 그들에게만큼은 용인된다.

도망친 노예들의 사지를 절단했던 것과 같이, 현대 미디어는 흑인 보수주의자들의 사지를 절단한다. 다만 그 방식이 눈에 보이지 않을 뿐이다. 좌익들의 목적은 흑인 보수주의자들이 커리어를 더 쌓아 가지 못하도록 막아서는 것이다. 그러면 우리는 어디에서 일할 수 있겠는가? 누가 우리에게 일자리를 주겠는가? '흑인이면서 백인 우월주의자'라는 끔찍한 죄로 기소된 사람을 그 누가 기꺼이 환영해 주겠는가?

먼저 이 모든 일을 겪었던 선배들과 같이, 나 또한 언론의 암살 시도로부터 운 좋게 겨우 살아남았지만, 국내 좌익 테러리스트 집단인 안티파Antifa가 내게 가하는 위협은 조금도 줄어들지 않았다. 머리부터 발끝까지 검은색 옷을 입고 검은 마스크(그들의 영적 조상인 KKK의 패션을 보다 더 현대적으로 재해석한 패션)를 쓴 그들은 공공장소에서 보수주의자들을 괴롭히고 위협하고 구타하기 위해 무리를 지어 돌아다닌다.

2018년 8월, 나는 필라델피아의 한 카페에서 동료인 찰리 커크와* 함께 아침 식사 중이었다. 그 때, 우리를 알아본 40여 명의 안티파 회원들이 카페 밖에 모여들기 시작했다. 심지어 그들 중 몇몇은 식당에까지 난입하여 우리에게 꺼지라고 고함을 질러 댔고, 우리를 안전하게 구출하기 위해 경찰들이 현장에 출동했다. 우리가 식당 밖으로 나왔을 때, 그들은 발작적으로 욕설을 퍼부으며 우리에게 달걀을 던지고 물을 뿌려 댔다. 우리는 운 좋게도 이 모든 광경을 카메라에 담았다. 이 영상은 많은 리버럴들에게 자신들이 지지하는 당이 이제 어느 수준에 이르렀는지를 적나라하게 보여 주었다. 민주당의 가치 이념을 보호한다는 명목으로 흑인 공화당원을 식당에서 쫓아내는 백인 갱단들이라니. 역사는 이렇게 반복된다.

독자 여러분은, 모든 언론사들이 우리의 일상 속에서 버젓이 일어나고 있는 안티파의 노골적인 편협함과 폭력들을 앞다투어 비난했으리라 예상했을지도 모르겠다. 그러나 사실은 정반대다. 안티파는 좌익 언론 인사들로부터 오히려 영웅적인 세력으로 칭송 받고 있다. 사

---

* 터닝포인트 USA의 설립자로 캔디스 오웬스와 같은 청년 보수주의 정치 비평가.

회의 더 큰 도덕적 선을 위해 특정한 형태의 폭력은 어느 정도 용인 되어야 마땅하다는 것이 오늘날 주류 언론들이 전달하고자 하는 요지다. 그 옛날, KKK가 흑인들을 잔혹하게 괴롭히면서 들이댔던 명분처럼.

CNN 앵커 크리스 쿠오모*는 생중계 방송에서 안티파의 무법적 테러 행위를 옹호하기 위해 다음과 같이 말했다. "법의 관점에 따라 옳고 그름을 따지는 것이 아니라 도덕적인 관점에서 옳고 그름을 따져야 한다. 그것이 바로 편협한 작자들과 싸우는 사람들을 그 편협한 작자들과 동급으로 평가해서는 안 되는 이유다. 설령 그 과정에서 불가피하게 사소한 폭력을 부른다 할지라도."

쿠오모는 자신의 도덕적 관점에 따라, '진짜' 문제되는 사람들에게 폭력을 가하는 것이 정당하다고 주장하고 있다. 안티파는 과거 KKK와 똑같이 행동하고 있다. 정의를 수호하기 위해 겸허하게 궐기한 수호자의 역할을 감당하고 있다고 주장하면서.

그렇다면 여기서 민주당이 어떻게 중상모략, 명예 훼손, 언론 폭력 등을 통해 그들의 '사상 농장'에서 탈출하려는 흑인들에 대한 학대를 최신 버전으로 더 구색에 맞게 업데이트 했는가는 명백해진다. 클래런스 토머스 대법관**은 1991년 상원 인준 청문회에서 이와 같은 현실

---

* CNN의 간판 앵커. 친형인 앤드루 쿠오모 전 뉴욕 주지사의 성추문 수습을 수습하기 위해 여러 부정을 저지른 명목으로 2021년 12월, CNN에서 해고됐다.

** 서굿 마셜에 이은 미국 흑인 두 번째 연방 대법관. 인종차별이 심한 조지아주에서 태어나, 로널드 레이건 정부에서 일했다. 예일대 로스쿨을 졸업했음에도 흑인이라는 이유로 혜택을 받아 입학했을테니 실력이 없을 것이라고 지레짐작하는 사회적 눈총 때문에 취업에 어려움을 겪었다고 말하며 소수 인종 우대 정책을 반대하기도 했다.

을 아주 기막히게 표현했다. 입증도 되지 않은 성희롱 의혹 때문에 대법관 임명을 철회하라는 압박이 거세지자 토머스는 이렇게 말했다.

> 흑인으로서 내가 가지는 입장은 이러하다. 이 청문회는 스스로 생각하려 하고, 스스로 행동하려 하고, 또다른 독립적인 생각을 가지는 소위 '거만한' 흑인에게 가해지는 최신 버전의 숙청high-tech lynching이다. 그리고 이것은 암묵적인 메시지, 오래된 질서에 순순히 따르지 않는다면 너에게도 이런 일이 일어날 것이라는 메시지를 우리에게 던진다. '너는 집단 린치를 당하고 파멸될 것이고 조롱 당할 것이다. 그 옛날 그랬던 것처럼 나무에 매달려 숙청되기보다.'

자유의 꿈이 바로 눈 앞에 놓여 있는데도, 미국의 흑인들은 여전히 대농장에 종속되어 있다. 그리고 흑인 보수주의자들이 북부에서 일어나고 있는 노예 폐지 운동에 대한 소식을 가져오면 가져올수록, 미디어들은 우리의 존재를 지워 내기 위해 더더욱 발악한다.

민주당이 우리에게 품었던 그 어두운 의도는 바뀌지 않았다. 전략만이 바뀌었을 뿐이다.

자유

미국인들이 영국 군주제로부터의 독립을 위해 담대히 일어나 싸울 수 있는 토대를 마련해 준 것은 바로 토머스 페인이 쓴《상식Common Sense》이라는 이름의 소책자 한 권이었다. 나는 내가 쓴 이 책이 모든 미국의 흑인들의 손에 쥐어 져서 그들로 하여금 또 다른 혁명을 위한 길을 걸을 수 있게 만들어주기를 소망한다.

진정한 자유와 변화는 언제든지 가능하다. 나는 매일 아침, 플라톤이 말한 동굴 속의 죄수들이 빛 속으로 나아가는 날에 우리가 점점 더 가까워지고 있다는 새로운 희망을 품고 일어난다. "나는 인간이 어떻게 노예로 변해 가는지 보았다"라고 한 프레더릭 더글러스를 통해 나는 인내, 끈기, 낙관주의를 실천하는 법을 배웠다. 그의 말은 시대를 초월한 종소리처럼 울려 퍼진다. 나 역시 인간이 어떻게 노예가 되어 가는지 두 눈으로 똑똑히 보았다. 나는 흑인들이 인종 논쟁의 노예가 된 것을 보았다. 민주당 기득권층의 지도 아래, 리버럴-좌익세력들이 어떻게 흑인들의 가정, 신앙 그리고 미래를 빼앗아 가는지 보았다. 그러나 더글러스의 인용문은 미래에 대한 희망으로 가득 찬 다음의 문장으로 이어진다.

이제 여러분은 그 노예가 어떻게 인간이 되는지를 보게 될 것이다.

우리는 반드시 그 역사에 동참할 것이다.

나가며

2016년 대선이 끝난 후, 리버럴 진영은 힐러리 클린턴의 패배를 보며 단체로 통곡했다. 여기서 흥미로운 부분은 첫째, 거의 확정된 것이나 다름 없었던 힐러리의 승리가 막판에 뒤집어졌다는 것이고, 둘째, 그 이유가 바로 기권한 흑인 인구 때문이었다는 것이다. 그리고 셋째는, 그 흑인들 때문에 힐러리가 패배했다며 온갖 유명 지도자들이 비난 폭격을 퍼부었다는 것이다. 그 비난의 내용은 대략 다음과 같다. "투표를 하지 않은 흑인들은 조상들의 고통 덕에 누리고 있는 특권을 당연하게 여겼기 때문에 그 특권을 사용조차 하지 않았다."

이것이 바로 부유한 엘리트 정치인들이 원하는 것을 얻지 못했을 때 나타내는 반응이었다. "너희 흑인들이 감히 우리를 실망시켰다"라는 이 은근한 암시는 소름이 끼친다.

이들의 이 주제넘은 훈계는, 단순히 흑인들에게 권리를 행사할 것을 요구하는 것을 넘어서, 우리의 투표가 우리 자신을 위한 것이 아니라 오직 전지전능한 리버럴 기득권층에 대한 의무로 여겨진다는 사실을 다시 한번 상기시켜준다. 이들의 암시는 분명하다. 흑인들에게 선택권이란 없으며, 오직 리버럴의 승리를 보장해주는 보증, 민주당의 권력 유지에 아무 의심없이 헌신하라는 보증의 의무만 지고 있다는 것을 분명히 암시한다.

가만히 보면, 흑인들에게 겨우 민주당만을 영원히 지지할 수 있는 정도의 기회를 주기 위해 그 수많은 흑인 남성과 여성, 어린아이들이 목숨을 바친 것이 아닌가 싶을 정도다. 하지만 사실 그들이 흘린 피는 온전한 자유를 위해 흘린 피다. 어떤 후보든 떳떳하게 지지할 수 있는 온전한 자유 말이다.

우리에게는 권리, 아니 의무가 있다. 리버럴 기득권층이 우리에게 부여한 전제 조건에 구속되지 않고 우리 자신을 위해 스스로 생각할 의무가.

나는 흑인들로 하여금 이 자유를 깨닫게 하기 위해, 그리고 어떤 정치인이나 특정 정당이 우리를 위해 더 이상 일하지 않을 때 그들을 과감히 떠날 수 있는 용기를 갖게 하기 위해 싸우고 있다.

2018년 말, 나는 소수 인종 공동체에 보수주의 원칙들을 추진하기 위하여 블랙시트[*]BLEXIT 운동을 출범시켰다. 이 운동의 미션은 간단하다. 흑인들로 하여금 그들의 잠재력에 도전하게 하는 것이다. 물살을 거슬러 헤엄치는 것이 결코 쉬운 일은 아니다. 나는 민주당의 정신적인 대농장을 감히 탈출할 때 그 사람에게 어떤 일이 일어나는지 보여주는 살아있는 증거다.

특히, 세상 사람들의 대다수가 나를 향해 손가락질할 때 내 신념을 끝까지 고수하는 것은 어려운 일이다.

나는 가는 곳마다 여러 각도에서 비난 받는다. 소수 인종들로 구

---

* 흑인(Black)과 탈출(Exit)의 합성어.

성된 청중들 앞에서 강연할 때마다 많은 이들은 내게 이렇게 묻는다. "캔디스, 나는 당신이 말하는 그 모든 보수주의적 가치들에 동의할 수 있어요. 그런데 트럼프라뇨? 진심인가요?"

진심이다. 트럼프 외에 아무도 없으니까.

그 말 많고 시끄러운《뉴요커》잡지 말고 그 누가 리버럴 기득권층 전체에 맞설 용기를 가지고 있겠는가? 도널드 트럼프 말고 그 누가 흑인들을 정면으로 바라보면서 "잃을게 더 무엇이 있느냐"고 물을 용기가 있겠는가?

트럼프는 미국에서 아프리카계 미국인 집단보다 힐러리 클린턴의 정책에 피해를 입은 집단은 없다고 말했다. "만약 힐러리 클린턴의 목표가 흑인 사회에 고통을 주는 것이었다면, 그녀는 그 일을 이보다 더 잘 할 수 없었을 겁니다. 그녀는 이 나라의 수치입니다. 오늘 밤, 저는 더 나은 미래를 보고자 하는 이 나라의 흑인 분들 한 사람 한 사람의 투표를 요청하고 있습니다. 민주당의 지배를 받고 있는 흑인 커뮤니티가 지금 얼마나 많은 고통을 겪고 있는지 보십시오. 나는 여러분께 다음과 같이 묻고자 합니다. '트럼프에게 투표하는 것처럼 새로운 것을 시도해서 더 잃을 것이 무엇이 있겠는가'라고요. 유색인종 집단에 속한 한 사람 한 사람을, 더 나은 미래를 누릴 권리를 가진 한 명의 위대한 개인이 아니라 표 한 장의 가치 정도로만 보는 힐러리 클린턴의 그 뿌리깊은 인종차별주의를 모든 미국인들은 이제 거부해야 합니다."

트럼프의 이 말이 나를 일깨웠다. 나는 그의 애티튜드에서 묻어나오는 일종의 무례함, 즉 진실을 꿰뚫을 때 타인의 눈치를 보지 않는 그 배짱에 감탄했다. 정확히 그 순간, 나는 무언가를 깨달았다. 흑인들이 지난 60년동안 겪었던 빈곤, 망가진 교육, 파탄된 가정으로부터 벗어나고자 한다면 바로 이 사람이어야 한다는 사실을.

특히 정치 경험이 전무한 사람이어야 했다. 깨지기 쉬운 도자기들이 가지런히 진열된 이 정치판이라는 이름의 가게에 성난 황소처럼 들이닥친 이방인이어야 했다. 흑인들에게 이 방법 말고 통할 만한 것은 없었다. '그 분들'이 설계한 체계적인 방법으로 권위와 구조가 제거된 가정에서 자란 흑인들은 전통적인 권위를 내세우는 정치인들에게 절대 반응하지 않을 것이었다. 더 솔직하게 말하자면, 예의 바른 정치인에게는 절대 반응하지 않을 것이 확실했다. 흑인들은 미국에서 정치적으로 가장 올바르지 않은 집단이다. 우리는 힙합을 탄생시킨 집단이며, 미국 특유의 보수적이고 고리타분하다고 여겨지는 문화를 틀 밖으로 밀어낸 집단이다.

따라서 우리는 똑같이 파괴적이고 현상에 반항하는 사람이 필요했다. 우리는 지금까지 주기만 했지 무언가를 제대로 받아 본적이 없었다. 이제는 받을 때가 된 것이다. 주류의 방향성과 타협 하지도 않고, 만들어진 분노 따위에 주눅들지 않는 야망 찬 사람을 우리의 지도자로 받을 때가 된 것이다. 흑인 사회는 정치적 올바름에 의해 서서히 죽어가고 있었다. 우리는 솔직한 대화를 요청하는 사람보다 우리에게 굽실대고 비위를 맞추는 사람을 선택해왔다. 우리는 진실과 승리 의식보다는 거짓과 피해의식을 배웠다. 우리를 다시 현실로 되돌려 놓을 수 있는 사람이 절실했다.

내가 도널드 트럼프에 대해 좋아하는 점은 그의 담대함이다. 그는 비웃음 당하고, 모욕 당하고, 협박 당하고, 입만 열었다 하면 꼬투리 잡히는 상황 속에서도 사람들에게 진실을 알려줘야 한다는 순수한 용기를 지녔다. 어퍼 미드웨스트지역에 속한 어떤 주의 선거유세 무대 위에 서서 흑인들에게, "괜찮지 않은데도 괜찮은 척 하는 것을 이제 그만 멈추라"는 도전장을 트럼프가 내밀었을 때 그가 보여준 것과 같은 담대함 말이다. 우리는 흑인인 오바마가 대통령 이었음에도 '불구하고' 승리하지 못한 것이 아니라, 오바마가 대통령이었기 '때문에' 승리하지 못한 것이다. 사실 어떤 방법으로 측정해보아도 우리는 패배하고 있었다. 오바마는, 트럼프가 우리에게 상기 시켜준 도심 내 학교의 처참한 수준과 높은 흑인 실업률에 기여한 것 뿐만 아니라, 흑인들의 재산과 부동산까지 바닥으로 끌어내린 일등 공신이다. 오바마 재임기간 동안 흑인들의 재산은 놀라운 속도로 하락하고 있었다. 좌익 싱크탱크인 국민정책프로젝트People Policy Project의 설립자 맷 브뤼닉과 저널리스트 라이언 쿠퍼가 2017년 자코뱅 잡지에 기고한 〈오바마는 어떻게 흑인들의 재산을 파괴했는가How Obama Destroyed Black Wealth〉라는 제목의 에세이에서 이미 이 문제가 논의된 바 있다.

오바마가 대통령이 된 것은 미국 중산층에게 그야말로 재앙이었다. 그가 재임한 2007년에서 2016년까지 하위 99%의 평균 재산은 4,500 달러 감소했다. 그러나 같은 기간 동안 상위 1%의 평균 재산은 무려 490만 달러나 증가했다.

---

* 어퍼 미드웨스트(upper Midwest)는 미국 중서부 북부에 있는 지역이다. 정확한 경계가 일률적으로 정의된 것은 아니지만 주로 아이오와, 미시건, 미네소타, 위스콘신 주를 가리킨다. 간혹 노스다코타와 사우스다코타도 포함된다.

이 감소세는 특히 흑인들의 부동산을 강타했다. 부동산을 제외한 흑인들의 재산은 2016년이 되어서야 2007년 수준으로 회복했다. 그러나 흑인 가정의 평균 재산은 다른 집단에 비해 여전히 16,700달러 낮았다.

이러한 쇠퇴의 상당 부분이 오바마 대통령의 발 아래 놓여져 있다고 분석 가능하다. 그의 부동산 정책은 수백만 가정이 집을 잃게 만들었다. 그러나 오바마의 손에는 얼마든지 사람들의 파산을 막아줄 수 있는 자금과 입법 수단, 법적 수단 등 온갖 도구들이 쥐어져 있었다.

그는 그저 그 도구들을 사용하지 않기로 선택한 것 뿐이다.

힐러리가 대통령이 되는 것이 많은 사람들에게 '선한 것goodness'이기 때문에 힐러리가 이겼어야 했다고 주장하는 사람들이 많다. 우리가 첫 여성 대통령을 선출하는 그 '선함'이 진보적 영광의 상징으로서 전 세계에 긍정적 반향을 일으켰다면 좋았을지도 모르겠다. 마찬가지로, 자유 세계 최초의 흑인 지도자로서 버락 오바마를 뽑은 것 또한 '선했다'라고 볼 수 있을지도 모르겠다. 그러나 그들에게 진실이란 선의 부차적인 요소 중 하나에 불과하기 때문에, 오바마 본인이 흑인이었음에도 불구하고 같은 흑인들을 더 궁지에 빠뜨렸다는 사실은 쉽게 받아들이지 못한다. 하지만 결국 진실은 항상 선을 따라잡게 되어있다.

사회주의의 '선한' 약속에도 불구하고 베네수엘라가 혼란에 빠진 이유가 바로 여기에 있다. 지난 60년의 세월 동안 정부의 '선한' 정책과 좌익진영 정치인들이 내건 '선한' 약속에도 불구하고 흑인들이 그럴듯한 발전을 보지 못한 이유 또한 여기에 있다. 복지 정책과 소수우대 정책의 '선함'은 고된 노동을 대체할 수 없다는 것이 현실 속에서 증명되었다. 그렇기 때문에 도널드 트럼프는 모든 선한 것들을 지지한다고 주장하는 주류 언론들로부터 온갖 악랄하고 비열한 공격들을 받아가면서도, 우리가 기억할 수 있는 그 어떤 정치인 보다도 미국의 흑인들을 위해 많은 일들을 해 온 것이다.

트럼프 대통령에 대한 진실

흑인들이 트럼프를 싫어하는 이유는 그가 어떤 사람인지 잘 모르기 때문이다. 주류 언론들은 우리에게 그의 결점과 경솔한 성품에 대한 이야기만을 퍼부어댔다. 마치 본인들은 트럼프와는 달리 태생적으로 거룩하다는 듯이. 그러나 그들은 트럼프가 재임기간 동안 우리에게 가져다 준 진정한 가치들이 무엇인지 차마 밝히지 못하고 있다. 나는 트럼프의 공격적 성향이 흑인 사회, 더 나아가 미국 전체의 진정한 진보를 위한 필수적인 성향이라고 생각한다. 그러나 한편으론, 그의 공격성이 일부 사람들의 심기를 건드릴 수 있다는 것 또한 충분히 이해한다. 하지만 그 결과, 많은 사람들이 자신들의 무지로 눈이 멀었다.

자, 그렇다면 지금부터 트럼프 대통령이 진짜 어떤 사람인지 한번 이야기 해보자. 우리 모두는 그가 부동산 재벌이고 TV스타이며 지금은 미국의 대통령이 되었다는 사실을 알고 있다. 하지만 그 이상으로, 나는 트럼프가 가장 좋은 종류의 시민혁명, 가령 히브리 노예들의 이집트 탈출, 독립 전쟁을 통한 미합중국의 탄생, 연합군에 의한 나치와 소련의 패배와 같은, 현상유지 체제에 대한 붕괴 그 자체를 상징한다고 생각한다. 냉전 종식 이후, 소위 글로벌리스트 및 신자유주의 정책 neoliberal policies들을 통하여 오로지 정치인들만을 이롭게 하는 체제가 자연스럽게 견고화되었다. 그 정책들이 바로 정치인들에 의해 만들어졌기 때문이다. 트럼프가 정치 무대에 극적으로 등장한 이후, 그는 이 깊숙이 자리잡은 자기집착적인 엘리트 글로벌리스트들의 질서를 무너뜨리기 위해 온갖 위험을 무릅 쓰고 용기 있게 싸워왔다.

아무 이유없이 찾아오는 변화란 없는 법이다. 다른 모든 화학적 반응과 마찬가지로, 원하는 결과를 성취할 때 조차 예기치 않은 찌꺼기가 생기기 마련이다. 트럼프의 경우, 첫번째 찌꺼기는 좌익 어젠다의 명확한 결정체 즉, 흑인을 비롯한 소수 집단을 인질로 잡고 보수 진영을 모욕하고 폄하하는데 즐겨 사용되는 프레임들(인종차별주의, 외국인 혐오, 여성 혐오, 동성애 혐오)이 단순한 프레임 그 이상의 도구가 된 것이다. 좌익진영의 꼭두각시이자 대중 심리 조종의 달인으로 총체적으로 변질된 주류 언론이 두번째 찌꺼기이고, 트럼프의 대통령 직위에 대한 민주당의 반응이 어떤 면에선 가장 놀랍지 않은 세 번째 찌꺼기다. 권력이 빼앗길 위기에 처한 과거의 모든 독재자들이 그랬던 것처럼, 좌익들은 대통령 선거를 무효화하기 위해 가능한 모든 수단들을 동원하여 트럼프를 궁지에 몰았다.

그러나 궁지에 몰린 호랑이는 가장 크게 포효하고 죽을 힘을 다해 싸우는 법이다. 사실 '때가됐다#TimesUp' 해시태그 운동은, 전장 최전선에서 이 경박스러운 공격 속에 마지막까지 홀로 남는 한이 있더라도 자유, 정의, 진실을 위해 끝까지 싸우겠다는 트럼프의 의지를 상징한다. 또한, 리버럴 진영 정치 조직에 의해 오랫동안 외면 당해온 사람들을 위해 싸우겠다는 트럼프의 약속을 상징한다. 선택된 소수의 사익을 위해 상징화되고 이용당하기만 했던 흑인 사회에게 트럼프의 행보는 환영할만한 안도감을 선사한다.

설사 흑인들이 민주당에 오래도록 찌든 충성심을 포기하겠다고 선언하는 상황이 온다고 했어도, 자유의 이름으로 기득권을 뒤엎을만한 집념을 보여준 적 없었던 밋 롬니, 폴 라이언, 존 맥케인과 같은 공화당 후보들에게 흑인들은 결코 반응하지 않았을 것이 뻔했다. 미국의 흑인들은 유권자들과 자신의 반대 세력의 눈을 똑바로 바라보며 그들이 들어야 할 것, 즉 정확한 진실을 말해주는 것을 두려워하지 않는 상징적 인물이 절실한 상황이었다.

흑인 사회가 처한 가장 최악의 문제는 백인 우월주의가 팽배한 사회가 아니라 실망스러운 공교육 시스템이고, 인종차별주의자 경찰이 아니라 아버지가 부재한 가정환경이며, 인종차별적인 고용시장이 아니라 근면한 노동과 자급자족을 포기하게 만드는 복지제도라고 기꺼이 당당하게 말할 수 있는 대통령을 우리는 마침내 가지게 된 것이다. 트럼프는 자신의 대통령 직위에 대한 온갖 멸시와 협박에도 불구하고, 오랜 세월 동안 흑인들을 기만해온 좌익진영의 거짓말을 폭로하기 위해 최선을 다해왔다. 덕분에 흑인 공동체는 '위대한 각성Great Awakening'에 한 발자국 가까이 다가서게 됐다.

무엇보다도, 나는 개인의 권리와 자유 그리고 헌법을 지키기 위한 그의 노력이 미국을 다시 위대하게 만들고 있다고 당당히 말할 수 있다. 흑인들을 비롯해 수많은 사람들이 트럼프의 이 화려한 선거구호, '미국을 다시 위대하게'를 두고 "미국이 언제 위대했느냐"고 따지는 이 상황 자체가 리버럴 진영의 선동이 우리나라에 얼마나 심각한 악영향을 끼쳤는지를 보여주는 증거다. 다시 한번 강조하지만, 나는 흑인들이 이 땅에서 겪어야 했던 그 어떤 잔혹한 과거사도 부정하지 않는다. 그러나 동시에 미국 헌법의 급진적이고 자유사상적인 혁명이 없었다면 우리는 여전히 노예였을 것이다라고 당당하게 말할 수 있다. 가장 확실한 한 가지는, 하나님 아래 모든 인간의 해방과 자유가 곧 이 나라의 건국 원칙이었다는 것이다. 이 원칙은 건국의 아버지들이 이 원칙을 따르지 않았을 때조차 그들의 도덕적 나침반 역할을 했다. 노예의 속박에서 벗어난 지 불과 몇 년 만에 흑인들로 하여금 놀라운 성공을 이룰 수 있게 해준 것 역시 이 원칙이었다.

헌법 수호는 다른 그 어떤 집단보다도 특히 흑인들의 자유를 지탱하기 위한 필수요소다. 전 세계의 여러 헌법들이 그랬던 것 처럼 미합중국의 헌법도 짓밟히고 폐기된다면, 그로 인해 가장 무거운 짐을 떠안아야 하는 사람들이 바로 우리, 흑인들이 될 것임은 너무나 확실하기 때문이다. 지나치게 열성적인 페미니즘 운동의 첫번째 피해자가 되는 흑인 남성들, 허술한 학교에 의해 가장 고통받는 흑인 아이들처럼 미국인의 권리와 자유가 침해될 때 스스로를 보호할 여력이 흑인들에게는 아직 충분치 않기 때문이다.

트럼프는 대통령 취임 연설에서 소수의 엘리트들을 위해서가 아니라, 모든 미국인들, 잊혀진 사람들 그리고 미국이 얼마나 위대한 나라인지 잊은 사람들을 위해 다시 미국을 위대하게 만들겠다는 다짐을 밝혔다.

이 나라의 국민들은 한 때 잊혔지만 이제 더 이상 잊히지 않을 것입니다. 모든 사람들이 당신의 목소리에 귀 기울일 것입니다. 여러분은 이제껏 없었던 역사적 운동을 일으킨 수천만 명과 함께하고 계십니다. 이 운동의 중심에는 아주 확고한 신념이 있습니다. 국가는 국민에게 봉사하기 위해 존재한다는 신념입니다. 미국인들은 자녀들을 위한 훌륭한 학교, 가족을 위한 안전한 이웃, 그들 자신들을 위한 좋은 일자리를 원합니다. 이것은 정의롭고 합리적인 일반 국민들의 요구입니다. 그러나 너무 많은 국민들이 이와 다른 현실에 마주하고 있습니다. 어머니와 자녀들은 가난에 시달립니다. 녹슨 공장들이 우리나라 곳곳에 묘비처럼 흩어져 있고 교육 제도에 쓰이는 자금은 그저 쌓여 있기만 할 뿐 우리의 젊고 아름다운 학생들을 방치하고 있습니다. 범죄와 폭력 조직, 마약은 너무 많은 목숨을 해쳤으며, 미처 피어나지 못한 우리나라의 잠재력들을 너무나 많이 앗아갔습니다.

이 연설은 엄청난 힘을 가지고 있다. 미국 전역의 국민들을 단결시켜 미국을 회복시키자는 공동의 목표 아래 우리를 하나로 뭉치게 하는 힘, 병들고 낡은 리버럴 기득권층을 쓸어버리는 전 세계적 국민 혁명 운동으로 우리를 하나로 뭉치게 하는 힘을 가지고 있다.

나는 서문에서 "미국에서 흑인으로 산다는 것은 무엇을 의미하는가?"라는 질문을 던지면서 이 책의 포문을 열었다. 그 질문에 대한 정답은,

유럽계, 라틴계, 아시아계, 유대인계 미국인들과 다를 바 없다는 것이다.

흑인들의 역사가 유달리 고통과 비극으로 점철되어 있다고는 해도, 사연이 없는 민족은 없으며, 결국 힘을 모아 승리를 이룬다는 점

에서 우리는 모두 동일하다. 현대 미국 사회에서 모든 사람들은 동등한 기회, 스스로 무언가를 창조해 낼 수 있는 기회, 우리의 삶이 아무리 보잘것없는 곳에서 시작됐을 지라도 어떤 형태로든 창대하게 바뀔 수 있는 동일한 가능성을 가지고 있다. 그것이 바로 미국의 헌법이 품은 비전이요, 건국의 아버지들이 품은 꿈이었으며, 어떤 신조를 가졌는가 혹은 어떤 피부색을 가졌는가와는 상관없이 젊은 미국인이라면 누구나 가질 수 있는 포부의 정점이라는 사실만큼은 틀림없다.

너무 오랜 시간 동안 우리는 우리를 정신적인 노예로 만들려는 자들에 의해 우리의 꿈과 희망이 좌우되도록 내버려 두었다. 사도 바울은 갈라디아인들에게 보내는 편지에서 "그리스도께서 우리를 자유케 하신 그 자유 안에 굳게 서서 다시는 종의 멍에를 메지 말라."고[*] 했다. 쓰여진지 수천 년이 지난 지금 이 순간까지도 이 말씀의 위엄은 얼마나 강력하게 살아 움직이고 있는가. 노예에서 해방된 사람들이 자발적으로 다시 노예가 되고자 하는 것은 육체적인 속박보다 정신적인 속박이 더 강력하다는 것을 의미한다. 이 뒤틀린 스톡홀름 신드롬[**] 같은 정신적인 노예 시스템은 4년마다 우리에게 찾아온다. 그리고 노예에게 영원한 희생을 맹세하게 하는 노예 주인이라도 되는 양 거들먹거리며 말한다. "우리에게 투표하면 사는게 더 간단해질 거다. 너희들의 피해의식을 받아들여라."

---

[*] 갈라디아서 5장 1절

[**] 스톡홀름 신드롬(Stockholm syndrome)은 인질(피해자)이 인질범(가해자)에 대해 마땅히 느껴야 할 공포나 증오의 감정이 아닌 애착이나 연민 같은 감정들을 느끼면서 가해자에게 동조되고 감화되어 가해자의 행위를 변호하는 비이성적 심리 현상이다.

사람들은 나를 전투사라고 부른다. 이 전투사가 사명을 걸고 여러분에게 호소하는 바는 다음과 같다.

미국의 흑인들이여, 자유를 되찾자. 과거를 돌아보지 말자. 점점 더 많은 사람들이 약속의 땅으로 걸어오고 있다. 그들과 함께하자. 당신은 오직 당신 자신과 하나님께만 응답할 의무가 있다. 이것을 깨닫는 놀라운 힘을 발견하게 되면, 어떤 정치인도 당신을 소유하지 못하고, 어떤 정치적 올바름이 추구하는 어젠다도 당신을 지배하지 못하며, 어떤 이념도 당신을 종속시키지 못하고, 어떤 과거사도 당신을 구속하지 못할 것이다. 그렇다. 그 어떤 정당도 당신의 투표권을 지배하지 못한다. 만일 이 깨달음에 도달했다면 당신은 자유를 되찾은 것이다.

만약 미국의 흑인들이 자유로운 목소리를 되찾게 되고, 좌익진영에 속박된 정신적 노예 상태로부터 해방된 이들의 목소리가 조화로운 합창으로 변한다면 우리의 고통은 마침내 소멸될 것이다. 그때 비로소 우리 공동체가 직면하고 있는 진짜 문제들에 대한 해답을 얻게 될 것이며, 우리 역사의 아름다움과 풍요는 물론, 우리 미래에 대한 약속과 비전을 보게 될 것이다. 트럼프 대통령에게 우리의 시작이 있다. 리버럴의 견고한 성문은 이미 공격 당하기 시작했다. 이제 그 성문을 쳐부수고 견고한 질서로 세워진 그들의 요새를 습격해야 한다.

이 이념의 전쟁에 참여해 달라.

리버럴 기득권들로 우글우글한 이 방의 불을 끄자. 그리고 과감히 그 문을 닫고 나오자.

이 블랙 아웃Black Out을 현실로 만들자.

미주

추천사 – 래리 엘더

1 Walter Williams quote: "Black Families and the Welfare State," YouTube video, :50, posted by LibertyPen, November 8, 2013, https://www.youtu.be.com/YzNYCPZXvlw.

2 Moynihan Report: Daniel Patrick Moynihan, "The Negro Fam- ily: The Case for National Action," Office of Policy Planning and Research, United States Department of Labor, March 1965, https://web.stanford.edu/~mrosenfe/Moynihan's%20The% 20Negro%20Family.pdf.

3 CDC report: Centers for Disease Control and Prevention, Na- tional Center for Health Statistics, "Number and Percent of Births to Unmarried Women, by Race and Hispanic Origin: United States, 1940 – 2000," https://www.cdc.gov/nchs/data /statab/t001x17.pdf.

4 Time/CNN poll: Associated Press, "Most black teenagers say rac- ism has little effect on day-to-day lives," Deseret News, Novem- ber 17, 1997, https://www.deseret.com/1997/11/17/19346193 /most-black-teenagers-say-racism-has-little-effect-on-day-to -day-lives.

5 Dean Baquet quote: "Executive Editor of the NYT: The Left Doesn't Want to Hear Thoughtful Disagreement," YouTube video, 1:39, posted by NTK Network, May 31, 2017, https:// www.youtu.be.com/AEUHdOx-DE.

6 Orlando Patterson quote: Orlando Patterson, "Op-Ed: Race, Gender and Liberal Fallacies," New York Times, October 21, 1991, https://www.nytimes.com/1991/10/20/opinion/op-ed -race-gender-and-liberal-fallacies.html.

들어가며 – 우리에겐 더 이상 잃을 것도 없다

1 Kelly Miller, "Miller Tells Why Roosevelt Deserves Support of Race," Pittsburgh Courier, March 21, 1936.

2 Janelle Jones, John Schmitt, and Valerie Wilson, "50 Years After the Kerner Commission: African Americans are better off in many ways but are still disadvantaged by racial inequality," Economic Policy Institute, https://www.epi.org/publication/50 -years-after-the-kerner-commission/.

02. 가정에 대하여

1 "Conservatives, Black Lives Matter, Racism," Larry Elder inter- view with Scott Rubin on The Rubin Report, YouTube video, posted by The Rubin Report, January 15, 2016, https://www.youtu.be.com/IFqVNPwsLNo.

2 "Slave Marriages, Families Were Often Shattered by Auction Block," Michel Martin interview with Dr. Tera Hunter on NPR's Tell Me More, February 11, 2010, https://www.npr.org /templates/ story/story.php?storyId=123608207.

3 "Statistical Abstract of the United States: 1964," United States Census Bureau, July 1964, https://www2.census.gov/library /publications/1964/compendia/statab/85ed/1964 – 02.pdf.

4 On children raised by single mothers: Isabel V. Sawhill, "Are Children Raised with Absent Fathers Worse Off?" Brook- ings Institution, July 15, 2014, https://www.brookings.edu /opinions/ are-children-raised-with-absent-fathers-worse-off/.

5 On welfare and the family: Kay Coles James, "Why We Must Be Bold on Welfare Reform," Heritage Foundation, May 12, 2018, https://www.heritage.org/welfare/commentary/why-we -must-be-bold-welfare-reform.

6 Daniel Patrick Moynihan, "The Negro Family: The Case for National Action," Office of Policy Planning and Research, United States Department of Labor, March 1965, https://web .stanford. edu/~mrosenfe/Moynihan's%20The%20Negro%20 Family.pdf.

7 John J. Conley, "Margaret Sanger was a eugenicist. Why are we still celebrating her?" America: The Jesuit Review, November 27, 2017, https://www.americamagazine.org/politics- society/2017/11/27 /margaret-sanger-was-eugenicist-why-are-we-still-celebrating-her.

8 Quotes on sterilization: Margaret Sanger, "My Way to Peace," speech delivered January 17, 1932, https://www.nyu.edu /projects/sanger/webedition /app/documents/show.php?sanger -Doc=129037.xml.

9 CDC abortion statistics: "Abortion Surveillance—United States, 2016," Centers for Disease Control and Prevention surveillance summaries, November 29, 2019, https://www.cdc .gov/ mmwr/volumes/68 /ss/ss6811a1.htm.

10 Life Issues Institute data: Paige Winfield Cunningham, " 'Black babies matter': The black anti- abortion movement's political problem," Washington Examiner, September 28, 2015, https:// www.washingtonexaminer.com/black-babies-matter-the-black -anti-abortion-movements- political-problems.

11 https://www.pewsocialtrends.org/2012/11/29/u-s-birth-rate -falls-to-a-record-low- decline-is-greatest-among-immigrants/3/.

12 Rev. Dr. Luke Bobo quote: John Eligon, "When 'Black Lives Matter' Is Invoked in the Abortion Debate," New York Times, July 6, 2019, https://www.nytimes.com/2019/07/06/us/black -abortion-missouri.html.

03. 페미니즘에 대하여

1 New York Times: "Trump Announces Brett Kavanaugh as Su- preme Court Nominee: Full Video and Transcript," New York Times, July 10, 2018, https://www.nytimes.com/2018/07/09 / us/politics/trump-supreme-court-announcement-transcript .html.

2 Politico: "Full Transcript: Christine Blasey Ford's Opening Statement to the Senate Judiciary Committee," Politico, Septem- ber 26, 2018, https://www.politico.com/story/2018/09/26 / christine-blasey-ford-opening-statement-senate-845080.

3 Burgess Everett, "Woman Denies Attending Party Where Al- leged Kavanaugh Assault Occurred," Politico, September 23, 2018, https://www.politico.com/story/2018/09/22/ kavanaugh -ford-woman-party-letter-836913.

4 Isaac Stanley-Becker, "Christine Blasey Ford's Lawyer Debra Katz: The Feared Attorney of the #MeToo Moment," Washington Post.com, September 24, 2018, https://www.washingtonpost .com/news/morning-mix/wp/2018/09/24/meet-christine -blasey-fords-lawyer-debra-katz- nerves-of-steel-and-proud-to-be -among-the-top-10-plantiffs-attorneys-to-fear-most/.

5 "Help Christine Blasey Ford Organized by Team Christine Blasey Ford," gofundme.com, September 18, 2018, https:// www.gofundme.com/help-christine-blasey-ford.

6 Timothy Tyson, The Blood of Emmett Till (New York: Simon & Schuster, 2017).

7 Chris Irvine, "New York Woman, 20, Who Lied about Rapes, Appears to Roll Her Eyes in Court as She's Jailed for a Year," Fox News, August 24, 2018, https://www.foxnews.com/us / new-york-woman-20-who-lied-about-rapes-appears-to-roll -her-eyes-in-court-as-shes- jailed-for-a-year.

8 Harvey and Klein: Enjoli Francis and Bill Hutchinson, "'I don't forgive this woman, and she needs help': Black child wrongly accused of grabbing 'Cornerstore Caroline,'" ABC News.com, October 16, 2018, https://abcnews.go.com/US /white-woman-apologizes-alleging-black- child-assaulted-york /story ?id=58505763.

9 Felton quote: "Biography: FELTON, Rebecca Latimer," His- tory, Art & Archives, United States House of Representatives, https://history.house.gov/People/Listing/F/FELTON,-Rebecca -Latimer-(F000069)/.

10 Jane Fonda: Alanna Vagianos, "Jane Fonda: People Are Listen- ing Now Because Weinstein Victims Are 'Famous and White,' " Huffington Post, includes clip of video from MSNBC's All In with Chris Hayes, October 26, 2017, https://www.huff post.com/entry /jane-fonda-people- are-listening-now-because -weinstein-victims-are-famous-and-white_n_59f1e023e4 b043885915a337.

04. 과문명화 현상에 대하여

1 Transcript, "Ruby Bridges: A Class of One," PBS NewsHour, aired on February 18, 1997, https://civilrightsandwrongs.wee -bly.com/uploads/2/6/0/0/26007052/ruby_bridges_a_class _ of_one_pbs_newshour_feb.pdf.

2 Williams 2018: Kristen Bayrakdarian, "BSU holds town hall ex- ploring affinity housing," Williams Record (Williams College), November 14, 2018, https://williamsrecord.com/2018/11 / bsu-holds-town-hall-exploring-affinity-housing/.

3 Williams 2019: Williams Record editorial board, "On the need for affinity housing," Williams Record, April 17, 2019, https://williamsrecord.com/2019/04/on-the-need-for -affinity-housing/.

4 Aryn Baker, "Inside the Modern Slave Trade Trapping Afri- can Migrants," Time, March 14, 2019, https://time.com/long form/african-slave-trade/.

5 The Economist, "White Magic: The killing of albinos is over- shadowing Malawi's election," May 11, 2019, https:// www.economist.com/middle-east-and-africa/2019/05/11 /the-killing-of-albinos-is-overshadowing-malawis-election.

6 Christopher Brito, "Girl admits to lying about sixth grade classmates cutting off her dreadlocks," CBS News, October 1, 2019, https://www.cbsnews.com/news/girl-dreadlocks-lied -classmates-boy-virginia-hairstyle-hoax/.

7 Tom Ascol, "The Cautionary Tale of Amari Allen," Founders Ministries, October 3, 2019, https://founders.org/2019/10/03 /the-cautionary-tale-of-amari-allen/.

8 Cristobal de Brey, Lauren Musu, Joel MacFarland, Sidney Wilkinson-Flicker, Melissa Diliberti, Anlan Zhang, Claire Branstetter, and Xialoei Wang, "Status and Trends in the Edu- cation of Racial and Ethnic Groups 2018," U.S. Department of Education, National Center for Education Statistics, Febru- ary 2019, https://nces.ed.gov/pubs2019/2019038.pdf.

05. 사회주의와 정부의 선심성 퍼 주기에 대하여

1 Franklin D. Roosevelt, statement on the National Industrial Recovery Act, June 16, 1933, http:// docs.fdrlibrary.marist .edu/odnirast.html.

2 Sowell, Thomas, Economic Facts and Fallacies (New York: Basic Books, 2008) p. 9.

3 Frank Newport, "Democrats More Positive About Socialism Than Capitalism," Gallup News, August 13, 2018, https:// news.gallup.com/poll/240725/democrats-positive-socialism -capitalism.aspx.

4 Karl Marx and Frederick Engels, Manifesto of the Communist Party (Marx/Engels Selected Works, vol. 1, Progress Publish- ers, Moscow, 1969, pp. 98 - 137), available here: https://www .marxists.org/archive/marx/works/download/pdf/Manifesto .pdf, p. 24.

5 Donald J. Trump, speech to the United Nations General Assem- bly, September 19, 2017, transcript hosted by the White House, https://www.whitehouse.gov/briefings-statements/ remarks -president-trump-72nd-session-united-nations-general -assembly/.

6 Margaret Thatcher, speech to Conservative Central Coun- cil, March 15, 1986, transcript hosted by Margaret Thatcher Foundation, available here: https://www.margaretthatcher.org / document/106348.

7 NYC Community Health Profiles 2015, "Queens Commu- nity District 1: Long Island City and Astoria," available here: https://www1.nyc.gov/assets/doh/downloads/pdf/data/2015 chp-qn01. pdf.

8 Alexandria Ocasio-Cortez Twitter feed, tweet on November 13, 2018, https://twitter.com/ AOC/status/1062210420830810113.

9 Alexandria Ocasio-Cortez Twitter feed, tweet on November 17, 2018, https://twitter.com/ AOC/status/1063837473099456513.

10 Margaret Thatcher interview with Llew Gardner for Thames TV This Week, February 5, 1976, transcript hosted by Marga- ret Thatcher Foundation, https://www.margaretthatcher.org/ document/102953.

11 Winston Churchill, Why I Am a Free Trader (London, 1905), reprinted in Stead, Coming Men on Coming Questions (London, 1905) and Michael Wolff, ed., Collected Essays of Sir Winston Churchill (London, 1975, 4 vols.), II, 23.

12 Washington quote taken from Booker T. Washington Papers, National Negro Business League Files, hosted by the United States Library of Congress, http://lcweb2.loc.gov:8081/ammem / amrlhtml/dtnegbus.html.

06. 교육에 대하여

1 Thomas Sowell, Intellectuals and Race (New York: Basic Books, 2013), pp. 65 – 67

2 "The Condition of College & Career Readiness 2019," ACT. org, 2019, https://www.act.org/ content/dam/act/unsecured /documents/National-CC CR-2019.pdf.

07. 미디어에 대하여

1 Margaret Sullivan, "NBC needs a transparent, external investiga- tion of its failure to air Ronan Farrow's #MeToo reporting," Wash- ington Post, November 5, 2019, https://www. washingtonpost .com /lifestyle/nbc-needs-a-transparent-external-investigation-of -its-failure-to-air-ronan-farrows-metoo-reporting/2019/11/05 /0c3a9ef8-ffdc-11e9 – 8501 – 2a 7123a38c58_story.html.

2 Maya Rhodan, "Why It Matters if Obama Smokes (and Why It Doesn't)," Time, June 10, 2015, updated June 11, 2015, https://time.com/3916342 /barack-obama-smoking/.

3 Joshua Zeitz, "What Everyone Gets Wrong About LBJ's Great Society," Politico Magazine, January 28, 2018, https://www .politico.com/magazine/story/2018/01/28/lbj-great-society -josh-zeitz-book-216538.

4 Adam Serwer, "Lyndon Johnson was a civil rights hero. But also a racist," MSNBC.com, April

11, 2014, updated April 12, 2014, http://www.msnbc.com/msnbc/lyndon-johnson-civil-rights-racism.

5 Robert Caro, Master of the Senate (New York: Vintage Books, 2003).

6 Jack Bernhardt, "Why Lyndon Johnson, a truly awful man, is my political hero," Guardian, January 22, 2018, https://www .theguardian.com/commentisfree/2018/jan/22/lyndon -johnson-anniversary-death-awful-man-my-political-hero.

7 Biden calls Byrd a mentor: Michael McAuliff, "Joe Biden Mourns Byrd," New York Daily News, February 22, 2013, https:// www.nydailynews.com/blogs /dc/joe-biden-mourns-byrd-blog -entry-1.1661734.

8 Black Lives Matter donation: Influence Watch profile on Black Lives Matter, https://www. influence watch.org/movement /black-lives-matter/.

9 Heather Mac Donald, "Hard Data, Hollow Protests," City Journal, September 25, 2017, https:// www.city-journal.org /html/hard-data-hollow-pro tests-15458.html.

10 https://www.weather.gov/safety/lightning-fatalities16.

11 https://www.newsweek.com/police-killings-unarmed-black-men-538542.

12 Interview with Joseph Cesario in reference to "The Truth Behind Racial Disparities in Fatal Police Shootings," MSU Today (Mich- igan State University), July 22, 2019, https://msutoday. msu.edu /news/2019/the-truth-behind-racial-disparities-in-fatal-police -shootings. Full report available at https://www.pnas.org /content/116/32/15877.

08. 핑계에 대하여

1 Dr. Ben Carson, M.D., Gifted Hands: The Ben Carson Story (Zondervan, 1990).

2 "Tyler Perry Gives Powerful Speech of Motivation as He Ac- cepts Ultimate Icon Award," BET Awards 2019, YouTube video, 3:45, posted by BET Networks, June 23, 2019, https:// www. youtu.be.com /DVjjSxpqbOo/.

3 Jessica Semega, Melissa Kollar, John Creamer, and Abinash Mohanty,"IncomeandPovertyinth eUnitedStates:2018,"United States Census Bureau, September 2019, https://www.census .gov/ content/dam/Census/library/publications/2019/demo /p60 – 266.pdf.

09. 신앙에 대하여

1 Dr. Martin L. King, speech delivered at the March on Wash- ington for Jobs and Freedom, August 28, 1963, transcript available here: https://kinginstitute.stanford.edu/king-papers / documents/i-have-dream-address-delivered-march-washington -jobs-and-freedom.

2 Shelby Steele, White Guilt (New York: HarperCollins, 2006), p. 34.

3 Karl Marx, "A Contribution to the Critique of Hegel's Phi- losophy of Right," available here: https://www.marxists.org /archive/marx/works/1843/critique-hpr/intro.htm.

4 Bible, English Standard Version, Matthew 24: 4 – 7.

5 Pew Research Center, Religious Landscape Study (RLS-II), May 30, 2014. Study found here: https://www.pewforum.org /wp-content/uploads/sites/7/2015/11/201.11.03_rls_ii_ques -tionnaire.pdf. Results published here: https://www.pewforum.org/religious-landscape-study/ christians/christian/.

6 Gallup "In Depth: Topics A to Z: Religion," https://news.gallup.com/poll/1690/religion.aspx.

7 Pew Research Center, "In U.S., Decline of Christianity Contin-ues at Rapid Pace," https:// www.pewforum.org/2019/10/17/in-u-s-decline-of-christianity-continues-at-rapid-pace/.

8 Pew Research Center, Religious Landscape Study (RLS-II), May 30, 2014. Data on "blacks" here: https://www.pewforum .org/religious-landscape-study/racial-and-ethnic-composition/ black/.

9 Jeffrey Jones, "U.S. Church Membership Down Sharply in Past Two Decades," Gallup News, April 18, 2019, https://news .gallup.com/poll/248837/church-membership-down-sharply -past-two-decades.aspx.

10 Statement at https://secular.org/wp-content/uploads/2019/08 /DNC-Resolution-on-the- Nonreligious-Demographic.pdf.

11 Catie Edmondson, " 'So Help Me God' No More: Democrats Give House Traditions a Makeover," New York Times, May 11, 2019, https://www.nytimes.com/2019/05/11/us/politics / democrats-house-oath.html.

12 Bible, English Standard Version, Isaiah 2:12. 216 Ibid., Proverbs 13:10.

13 Ibid., Galatians 5:1.

14 Ibid., Lamentations 2:14.

15 Ibid., Matthew 7:15.

16 Ibid., Matthew 23:23 – 34.

17 Dr. Martin Luther King, speech delivered at Bishop Charles Mason Temple, April 3, 1968, transcript available here: https://kinginstitute.stanford.edu/king-papers/documents /ive-been- mountaintop-address-delivered-bishop-charles -mason-temple.

10. 문화에 대하여

1 Confucius, Art of Quotation, 10 Nov. 2015, artofquotation .wordpress.com/2015/07/26/if- one-should-desire-to-know -whether-a-kingdom-is-well-governed-if-its-morals-are- good -or-bad-the-quality-of-its-music-will-furnish-the-answer -confucius/.

2 The Temptations, "My Girl," Smokey Robinson and Ronald White, Motown Records, December 12, 1964.

3 Megan Thee Stallion, "Savage," Megan Pete, Anthony White, and Bobby Session, Jr., 1501 Certified and 300 Warner, April 7, 2020. 224 Beyonc , "Formation," Lemonade, Parkwood Entertainment, 2016.

4 "Hillary Clinton Interview at The Breakfast Club Power 105.1," YouTube Video, posted by The Breakfast Club, April 18, 2016, https://www.youtube.com/watch?v=oRZd861Pog0.

5 "Joe Biden on Black Woman Running Mate, Democrats Tak- ing Black Voters for Granted + Wiping Weed Crime," YouTube Video, Posted by The Breakfast Club, May 22, 2020, https://www.youtube.com/watch?v=KOIFs_SryHI.

6 Eric Levitz, "Will Black Voters Still Love Biden When They Remember Who He Was?," New York Magazine, March 12, 2019, https://nymag.com/intelligencer/2019/03 /joe-biden-record-on-busing-incarceration-racial-justice -democratic-primary-2020-explained.html.

7 Bible, English Standard Version, 1 John 5:21.

8 Ibid., Leviticus 19:4.

9 Ibid., Psalm 16:4.

10 Bill Strande, "Transcript of 911 call on George Floyd released," KARE 11, May 28, 2020, https://www.kare11.com/article /news/local/george-floyd/transcript-of-911-call-on-george-floyd -is-released/89-34f18837-3b09-421b-b3db-e2c0f5dfa6fa.

11 Eliott McLaughlin, "Three videos piece together the final mo- ments of George Floyd's life," CNN, June 1, 2020, https:// www.cnn.com/2020/06/01/us/george-floyd-three-videos -minneapolis/index.html.

12 "Sharpton at George Floyd memorial: 'Get your knee off our necks,' " YouTube Video, Posted by The Los Angeles Times, June 4, 2020, https://www.youtube.com/watch?v=gEghWqk_F9k.

13 "Arrest in fatal shooting of beloved retired St. Louis police cap- tain during protests," CBS News, June 8, 2020, https://www .cbsnews.com/news/david-dorn-arrest-suspect-killing-st-louis -police-captain-protest/.

14 FBI: Uniform Crime Report, "Table 29: Estimated Number of Arrests," https://ucr.fbi.gov/crime-in-the-u.s/2018/crime-in -the-u.s.-2018/tables/table-29.

15 "Police Shooting Database 2015 – 2020," The Washington Post, June 9, 2020, https://www.washingtonpost.com/graphics /investigations/police-shootings-database/.

16 Sachin Jangra, "George Floyd Criminal Past Record of Arrest History/Career Timeline: Robbery, Baggie, Gun Pregnant and All Details," The Courier Daily, June 6, 2020, https://thecourier -daily.com/george-floyd-criminal-past-record-arrest/20177/.

17 Daniel Villarreal, "George Floyd Was on Fentanyl, Medical Ex- aminer Says, As Experts Dispute Cause of Death," Newsweek, June 2, 2020, https://www.newsweek.com/george-floyd-was-fentanyl -medical-examiner-says-experts-dispute-cause-death-1507982.

18 Heather Mac Donald, "The Myth of Systemic Police Racism," Wall Street Journal, June 2, 2020, https://www.wsj.com/articles /the-myth-of-systemic-police-racism-11591119883.

11. 노예제도에 대하여

1 Ginger Gibson, "Senator Elizabeth Warren backs reparations for black Americans," February

21, 2019, https://www .reuters.com/article/us-usa-election-warren/senator-elizabeth -warren-backs-reparations-for-black-americans-idUSKCN 1QA2WF.

2 CNN Newsroom, Transcripts, February 26, 2019, "Some 2020 Candidates Back Idea of Slavery Reparations," http:// transcripts.cnn.com/TRANSCRIPTS/1902/26/cnr.08. html.

3 Juana Summers, AP News, "O'Rourke, Castro talk reparations at civil rights conference," April 3, 2019, https://apnews.com /ffa90003022044a288cc0cd1a54f3eaf.

4 Times of Israel staff, "World War III trends on social media following Soleimani killing," January 5, 2020, https://www .timesofisrael.com/world-war-iii-trends-on-social-media -following-soleimani-killing/.

5 Sophie Lewis, CBS News, "Rose McGowan defends tweet apol- ogizing to Iran after airstrike," January 4, 2020, https://www .cbsnews.com/news/rose-mcgowan-iran-actress-defends-tweet -apologizing-to-iran-after-airstrike-kills-qassem-soleimani/.

6 Human Rights Watch, "Women's Rights in Iran," October 28, 2015, https://www.hrw.org/news/2015/10/28/womens-rights -iran.

7 Hank Berrien, "Kaepernick Quotes Frederick Douglass to Bash July 4th. Cruz Crushes Him with Facts," Daily Wire News, July 5, 2019, https://www.dailywire.com/news/kaepernick-quotes -frederick-douglass-bash-july-4th-hank-berrien.

8 Rodney Stark, How the West Won (Wilmington, DE: Intercol- legiate Studies Institute, 2015), pp. 221 – 22.

9 John Noble Wilford, "New Data Suggests Some Cannibalism by Ancient Indians," New York Times, September 7, 2000, https:// www.nytimes.com/2000/09/07/us/new-data-suggests-some -cannibalism-by-ancient-indians.html.

10 Thomas Hobbes, Of Man: Leviathan, 1651 (New York: P. F. Collier, 1909 – 14).

11 Leif Coorlim, "Child slaves risk their lives on Ghana's Lake Volta," CNN, February 2019, https://edition.cnn.com/inter active/2019/02/africa/ghana-child-slaves-intl/.

12 Tyler D. Parry, "How the 'Democratic Plantation' became one of conservatives' favorite slurs," Washington Post, January 8, 2019, https://www.washingtonpost.com/outlook/2019/01/08 /how-democratic-plantation-became-one-conservatives -favorite-slurs/.

13 Frederick Douglass, Narrative of the Life of Frederick Douglass (Boston: Anti-Slavery Office, 1845), pp. 2 – 4.

14 Plato, Republic, VII, "The Allegory of the Cave" (translation by Thomas Sheehan), https://web.stanford.edu/class/ihum40 /cave.pdf.

15 Emily Rolen and Brian Hickey, "ANTIFA protesters con- front conservative activists Charlie Kirk, Candace Owens at Philly Restaurant," August 6, 2018, https://www.phillyvoice .com/antifa-protesters-charlie-kirk-candace-owens-philly -restaurant-turning-point-usa/.

16 Joe Concha, "CNN's Cuomo defends Antifa: Those who op- pose hate 'are on the side of right,' " The Hill, August, 14, 2018, https://thehill.com/homenews/media/401699-cnns-cuomo

-defends-antifa-those-who-oppose-hate-are-on-the-side-of -right.

17 "Senators Question Clarence Thomas," C-SPAN clip, October 11, 1991, https://www.c-span. org/video/?c4763224/user-clip -thomas-high-tech-lynching.

나가며

1 Matt Bruenig and Ryan Cooper, "How Obama Destroyed Black Wealth," Jacobin Magazine, December 7, 2017, https://jacob inmag.com/2017/12 /obama-foreclosure-crisis-wealth-inequality.

2 President Donald J. Trump Inaugural Address: https://www .whitehouse.gov/briefings-statements/the-inaugural-address/.

감사의 글

'한 아이를 키우려면 온 마을이 필요하다'는 아프리카 속담이 있듯이, 한 권의 책을 내놓는 것도 그만큼 많은 이들의 도움을 필요로 하는 사랑의 노동이다.

가장 먼저, 할아버지께 감사드린다. 그 삶을 살아내게 한 당신의 도덕, 신앙, 사랑에 감사드린다.

내 형제자매들, 애슐리, 브리타니, 단테에게 고마움을 표하고 싶다. 우리는 이 대물림을 끊어 냈다. 우리 남매가 자라온 성장 환경과는 다른 삶을 살 수 있는 현명한 선택들을 해 왔다는 것을 떠올릴 때마다 내 가슴은 뿌듯함으로 가득 찬다. 내 사촌, 키미아에게도 고마움을 표한다. 내가 어떤 사람인지 그리고 어떤 사람이 되어선 안되는지 끊임없이 상기시켜 줬다.

내 남편 조지, 항상 곁에 있어 주고, 날 배우자로 선택해 주고, 사랑해 주고, 신뢰해 준 그에게 감사를 표하고 싶다. 그리고 우리가 지금 함께 걷고 있는 이 미지의 여정에도 감사하고 싶다.

내 크리에이티브 디렉터, 제시 그레인저. 누구도 날 믿어 주지 않았을 때 조차도 언제나 나의 비전을 믿어 주었다.

마지막으로 Threshold Editions 출판사의 제니퍼 롱을 비롯한 모든 팀원 분들에게 감사를 드린다. 특히 나의 록 스타 편집자, 너태샤

시몬스에게 감사를 드린다. 당신은 황금의 심장을 가진 사람이다. 당신의 친절과 너그러움에 영원히 감사드린다.

이 책을 읽는 모든 분들에게 하나님의 복이 임하기를…. 그리고 2020년 블랙아웃을 위하여!

옮긴이의 글

나는 이 책을 시작하기 앞서 몇 가지 혼란스럽게 사용되는 정치적 용어들에 대해 설명했다.

미국과 한국의 용어 혼동 전술

가장 자유롭지 못한 사상을 지지하는 사람들이 스스로를 '리버럴' 이라고 지칭하는 것은 현대 미국 사회가 보여주는 일종의 코미디다. 가장 진보적이지 않은 수구적 민족주의 역사관에 빠진 몇몇 한국 사람들이 스스로를 '진보'라고 지칭하면서, 한반도 역사상 가장 폐쇄적이었던 조선 왕조의 정신을 계승한 유사 국가 집단인 북한의 독재 정치 체제를 긍정하는 모습과 여러 면에서 겹쳐 보인다.

대한민국의 역사

미국 흑인들의 역사와 대한민국의 역사는 여러모로 비슷한 모습을 하고 있다. 그것이 우리가 이 책을 읽으면서 흑인들의 이야기와 대한민국의 이야기 사이에서 많은 연결고리를 발견할 수 있는 이유이다. 미국 흑인들이 약 300년간 노예로 살았던 것만큼 우리의 조상들 또한 조선 왕조 오백 년 동안 엄격한 신분 제도 아래에서 살았다. 조선 인구의 40%가 노비였다고 하니 무슨 말이 더 필요한가. 양반이라고한들 이름 석 자조차 남기지 못하고 그림자처럼 살다 간 여성 인구는 여기에 포함되지도 않았다. 조선에서 겨우 벗어나자마자 일본 제국주의의 식민 지배가 우리를 기다리고 있었고, 겨우 죽을 힘을 다해서 자유민주주의 공화국을 세웠는데, 김일성의 야욕에 더불어 "공짜로 나눠준다"라는 선동적 슬로건에 솔깃한, 노비 근성에서 채 벗어나지 못한 대중에 의해 이 나라는 또다시 분열된다.

한반도의 정통 국가로서의 정당성에 대한 관점에 따라 분열된 현재 대한민국 사회의 모습 또한 건국 연도 논쟁에 휘말린 현재 미국 사회와 신기할 정도로 비슷하다. 미국 리버럴들에게 미국이란 나라는 노예 제도와 제국주의의 원죄에서 출발한, 태어나지 말았어야 할 악한 나라인데, 대한민국 좌익 세력들에게 대한민국이라는 나라 또한 친일파들과 미 제국주의의 앞잡이들이 탄생시키고 독재자들이 성장시킨, 태어나지 말았어야 할 악한 나라이기 때문이다.

우리는 영원한 역사 속 피해자라는 건강하지 못한 역사적 인식은 캔디스가 말한 '플라톤의 동굴' 속에 우리를 영원히 가둬 둔다.

대한민국의 블랙아웃

저자 캔디스 오웬스는 말한다. 미국 흑인들에게 진정한 의미의 자유란 단 한 번도 실현된 적 없었으며, 흑인들만큼이나 역사 속 영원한 피해자라는 패배 심리 및 피해 의식을 자극하여 정치인들이 갖고 놀기 좋은 집단도 없다고. 이승만이 1948년 대한민국을 자유 민주 공화국으로 세운 뒤로 대한민국이 누린 자유도 어떤 면에선 억지로 떠먹여진 자유, 속이 텅 빈 자유라는 생각이 종종 든다. 정치인들이 이것저것 던져 주는 정치적 장난감으로 이토록 쉽게 분열되고 통제되기 쉬운 국민들도 없어 보이기 때문이다.

아직도 우리는 정신적으로 조선 왕조로부터 온전히 독립하지 못했다. 이 나라는 무조건 헬조선이고, 영원한 철천지원수 일본과 미 제국주의, 부패한 재벌 자본으로 약자를 착취하는 부조리한 사회 구조를 가지고 있는 몹쓸 나라라는 좌익적 내러티브에 의해 우리는 이 나라를 증오할 권리, 동시에 다른 나라들도 얼마든지 경멸할 권리를 충분히 부여받은 사람들처럼 생각하고 행동한다. 그리고 정치인들은 잊을 만하면 슬그머니 이 나라의 상처를 드러내며 나타나 자신들의 존재감을 강화한다. 여기서 승자는 정치인들을 빼면 아무도 없다. 외교 관계는 악화되고 국민들은 분열되며 각 개인의 정신은 피폐해진다. 결국 우리는 끊임없이 서로를 미워하고 분노하고 좌절하면서 살아간다.

일제 식민 지배의 악랄함이나 과거 열강국들이 이 나라에 남긴 상흔을 부정하는 것이 아니다. 정당한 분노는 거룩한 감정이다. 이 감정을 성장의 발판으로 끌어올려 위대한 자유민의 국가로 성장시킨 한(恨)의 에너지처럼 말이다. 그러나 우리의 분노가 정치적으로 악용되는 상황은 정확히 분별할 줄 알아야 한다. 역사를 잊은 민족에게 미래는 없다. 그러나 우리끼리 가두리를 틀고 앉아 과거에 매여 있는 민족에게도 미래가 없는 것은 마찬가지다.

이제 우리는 다음 단계의 보다 더 성숙한 혁명, 성숙한 시민 의식을 다듬어야 할 시점에 와 있다. 한국인들 개개인이 명확한 통찰을 가지고 '억울한 희생자' 역사관에서 벗어나, 자유와 책임의 가치를 감당해야 할 시대가 왔다. 지금까지 대한민국은 한 인물을 지도자로 세우고, 그 지도자의 리더십에 의해 성장하거나 좌지우지 되어 왔다. 그러나 이런 방식의 성장은 유효 기간이 지나 이제 한계점에 다다랐다.

민주주의란 곧 '민심주의'가 아니라, 우리 한 사람 한 사람이 이 나라의 리더라는 주체성을 가지고 각 영역에서 빛과 소금의 역할을 감당해야 하는 체제임을 이해해야 한다. 여기에서 한 발 더 나아가, 정치인들이 던져 주는 먹잇감과 실체가 없는 분노에 의해 휩쓸리는 것을 거부하며 독립적인 개인으로 바로 선다면 대한민국은 지금까지 그래 왔듯이 다시 한번 위대한 역사를 쓰게 될 것이다.

우리는 한의 민족이지만 흥(興)의 민족이기도 하다. 애통과 통한의 정서가 기쁨과 감사의 정서로 승화된다면 이 나라는 얼마나 더 흥하게 될까? 우리의 할머니, 할아버지 세대가 꿈꿨던 바로 그 위대하고 아름답고 강한 나라로 도약할 수 있을까? 동굴의 그림자를 통해세계를 이해하는 것이 아니라, 동굴 밖 태양이 비추는 세계를 직접 보며 스스로 탐구하는 개인들로 구성된 대한민국이 된다면 어떤 일이 벌어질까? 대한민국도 '블랙 아웃' 할 수 있을까?

2022년 1월

반지현